JavaScript
Everywhere

자바스크립트는
모든 곳에 존재한다

| 표지 설명 |

표지의 동물은 호주에 사는 무지개비둘기(*Phaps chalcoptera*)로, 비둘기과에 속하는 대표적인 새입니다. 대륙 전역에 걸쳐 다양한 서식지에 흩어져 있으며, 아카시아 관목의 씨앗을 찾기 위해 땅에서 먹이를 찾을 때 주로 발견할 수 있습니다.

무지개비둘기는 조심스러운 새입니다. 조금만 방해해도 큰 소리로 날개를 펄럭이며 가장 가까운 물가의 나무로 날아갑니다. 밝은 날에는 햇빛의 각도에 따라 날개에 청동색과 초록색이 교차로 드러납니다. 노란색과 흰색 이마에 분홍색 가슴을 가지고 있으면 수컷, 밝은 회색 이마와 가슴을 가지고 있으면 암컷입니다. 수컷, 암컷 모두 눈 아래에서 목덜미 뒤쪽까지 곡선을 그리는 뚜렷한 흰색 선이 있습니다.

무지개비둘기의 둥지는 폭이 약 25cm, 깊이가 10cm로, 매끄럽고 흰 알 두 개가 동시에 들어갈 수 있을 정도로 큽니다. 부모가 약 14~16일간 알을 부화시키면 새끼가 알을 깨고 나옵니다. 대부분의 다른 새와 달리, 무지개비둘기의 암수는 새끼를 먹이는 책임을 분담합니다. 암수 모두 음식 저장에 사용되는 목 근처의 근육 주머니인 '소낭'에서 우유와 같은 물질을 분비합니다.

무지개비둘기의 현재 보존 상태는 관심 대상(LC: Least Concern)으로 지정되어 있습니다. 오라일리 책의 표지에 있는 많은 동물은 위험에 처해 있으며 이 동물들 모두 세상에서 중요한 존재들입니다.

표지 그림은 캐런 몽고메리Karen Montgomery의 작품으로, 라이데커Lydekker의 『The Royal Natural History』에 있는 흑백 판화를 기반으로 합니다.

자바스크립트는 모든 곳에 존재한다

그래프QL, 리액트, 리액트 네이티브, 일렉트론으로 크로스 플랫폼 앱 만들기

초판 1쇄 발행 2021년 2월 1일

지은이 애덤 스콧 / **옮긴이** 임지순 / **펴낸이** 김태헌
펴낸곳 한빛미디어(주) / **주소** 서울시 서대문구 연희로2길 62 한빛미디어(주) IT출판부
전화 02-325-5544 / **팩스** 02-336-7124
등록 1999년 6월 24일 제25100-2017-000058호 / **ISBN** 979-11-6224-380-0 93000

총괄 전정아 / **책임편집** 서현 / **기획** 이상복 / **편집** 서현 / **교정** 이정화
디자인 표지 최연희 내지 박정화 / **전산편집** 김민정
영업 김형진, 김진불, 조유미 / **마케팅** 박상용, 송경석, 조수현, 이행은, 고광일 / **제작** 박성우, 김정우

이 책에 대한 의견이나 오탈자 및 잘못된 내용에 대한 수정 정보는 한빛미디어(주)의 홈페이지나 아래 이메일로 알려주십시오. 잘못된 책은 구입하신 서점에서 교환해드립니다. 책값은 뒤표지에 표시되어 있습니다.

한빛미디어 홈페이지 www.hanbit.co.kr / **이메일** ask@hanbit.co.kr

지금 하지 않으면 할 수 없는 일이 있습니다.
책으로 펴내고 싶은 아이디어나 원고를 메일(writer@hanbit.co.kr)로 보내주세요.
한빛미디어(주)는 여러분의 소중한 경험과 지식을 기다리고 있습니다.

JavaScript
Everywhere

자바스크립트는
모든 곳에 존재한다

O'REILLY® **ℋᛒ 한빛미디어**
Hanbit Media, Inc.

지은이 · 옮긴이 소개

지은이 애덤 스콧 Adam D. Scott

코네티컷에 거주하는 엔지니어링 관리자, 웹 개발자이자 교육자이다. 현재 소비자금융보호국 Consumer Financial Protection Bureau에서 웹 개발 책임자로 일하고 있으며, 훌륭한 팀과 함께 오픈소스 웹 애플리케이션을 구축하는 데 주력하고 있다. 또한 10년을 넘게 교육 분야에서 일하면서 다양한 기술 주제에 대한 교육 과정을 개발하며 학생들을 가르쳤다. 저서로는 『WordPress for Education』(Packt, 2012), 『Introduction to Modern Front-End Development(동영상 과정)』(O'Reilly, 2015), 『Ethical Web Development 시리즈』(O'Reilly, 2016~2017) 등이 있다.

옮긴이 임지순 jisoon.lim@gmail.com

낮에는 계약서와 코드를 두드리고 밤에는 신시사이저와 기타를 난도질하는 공학과 미디어의 주변인이다. 임베디드 프로그래머, 미들웨어 개발자, 프로젝트 매니저, 사업 개발 등 다양한 직군에 종사해왔으며 최근에는 엔터테인먼트 산업에서 프로젝트 관리 업무를 수행하고 있다. 사회적인 덕후로 생존하기 위해 오늘도 코드, 그리고 글과 씨름하고 있다.

1997년의 어느 날, 중학생이던 필자는 친구와 함께 학교 도서관에서 웹에 연결된 컴퓨터를 가지고 놀고 있었다. 그때 친구가 **'보기'** → **'소스'**를 클릭하여 웹 페이지의 기본 코드를 볼 수 있다는 사실을 처음 알려주었다. 며칠 후 다른 친구가 나만의 HTML을 퍼블리시하는 방법을 보여주었다. 필자는 날아갈 듯한 기분을 느꼈다.

그 후, 완전히 그것에 빠져들었다. 마음에 드는 그럴듯한 웹 사이트 소스를 모조리 빌려와 나만의 프랑켄슈타인 같은 사이트를 만들었다. 거실에 있는 조잡한 컴퓨터를 붙들고 대부분의 여가를 보냈다. 심지어, 간단한 CSS로는 불가능했던 호버 스타일 링크를 구현하기 위해 인생의 첫 번째 자바스크립트를 '개발(이라기보다는, 복사해 붙여넣기)'하기도 했다.

필자가 만든 음악 사이트는 마치 영화 〈올모스트 페이머스Almost Famous〉를 연상시키는 일련의 사건 덕에 인기를 끌게 되었다. 이로 인해 홍보용 CD와 콘서트 참석 초대장을 받았다. 그러나 필자에게 더 중요한 것은 전 세계의 여러 사람과 관심사를 나누고 있다는 것이었다. 지루한 교외에 살며 음악을 좋아하는 십 대 소년에게, 한 번도 만나본 적 없는 사람들에게 다가갈 수 있다는 느낌은 여전히 힘을 실어주는 듯했다.

오늘날 우리는 웹 기술만으로도 강력한 애플리케이션을 만들 수 있지만 이를 시작하는 것은 예전보다 훨씬 어려워졌다. 보이지 않는 API가 데이터를 제공하고, **'보기'** → **'소스'**를 통해 볼 수 있었던 코드는 이제 식별하기 어려우며, 인증과 보안은 신비의 영역에 있어, 이 모든 것들을 하나로 모으는 것은 상당히 어려운 작업이 되어 버렸다. 하지만 이러한 혼란스러운 디테일을 이해하고 나면, 20년 전과 동일한 기술을 사용하여 강력한 웹 애플리케이션을 만들고, 네이티브 모바일 앱을 코딩하고, 강력한 데스크톱 애플리케이션을 만들고, 3D 애니메이션을 디자인하고, 심지어 로봇까지 프로그래밍할 수 있다.

필자는 교육자이기도 한데 많은 사람이 새로운 것을 만들고, 나누고, 각자의 용도에 맞게 적용하는 과정에서 가장 잘 배운다는 것을 발견했다. 이것이 바로 이 책의 목표다. HTML, CSS, 자바스크립트를 알고 있지만, 이러한 구성 요소를 조합해서 꿈꿔왔던 강력한 애플리케이션을 만드는 방법을 모른다면 이 책이 도움이 될 것이다. 이 책을 통해 웹 애플리케이션, 네이티브 모바일 앱, 데스크톱 애플리케이션의 사용자 인터페이스를 강화할 수 있는 API 개발 방법을 익힐 수 있다. 가장 중요한 점은 이 모든 것이 어떻게 조화를 이루는지 이해하면 더 훌륭한 결과를 만들고 창조할 수 있다는 것이다.

여러분이 그 길을 열어주기를 소망한다.

애덤 스콧

이 책에 대하여

필자는 첫 일렉트론 데스크톱 애플리케이션을 개발한 후 이 책을 구상하게 되었다. 웹 개발 경험을 가진 개발자가 웹 기술을 사용하여 곧바로 크로스 플랫폼 애플리케이션을 만들 수 있다는 가능성에 매료된 것이다. 때맞추어 리액트, 리액트 네이티브, 그래프QL이 부상하기 시작했다. 필자는 이 모든 도구를 조합하는 방법을 익힐 수 있는 자료를 찾아다녔지만 만족스러운 것이 없었으므로, 결국 필자가 원하는 수준으로 자료를 엮어서 이 책을 집필하게 되었다.

이 책의 궁극적인 목표는 자바스크립트라는 하나의 언어만으로 모든 종류의 애플리케이션을 만들 수 있다는 것을 보여주는 것이다.

대상 독자

HTML, CSS, 자바스크립트 사용 경험이 있는 중급 개발자 또는 창업이나 사이드 프로젝트의 부트스트랩에 필요한 도구를 배우려는 초보자에게 적합하다.

구성

개발 환경부터 리액트, 아폴로, 리액트 네이티브, 일렉트론까지 다양한 플랫폼에서 구동할 수 있는 예제 애플리케이션 개발을 안내한다. 이 책의 구성을 다음과 같이 나눌 수 있다.

- 1장에서는 자바스크립트 개발 환경을 설정하는 과정을 안내한다.
- 2~10장에서는 노드, 익스프레스, 몽고DB, 아폴로 서버를 사용해서 API를 만드는 방법을 설명한다.
- 11장에서는 사용자 인터페이스 개발 및 리액트를 소개한다.
- 12~17장에서는 리액트, 아폴로 클라이언트, CSS-in-JS를 사용하여 웹 애플리케이션을 작성하는 방법을 보여준다.
- 18~20장에서는 간단한 일렉트론 애플리케이션 개발 과정을 안내한다.
- 21~25장에서는 리액트 네이티브와 엑스포를 사용하여 iOS, 안드로이드용 모바일 앱을 만드는 방법을 소개한다.

예제 소스

이 책의 예제 소스는 깃허브(*https://github.com/javascripteverywhere*)에서 제공한다.

감사의 말

아이디어를 책으로 만들 수 있게 도와주신 오라일리의 모든 훌륭한 분들께 감사의 마음을 전한다. 특히, 많은 피드백과 격려, 채찍질해주신 안젤라 루피노Angela Rufino 편집자께 감사드린다. 늘 커피를 마시며 많은 대화를 나눈 마이크 루키데스Mike Loukides에게도 감사의 말을 전한다. 마지막으로 제니퍼 폴록Jennifer Pollock에게 그동안의 지원과 격려에 감사드린다.

그동안 많은 것을 배울 수 있었던 오픈소스 커뮤니티에는 아무리 감사를 전해도 모자라다. 이 책에 쓰인 많은 라이브러리를 만들고, 유지하며, 관리한 오픈소스 커뮤니티의 한 분 한 분과 모임 없이는 이 책이 탄생할 수 없었을 것이다.

많은 기술 리뷰어가 이 책의 감수에 참여하여 내용이 정확하다는 것을 보증해주었다. 수많은 코드 리뷰를 진행한 Andy Ngom, Brian Sletten, Maximiliano Firtman, Zeeshan Chawdhary의 노력에 진심으로 감사한 마음을 전한다. 오랜 시간 함께한 동료이자 친구이며, 밤 11시에 연락을 받고도 곧바로 리뷰와 피드백을 준 지미 윌슨Jimmy Wilson에게 감사의 말을 전한다. 정말 많은 부탁을 받고도 그는 기꺼이 도움을 주었다. 그의 도움 없이는 이 책이 지금의 모습을 갖출 수 없었을 것이다.

감사하게도 나는 커리어 전반에 걸쳐 똑똑하고 열정적이며 협조적인 동료들과 함께하는 행운을 누렸다. 그들과 함께한 시간 덕분에 기술적인 면이나, 그렇지 않은 면에서 크고 작은 많은 교훈을 얻을 수 있었다. 모든 이의 이름을 여기에 다 쓸 수는 없지만, 특히 Elizabeth Bond, John Paul Doguin, Marc Esher, Jenn Lassiter, Jessica Schafer에게 감사하다.

음악은 이 책을 쓰는 동안 나의 동반자가 되어주었다. 척 존슨Chuck Johnson, 메리 라티모어Mary Lattimore, 마카야 매크레이븐Makaya McCraven, G.S.슈레이G.S. Schray, 샘 윌크스Sam Wilkes, 히로시 요시무라Hiroshi Yoshimura 등의 아티스트 덕에 이 책을 지치지 않고 쓸 수 있었다.

마지막으로, 이 책을 쓰기 위해 가족과의 시간을 많이 희생했음에도 나를 지지해준 아내 애비Abbey와 아이들 라일리Riley, 해리슨Harrison, 할로Harlow에게 감사의 말을 전한다. 내가 사무실에 있을 때나 마음이 온통 일에 빠져 있을 때도 참아준 가족에게 고맙다. 네 사람은 내가 하는 모든 일의 동기다.

CONTENTS

CHAPTER **1** 개발 환경

CONTENTS

CONTENTS

CONTENTS

CHAPTER **16 생성, 읽기, 업데이트, 삭제 작업**

CHAPTER **17 애플리케이션 배포하기**

CONTENTS

CHAPTER 21 리액트 네이티브로 모바일 앱 만들기

CHAPTER 22 모바일 앱 셸

CHAPTER 23 그래프QL과 리액트 네이티브

CONTENTS

CHAPTER 24 모바일 앱 인증

CHAPTER 25 모바일 앱 배포하기

개발 환경

UCLA 대학의 남자 농구팀 감독이었던 고(故) 존 우든John Wooden은 12년 동안 전국 대회를 10번이나 제패한 역대 가장 성공한 감독 중 한 명이다. 그의 팀은 루 알친도르Lew Alcindor(카림 압둘 자바Kareem Abdul-Jabbar)와 빌 월턴Bill Walton같이 훗날 명예의 전당에 헌액된 선수를 포함한 최고의 선수들로 구성되었다. 우든은 연습 첫날에 신입생들과 고교 최고의 선수들을 앉혀놓고, 양말을 제대로 신도록 가르쳤다. 이에 대해 묻자 우든은 "사소한 일들이 모여 큰일이 이루어진다"라고 말했다.

요리사는 요리하기 전에 메뉴에 필요한 도구와 재료를 준비하는 과정을 설명하기 위해 모든 것을 제자리에 갖다 놓으라는 뜻의 'mise en place(미장플라스라고 읽는다)'라는 용어를 사용한다. 모든 재료를 정해진 자리에 준비해놓아야 주문이 물밀듯이 들어와도 동시에 일을 할 수 있게 된다. 우든 코치의 선수들과 요리사들이 디너 러시를 준비하는 것처럼, 우리가 사용할 개발 환경을 구축하는 데 충분한 시간을 할애하는 일은 중요하다.

훌륭한 개발 환경은 값비싼 소프트웨어나 고사양의 하드웨어를 요구하지 않는다. 간단명료하게 시작하고, 오픈소스 소프트웨어를 사용하며, 함께 도구를 확장하는 것을 권장한다. 육상 선수는 특정 브랜드의 운동화를 즐겨 신고 목수는 손에 익은 망치를 선호하는 것처럼, 자신만의 취향을 갖기까지는 시간과 경험이 필요하다. 다양한 도구를 사용해보고, 다른 사람들을 관찰하다 보면, 시간이 지남에 따라 자신에게 가장 적합한 환경을 만들 수 있을 것이다.

이 장에서는 텍스트 편집기, Node.js, 깃git, 몽고DB 그리고 개발에 도움이 되는 자바스크립트 패키지를 설치하고, 이에 더하여 터미널 애플리케이션을 살펴볼 것이다. 이미 자신만의 개발 환경을 구축한 독자도 있겠지만, 이 책 전체에 걸쳐 사용하게 될 몇 가지 필요한 도구를 설치할 것이다. 필자처럼 평소에 사용 가이드를 읽지 않는 독자라 해도, 이 가이드만큼은 읽어보기를 바란다.

막히는 부분이 있다면 이 책의 스펙트럼 채널 커뮤니티인 *spectrum.chat/jseverywhere*를 통해 문의하자.

1.1 텍스트 편집기

텍스트 편집기는 옷과 같다. 우리 모두가 옷을 필요로 하지만 각자의 취향은 천차만별이다. 어떤 개발자는 단순하고 잘 짜인 텍스트 에디터를 선호하는 반면, 페이즐리 패턴(장식용 섬유 디자인)처럼 화려한 텍스트 편집기를 선호하는 개발자도 있다. 딱히 정답은 없으며, 취향에 따라 자신에게 편하고 익숙한 것을 사용하자.

즐겨 사용하는 텍스트 에디터가 없다면, 비주얼 스튜디오 코드^{visual studio code, VSCode}(*https://code.visualstudio.com/*)를 추천한다. 맥, 윈도우, 리눅스에서 사용할 수 있는 오픈소스 텍스트 편집기이다. 그뿐만 아니라 개발을 단순화할 수 있는 기능을 내장하고 있으며, 커뮤니티 모듈로 쉽게 확장이 가능하다. 심지어 자바스크립트를 기반으로 만들어졌다!

1.2 터미널

VSCode에는 터미널이 함께 제공된다. 대부분의 개발 작업은 터미널만으로도 충분하다. 필자는 여러 개의 탭을 관리하고 더 많은 전용 윈도우 공간을 사용하기 위해 전용 터미널 클라이언트를 사용한다. 둘 다 사용해보고 자신에게 맞는 것을 선택하자.

1.2.1 전용 터미널 애플리케이션 사용

모든 운영체제는 터미널 애플리케이션을 내장하고 있으며 이는 처음 시작하기에 좋은 방식이다. 맥OS에서는 이를 터미널이라고 부르며, 윈도우 운영체제의 경우 윈도우 7부터 파워셸PowerShell이라는 터미널 애플리케이션을 제공한다. 리눅스는 배포판에 따라 내장 터미널 애플리케이션의 이름이 다를 수 있지만 대부분 터미널을 포함한다.

1.2.2 터미널 사용하기

Vscode에서 터미널을 사용하려면, [Terminal(터미널)] → [New Terminal(새 터미널)]을 클릭하자. 터미널 창이 팝업되며, 프롬프트는 현재 프로젝트와 동일한 디렉터리에 표시된다.

1.2.3 파일 시스템 탐색하기

터미널을 찾았다면, 파일 시스템을 탐색하기 위한 명령어가 필요하다. '디렉터리 변경'을 나타내는 cd 명령을 사용하여 이동할 수 있다.

> **TIP_ 커맨드 라인 프롬프트**
> 터미널 인터페이스에서 사용하는 명령은 보통 '$'나 '>' 기호로 시작한다. 이는 프롬프트를 나타내는 기호로, 복사해서는 안 된다. 이 책에서는 터미널 프롬프트를 달러 기호($)로 표기할 것이다. 터미널에 커맨드를 입력할 때 '$' 기호는 입력하지 않는다.

터미널 애플리케이션을 실행하면 명령어를 입력할 수 있는 커서 프롬프트가 화면에 표시된다. 기본적으로 처음에는 home 디렉터리에 들어온 상태일 것이다. 아직 생성하지 않았다면, 홈 디렉터리 내에 Projects 디렉터리를 생성하자. 이 디렉터리는 이후 진행될 모든 개발 프로젝트를 보관할 것이다.

Project 디렉터리를 생성하고, 다음과 같이 디렉터리 내로 이동하자.

```
# 먼저 cd를 입력하면 루트 디렉터리에 있는지 확인할 수 있다.
$ cd
# 다음으로, Projects 디렉터리가 없으면 생성한다.
# 그러면 시스템의 루트 디렉터리에 하위 폴더로 프로젝트가 생성된다.
```

```
$ mkdir Projects
# 이제 cd를 써서 Projects 디렉터리로 진입한다.
$ cd Projects
```

앞으로는 다음과 같이 Projects 디렉터리로 이동할 수 있다.

```
$ cd # 현재 루트 디렉터리에 있는지 확인한다.
$ cd Projects
```

이제 Projects 폴더 내에 jseverywhere 폴더가 있다고 가정하자. Project 디렉터리에서 'cd jseverywhere'를 입력하여 해당 폴더로 이동하자. 상위 디렉터리로 이동하려면 'cd..' 명령어를 입력하자(cd 명령어 뒤에 마침표 2개).

지금까지의 명령어를 모두 종합하면 다음과 같다.

```
> $ cd # 현재 루트 디렉터리에 있는지 확인한다.
> $ cd Projects # 루트 디렉터리에서 Projects 디렉터리로 이동한다.
/Projects > $ cd jseverywhere # Projects 디렉터리에서 jseverywhere 디렉터리로 이동한다.
/Projects/jseverwhere > $ cd .. # jseverywhere 디렉터리에서 Projects 디렉터리로 돌아간다.
/Projects > $ # 현재 프롬프트는 Projects 디렉터리에 있다.
```

위의 과정이 처음이라면 익숙해질 때까지 반복하자. 파일 시스템에 대한 이해는 초보 개발자에게 공통으로 필요한 과정이다. 이것을 이해하면 워크플로우 구축의 탄탄한 기반이 될 것이다.

1.3 커맨드 라인 도구와 홈브루(맥에만 해당)

일부 커맨드 라인 유틸리티는 Xcode가 설치되어 있어야만 실행할 수 있다. 터미널에서 xcode-select를 설치하면 Xcode를 설치하는 수고로움을 피할 수 있다. 다음 명령을 실행하고 설치 프롬프트를 클릭하자.

```
$ xcode-select --install
```

홈브루Homebrew는 맥OS용 패키지 매니저이다. 커맨드 라인 프롬프트상에서 명령어를 실행하는 것만으로 간단하게 프로그래밍 언어나 데이터베이스와 같이 개발에 필요한 다양한 패키지들을 설치, 제거할 수 있다.

맥을 사용한다면 홈브루를 통해 개발 환경 설정을 획기적으로 간소화할 수 있다. 홈브루를 설치하려면 홈브루 사이트(*https://brew.sh/*)로 이동해 설치 명령어를 복사하여 붙여 넣거나 다음 명령을 입력하자.

```
$ /usr/bin/ruby -e "$(curl -fsSL
https://raw.githubusercontent.com/Homebrew/install/master/install)"
```

1.4 Node.js와 NPM

Node.js는 크롬의 'V8 자바스크립트 엔진'을 기반으로 하는 자바스크립트 런타임이다. 실질적으로 이것은 노드 개발자가 브라우저 환경 외부에서 자바스크립트를 작성할 수 있도록 하는 플랫폼을 의미한다. Node.js는 기본 패키지 관리자인 NPM과 함께 제공되며, NPM을 사용하면 프로젝트 내에 수천 개의 라이브러리와 자바스크립트 관련 도구를 설치할 수 있다.

> **TIP_ Node.js 버전 관리**
> 다수의 Node.js 프로젝트를 운영할 계획인 경우, 시스템상에서 여러 버전의 Node.js도 관리해야 할 수도 있다. 이를 위해 권장하는 노드 설치 도구가 노드 버전 매니저^{Node Version Manager}, NVM(*https://oreil.ly/fzBp0*)이다. NVM은 여러 활성 노드 버전 관리를 도와주는 도구이다. 윈도우 사용자의 경우, NVM-windows(*https://oreil.ly/qJeej*)를 권장한다. 이 책에서는 Node.js의 버전 관리에 대해서는 다루지 않겠지만, NVM은 분명 도움이 되는 도구이다. Node.js가 처음이라면 이어지는 가이드를 따라 노드를 설치해보자.

1.4.1 맥OS에 Node.js와 NPM 설치하기

맥OS 사용자는 홈브루로 Node.js 및 NPM을 설치할 수 있다. Node.js를 설치하려면 터미널에서 다음 명령을 실행하자.

```
$ brew update
$ brew install node
```

Node가 설치되었다면 터미널을 열어 정상적으로 동작하는지 확인하자.

```
$ node --version
## Expected output v12.14.1, your version number may differ
$ npm --version
## Expected output 6.13.7, your version number may differ
```

위 명령을 실행하고 버전 번호가 정상적으로 출력되었다면, 맥용 **Node** 및 **NPM**이 성공적으로 설치되었다는 의미이다.

1.4.2 윈도우에 Node.js와 NPM 설치하기

윈도우에서 **Node.js**를 설치하는 가장 간단한 방법은 **Node.js** 사이트(*https://nodejs.org/ko/*)를 방문하여 윈도우용 설치 프로그램을 다운로드하는 것이다.

먼저 **Node.js** 사이트(를 방문하여 운영체제의 설치 단계에 따라 LTS 버전(이 책을 쓰는 시점에서는 12.14.1)을 설치하자. **Node**가 설치된 상태에서 터미널 애플리케이션을 실행한 후 정상적으로 설치되었는지 확인하자.

```
$ node --version
## Expected output v12.14.1, your version number may differ
$ npm --version
## Expected output 6.13.7, your version number may differ
```

NOTE_ LTS란?
LTS는 '장기 지원 버전long-term support'을 의미하며, 이는 Node.js 재단이 해당 메이저 버전(이 경우, 12.x)에 대하여 지원 및 보안 업데이트를 제공함을 의미한다. 일반적인 지원 기한은 최초 출시일 이후 3년이다. Node.js의 경우, 짝수 버전이 LTS 버전을 의미한다. 애플리케이션 개발 시 짝수 릴리스를 사용하는 것을 권장한다.

위 명령어를 실행하고 버전 넘버가 정상적으로 출력되었다면 윈도우용 **Node** 및 **NPM**이 성공적으로 설치되었다는 의미이다.

1.5 몽고DB

몽고DB^{MongoDB}는 API를 개발하는 동안 사용할 데이터베이스이다. 몽고는 데이터를 JSON
^{JavaScript Object Notation}으로 다루고 있어 Node.js와 궁합이 잘 맞아 널리 사용된다. 즉, 자바스크립
트 개발자가 처음부터 쉽게 작업할 수 있는 데이터베이스이다.

> **TIP_ 공식 몽고DB 설치 문서**
> 몽고DB 문서 웹 사이트는 운영체제별로 몽고DB 커뮤니티 에디션^{Community Edition}을 설치하기 위한 가이드
> 를 정기적으로 업데이트해서 제공한다. 설치와 관련하여 문제가 발생할 경우에는 문서(*docs.mongodb.com/
> manual/administration/install-community*)를 참조하는 것이 좋다.

1.5.1 맥OS에서 몽고DB 설치하고 실행하기

홈브루를 이용해 맥OS용 몽고DB를 아래와 같이 설치하자.[1]

```
$ brew update
$ brew tap mongodb/brew
$ brew install mongodb-community@4.4
```

아래와 같이 몽고DB를 맥OS 서비스로 실행할 수 있다.

```
$ brew services start mongodb-community
```

그러면 몽고DB 서비스가 시작되고 백그라운드 프로세스로 유지된다. 컴퓨터를 재부팅한 후
몽고DB 관련 개발을 할 계획이 있으면, 몽고DB 서비스를 다시 시작하기 위해 위 명령을 다시
실행하자. 몽고DB가 설치되어 있고 실행 중인지 여부를 확인하려면 터미널에서 'ps -ef |

---

[1] 옮긴이_ 설치 커맨드는 mongodb-community@4.4를 기준으로 작성했다. 원서에서는 4.2를 기준으로 했지만 4.2로 설치를 시도하
면 실행 시에 에러가 발생한다.

grep mongod'를 실행하자. 이 명령어는 현재 실행 중인 몽고 프로세스 리스트를 화면에 출력한다.

1.5.2 윈도우용 몽고DB 설치하고 실행하기

윈도우용 몽고DB를 설치하려면 먼저 몽고DB 다운로드 센터(*https://oreil.ly/XNQj6*)에서 설치 프로그램을 다운로드하자. 다운로드가 완료되면 설치 마법사를 따라 설치하자. 'Complete setup type'에서는 'Service'를 선택하는 것을 권장한다. 다른 값들은 모두 디폴트 값으로 유지하자.

설치가 완료되면 몽고가 사용자 데이터를 저장할 디렉터리를 지정해야 한다. 터미널상에서 다음 명령을 실행하자.

```
$ cd C:\
$ md "\data\db"
```

몽고DB가 설치되어 있는지 확인하고 몽고 서비스를 시작하자.

1. 윈도우 서비스 콘솔을 찾는다.
2. 몽고DB 서비스를 찾는다.
3. 몽고DB 서비스를 마우스 우클릭하자.
4. [Start]를 클릭하자.

컴퓨터를 다시 시작하고 몽고로 개발을 하려면 몽고DB 서비스를 다시 시작한다.

1.6 깃

깃^{Git}은 가장 인기 있는 버전 관리 소프트웨어로 코드 저장소 복사, 다른 코드와의 병합, 서로 영향을 미치지 않는 자신만의 코드 브랜치 생성 등의 작업을 지원한다. 깃은 이 책의 샘플 코드 저장소를 '복제'하는 데 유용하다. 이는 샘플 코드 폴더를 직접 복사하는 것을 의미한다. 운영체제에 따라 깃이 이미 설치되어 있을 수도 있다. 터미널에서 다음을 실행하여 설치 여부를 확인하자.

```
$ git --version
```

숫자가 출력되면 깃이 이미 설치되어 있다는 것을 의미한다. 그렇지 않은 경우, Git SCM (*https://git-scm.com/*)을 방문하여 깃을 설치하자. 맥OS라면 홈브루를 이용하여 깃을 설치하자. 설치 완료 후 다시 터미널에서 'git –version'을 실행하여 잘 설치되었는지 확인하자.

1.7 엑스포

엑스포^{Expo}는 리액트 네이티브를 사용하여 iOS 나 안드로이드 프로젝트의 부트스트랩 및 개발을 돕는 툴체인이다. 엑스포 커맨드 라인 툴을 설치하고, 필요하다면 iOS 또는 안드로이드용 엑스포 앱을 선택하여 설치하자. 자세한 내용은 이 책의 모바일 앱 관련 장에서 자세하게 다룰 것이다. 지금 당장 살펴보고 싶다면, Expo 사이트(*https://expo.io/*)를 방문하여 자세한 내용을 읽어보자. 커맨드 라인 도구를 설치하려면 터미널에서 아래 명령을 입력하자.

```
npm install -g expo-cli
```

글로벌 플래그인 -g를 사용하면 컴퓨터의 Node.js에서 expo-cli 도구를 전역적으로 사용할 수 있다.

엑스포 모바일 앱을 설치하려면 기기에서 애플 앱 스토어 또는 구글 플레이 스토어를 방문하자.

1.8 프리티어

프리티어^{Prettier}는 자바스크립트, HTML, CSS, 그래프QL, 마크다운을 비롯한 다양한 언어를 지원하고 코드 포맷팅에 특화된 도구이다. 프리티어는 쉽게 기본 포맷팅 규칙을 따르게 한다. 즉 프리티어 명령어를 실행하면 표준 모범 사례를 따르도록 코드가 자동으로 포맷팅된다. 게다가

텍스트 편집기에서 파일을 저장할 때마다 자동으로 이 작업을 수행하도록 구성할 수 있다. 이는 일관성 없는 공백 및 따옴표 혼용과 같은 문제를 피할 수 있음을 의미한다.

필자는 프리티어를 글로벌 옵션으로 설치하고 텍스트 편집기용 플러그인을 설정하는 것을 추천한다. 프리티어를 글로벌 옵션으로 설치하려면 터미널 커맨드 라인에서 다음을 입력하자.

```
npm install -g prettier
```

프리티어를 설치한 후, 프리티어 사이트(*https://prettier.io/*)를 방문하여 사용하는 텍스트 편집기용 플러그인을 찾아 설치하자. 에디터에 플러그인이 설치된 상태에서 에디터의 설정 파일에 다음 설정을 추가한다.

```
"editor.formatOnSave": true,
"prettier.requireConfig": true
```

.prettierrc 구성 파일이 프로젝트 폴더 내에 위치하는 한, 이 설정이 있으면 코드 저장 시 프리티어가 자동으로 코드를 포맷팅한다. .prettierrc 파일은 프리티어의 포맷팅 관련 룰을 지정한다. 텍스트 에디터는 이 설정 파일이 존재하면 프로젝트에서 설정한 컨벤션 룰에 맞게 코드를 자동으로 다시 포맷팅한다. 이 책에 수록된 각 프로젝트는 .prettierrc 파일을 포함한다.

1.9 ESLint

ESLint는 자바스크립트의 정적 분석 도구이며, 프리티어와 같은 포맷터와는 구분된다. 포맷터와는 달리 사용하지 않는 변수, 무한 루프, 도달할 수 없는 코드와 같은 코드 품질도 검사하기 때문이다. 프리티어를 설치할 때와 마찬가지로 선호하는 텍스트 편집기용 ESLint 플러그인을 설치하자. 그럼 코드를 작성할 때 실시간으로 오류를 모니터링할 것이다. ESLint 사이트(*https://oreil.ly/H3Zao*)에서 편집기 플러그인 목록을 확인할 수 있다.

프리티어와 마찬가지로 모든 프로젝트는 .eslintrc 파일 내에 선호하는 코드 컨벤션 룰을 지정할 수 있다. 이를 통해 프로젝트 관리자는 코드 설정 스타일을 세밀하게 제어하고, 코드 컨벤션 룰을 자동으로 적용할 수 있다. 이 책에 수록된 각 프로젝트에는 일반적인 오류를 피하는 데 도움이 되는 범용적인 ESLint 룰을 포함하고 있다.

1.10 미관 꾸미기

이 옵션은 선택 사항이지만, 필자의 경우에는 설정이 미적으로 만족스러울 때 개발을 더 즐기고 몰두한다. 예술 학위를 가지고 있는 필자로서는 어쩔 수 없는 부분이다. 시간을 갖고 다양한 테마와 서체를 시험해보자. 필자는 거의 모든 텍스트 편집기와 터미널에서 어도비의 소스 코드 프로 서체(*https://oreil.ly/PktVn*)와 함께 사용할 수 있는 드라큘라 테마(*https://draculatheme.com*)를 즐겨 쓰고 있다.

1.11 결론

이번 장에서는 PC에서 자바스크립트를 이용해 애플리케이션을 개발하기 위한 개발 환경을 구축하였다. 프로그래밍의 큰 즐거움 중 하나는 나만의 최적화된 개발 환경을 구축하는 것이다. 위에서 설정한 환경을 자신에게 조금 더 친숙하게 만들기 위해 테마, 색상, 다양한 도구 등을 바꿔 보자. 다음 장에서는 이번 장에서 구축한 개발 환경 위에서 동작하는 간단한 API 애플리케이션을 개발하고 실행할 것이다.

## CHAPTER 2

API 소개

작은 식당에 앉아 샌드위치를 주문하는 상황을 상상해보자. 웨이터는 주문서에 주문을 기록하고 주문서를 요리사에게 전달한다. 요리사는 주문서를 읽은 후 재료를 가지고 샌드위치를 만들어 웨이터에게 전달한다. 웨이터는 여러분에게 샌드위치를 가져온다. 여러분이 디저트를 주문하면 샌드위치가 디저트로 대체될 뿐 동일한 과정이 반복된다.

응용 프로그래밍 인터페이스^{application programming interface}(이하 API)는 한 컴퓨터 프로그램이 다른 컴퓨터 프로그램과 상호작용할 수 있는 일련의 규약이다. 웹 API는 샌드위치 주문과 거의 같은 방식으로 작동한다. 클라이언트는 데이터를 요청하고, 해당 데이터는 HTTP^{HyperText Transfer Protocol}를 통해 웹 서버 애플리케이션으로 이동한다. 웹 서버 애플리케이션은 요청을 받아 데이터를 처리하고, HTTP를 통해 처리한 데이터를 클라이언트로 보낸다.

이 장에서는 웹 API의 개념을 넓게 살펴보고, API 프로젝트를 로컬 시스템에 복제하여 개발 실습을 시작할 것이다. 본격적으로 실습을 시작하기 전에, 앞으로 만들 애플리케이션의 요구 사항을 먼저 살펴보자.

2.1 무엇을 만들 것인가

우리는 이 책 전반에 걸쳐 'Notedly'라는 소셜 노트 애플리케이션을 만들 것이다. 이 애플리케이션의 사용자는 계정을 만들고, 일반 텍스트나 마크다운^{Markdown}으로 메모를 작성한다. 또한 메모를 편집하고, 다른 사용자의 메모 피드를 보고, 다른 사용자의 메모를 '즐겨찾기favorite'할 수 있다. 이제부터 이 애플리케이션을 지원하는 API를 개발할 것이다.

API의 요구 사항은 다음과 같다.

- 사용자는 노트를 작성하고, 작성한 노트를 읽고, 업데이트하고, 삭제할 수 있다.
- 사용자는 다른 사용자가 작성한 메모의 피드를 보고, 다른 사용자가 작성한 개별 메모를 읽을 수는 있지만 업데이트하거나 삭제할 수는 없다.
- 사용자는 계정을 만들고, 로그인하고, 로그아웃할 수 있다.
- 사용자는 자신의 프로필 정보와 다른 사용자의 공개 프로필 정보를 검색할 수 있다.
- 사용자는 다른 사용자의 메모를 즐겨찾기할 수 있고, 다른 사용자의 즐겨찾기 목록을 검색할 수 있다.

> **TIP_ 마크다운**
> 마크다운은 프로그래밍 커뮤니티와 iA Writer, Ulysses, Byword 등과 같은 텍스트 애플리케이션에서 많이 쓰이는 인기 있는 텍스트 마크업 언어text markup language이다. 마크다운에 대한 자세한 내용은 마크다운 가이드 웹 사이트(*https://www.markdownguide.org/*)를 참조하자.

요구 사항이 상당히 많아 보이지만, 부분별로 나누어 접근하면 어렵지 않을 것이다. 이러한 종류의 상호작용을 수행하는 법을 한 번 배우고 나면 모든 종류의 API를 만드는 데 적용할 수 있다.

2.2 어떻게 만들 것인가

API를 만들기 위해 사용할 쿼리 언어는 그래프QL API 쿼리 언어(*https://graphql.org/*)이다. 그래프QL은 2012년 페이스북에서 개발한 오픈소스 언어로, 그래프QL의 장점은 클라이언트가 필요한 데이터만큼만 정확하게 요청하여 요청의 수를 크게 단순화하고 제한할 수 있다는 점이다. 또한 클라이언트가 필요로 하는 데이터만 보내면 되기 때문에 모바일 클라이언트로 데이터를 보낼 때 성능상의 이점이 뚜렷하다. 독자 여러분은 이 책 전반에 걸쳐 그래프QL API를 작성, 개발, 사용하는 방법을 알아보게 될 것이다.

2.3 시작하기

개발을 시작하기 전에 프로젝트 스타터 파일을 컴퓨터에 복사해야 한다. 프로젝트의 소스 코드에는 애플리케이션을 개발하는 데 필요한 모든 스크립트와 외부 라이브러리에 대한 참조가 포함되어 있다. 로컬 컴퓨터에 코드를 복제하려면 터미널을 열고 프로젝트를 보관할 디렉터리로 이동한 다음, `git clone`으로 프로젝트 저장소를 복제하고 `npm install`을 사용하여 종속성을 설치하자. 책의 모든 코드를 체계적으로 유지하기 위해 별도의 디렉터리를 만들면 편리할 것이다.[1]

```
$ cd Projects
$ mkdir notedly && cd notedly
$ git clone git@github.com:javascripteverywhere/api.git
$ cd api
$ npm install
```

NOTE_ 외부 종속성 설치하기

책의 스타터 코드를 디렉터리 내에 복사하고 `npm install`을 실행하면, 개별 외부 종속성에 대해 `npm install`을 다시 실행하지 않아도 된다.

코드는 다음과 같이 구성된다.

---

[1] 옮긴이_ git clone 과정에서 permission denied 에러가 발생할 수 있다. 이 문제를 해결하려면 현재 사용하는 기기에 각자의 깃허브 계정의 SSH 키가 담겨야 하는데, 이를 해결하는 방법은 공식적인 문서(https://docs.github.com/en/github/authenticating-to-github/error-permission-denied-publickey)를 참고하거나, 'git permission denied (publickey)'라고 검색해 한글로 된 가이드를 읽고 해결한다.

/src

개발을 진행할 주 디렉터리로, 이 책의 실습이 이루어지는 디렉터리다.

/solutions

각 장에 대한 정답이 포함된 디렉터리로, 개발 중 문제가 있으면 참고하기 위한 용도이다.

/final

동작하는 최종 프로젝트의 디렉터리에 해당한다.

로컬 컴퓨터에 코드가 준비되었으니, 다음으로 프로젝트의 .env 파일을 복사하자. 이 파일은 데이터베이스 URL, 클라이언트 ID, 비밀번호와 같은 환경 변수 및 프로젝트 비밀 사항을 담는 파일이다. 그러므로 이를 소스 컨트롤에 포함하는 것은 바람직하지 않고, 각자의 .env 파일 사본이 필요할 것이다. 이를 위해 api 디렉터리에 진입하고 터미널에 다음을 입력하자.

```
cp .env.example .env
```

이제 디렉터리에 .env 파일이 나타난다. 당장 이 파일이 필요하지는 않지만, 앞으로 API 백엔드 개발을 진행하면서 여기에 정보를 추가할 것이다. 프로젝트에 포함된 .gitignore 파일은 .env 파일을 실수로 커밋하지 않도록 보장해준다.

> **CAUTION_ .env 파일이 안 보여요!**
> 일반적으로 운영체제는 .로 시작하는 파일을 최종 사용자가 아닌 시스템에서 사용하는 파일로 간주하고 숨긴다. .env 파일이 보이지 않으면 텍스트 편집기에서 디렉터리를 열어보자. 파일은 편집기의 파일 탐색기에 표시되어야 한다. 또는 ls -a를 터미널 창에 입력해도 현재 작업 디렉터리의 파일이 나열된다.

2.4 결론

API는 데이터가 데이터베이스에서 애플리케이션으로 흐르는 인터페이스를 제공하는, 현대 애플리케이션의 중추라고 할 수 있다. 그래프QL을 사용하면 확장성이 있는 최신 API 기반 애플리케이션을 신속하게 개발할 수 있다. 다음 장에서는 Node.js와 익스프레스^{Express}를 사용하여 웹 서버를 구축하고 API 개발을 시작할 것이다.

## CHAPTER 3

노드와 익스프레스로
웹 애플리케이션 만들기

API를 구현하기에 앞서, API의 백엔드 기반으로 사용할 간단한 서버 사이드 웹 애플리케이션을 개발한다. 이를 위해, 기능이 많은 편은 아니지만 높은 자유도로 설정이 가능한 'Node.js를 위한 미니멀리스트 웹 프레임워크', 익스프레스 프레임워크(`https://expressjs.com/`)를 사용한다. 이 장에서는 익스프레스를 API 서버의 기반으로 사용하겠다. 완벽한 기능을 갖춘 서버 사이드 웹 애플리케이션을 구축할 때도 익스프레스를 사용할 수 있다.

웹 사이트나 모바일 앱 같은 사용자 인터페이스는 데이터에 접근하기 위해 웹 서버와 통신한다. 여기서 데이터는 웹 브라우저에서 페이지를 렌더링할 때 필요한 HTML 코드부터 실제 사용자가 요청한 검색 결과에 이르기까지 무엇이든 될 수 있다. 클라이언트는 HTTP를 이용하여 서버와 통신한다. 데이터 요청은 HTTP를 통해 클라이언트에서 서버 애플리케이션으로 전송되며, 웹 애플리케이션은 요청을 처리하고 HTTP를 통해 다시 클라이언트로 결과 값을 반환한다.

이번 장에서는 우리가 구현할 API의 기반이 될 간단한 서버 사이드 웹 애플리케이션을 개발한다. 이를 위해 익스프레스 프레임워크를 사용하여 기본적인 요청을 처리하는 간단한 웹 애플리케이션을 개발할 것이다.

3.1 Hello World

서버 사이드 웹 애플리케이션의 기본 원리를 이해했으니 실제 구현 실습을 바로 시작해보자. API 프로젝트의 src 디렉터리 내에 'index.js' 파일을 열고, 아래 내용을 추가하자.

```
const express = require('express');
const app = express();

app.get('/', (req, res) => res.send('Hello World'));

app.listen(4000, () => console.log('Listening on port 4000!'));
```

이 예제에서는 먼저 express 패키지의 의존성 모듈이 필요하고, Express.js 모듈을 임포트하고 나면 이를 이용하여 app 객체를 생성한다. 그런 다음 사용자가 루트 URL(/)에 접근하면 app 객체의 get 메서드를 써서 'hello world' 문자열로 응답하게 한다. 끝으로 애플리케이션이 사용할 포트 번호를 '4000'번으로 지정한다. 이렇게 지정하면 로컬 환경의 *http://localhost:4000 URL*에서 응답을 확인할 수 있다.

터미널에서 node src/index.js 를 입력하면 애플리케이션이 실행되며, 터미널에 'Listening on port 4000!' 로그가 출력된다. 브라우저를 열고 주소창에 *http://localhost:4000*을 입력하면, [그림 3-1]과 같은 결과를 볼 수 있다.

그림 3-1 브라우저에서 확인한 Hello World 서버 코드의 결과

3.2 Nodemon

앞에서 만든 예제의 결과는 우리의 느낌적인 느낌을 제대로 표현하지 못하는 것 같다. 그러므로 응답 문자열에 느낌표가 추가되도록 코드를 변경해보자. 'Hello World!!!' 문자열로 응답하기 위해 res.send 함수의 파라미터 값을 변경하자. 실제 변경된 코드는 아래와 같다.

```
app.get('/', (req, res) => res.send('Hello World!!!'));
```

웹 브라우저에서 페이지를 새로 고쳐도 화면에 출력되는 문자열 값은 변경되지 않는다. 서버 애플리케이션의 코드가 변경되면, 웹 서버를 새로 시작해야 한다. 터미널로 이동한 후 'Ctrl + C' 키를 눌러 서버를 강제 종료하자. 다시 node index.js를 실행하여 웹 서버를 재시작하고, 브라우저로 돌아가 페이지를 새로 고치면 변경된 값이 화면에 출력된다.

생각해보면, 코드가 변경될 때마다 서버를 중지하고 다시 시작하는 것은 상당히 번거롭고 지루한 일일 것이다. 다행히도 node 패키지 중 하나인 'nodemon'을 이용하면 코드나 설정이 변경될 때마다 서버를 자동으로 재시작할 수 있다. 프로젝트에 package.json 파일을 살펴보면, scripts 객체 내의 dev 명령어에 nodemon이 index.js 파일의 변경 사항을 모니터링하도록 설정되어 있는 것을 확인할 수 있다.

```
"scripts": {
  ...
  "dev": "nodemon src/index.js"
  ...
}
```

> **NOTE_ package.json Scripts**
> scripts 객체에는 다양한 도우미 명령어가 있다. 이후의 장에서 이러한 명령어를 자세하게 살펴볼 것이다.

이제 다음 명령으로 터미널에서 애플리케이션을 실행하자.

```
npm run dev
```

브라우저를 열고 페이지를 새로 고치면, 이전과 동일하게 동작하는 것을 확인할 수 있다.

nodemon이 자동으로 서버를 재시작하는지 확인하기 위해 `res.send` 메서드의 파라미터 값을 아래와 같이 변경한 후 브라우저를 통해 응답 값을 확인해보자.

```
res.send('Hello Web Server!!!')
```

이제 브라우저에서 페이지를 새로 고치면 서버를 수동으로 다시 시작하지 않고서도 변경되는 것을 확인할 수 있다.

3.3 포트 확장 옵션

현재 우리의 애플리케이션은 4000번 포트를 사용한다. 로컬 개발 환경에서는 이렇게 해도 별 문제없이 잘 동작하지만, 애플리케이션을 배포할 때는 다른 포트 번호를 지정할 수 있도록 해야 한다. 지금부터 이 부분을 코드에 추가해보자. 먼저 port 변수를 아래와 같이 추가한다.

```
const port = process.env.PORT || 4000;
```

이로써 Node 환경에서 사용할 포트 번호를 동적으로 설정할 수 있게 되었다. 만약 명시적으로 포트 번호를 지정하지 않으면 예비 포트 4000번이 지정된다. 이제 위에서 설정한 port 변수를 `app.listen` 함수의 파라미터로 지정하고, 템플릿 문자열을 이용하여 지정한 포트 번호와 함께 로그로 남기도록 하자.

```
app.listen(port, () =>
  console.log('Server running at http://localhost:${port}')
);
```

최종 코드는 다음과 같다.

```
const express = require('express');

const app = express();
const port = process.env.PORT || 4000;

app.get('/', (req, res) => res.send('Hello World!!!'));
```

```
app.listen(port, () =>
  console.log('Server running at http://localhost:${port}')
);
```

지금까지 웹 서버의 기본 코드를 작성하고 직접 실행해보았다. 정상적으로 동작하는지 확인하려면 먼저 콘솔에 출력되는 에러가 없는지 확인하고, 웹 브라우저에서 *http://locahost:4000* 페이지를 새로 고침하자.

3.4 결론

서버 사이드 애플리케이션은 API 개발에 꼭 필요한 과정이다. 이번 장에서는 익스프레스 프레임워크를 이용하여 간단한 웹 애플리케이션을 개발해보았다. 노드 기반의 웹 애플리케이션을 개발할 때 다양한 프레임워크와 도구를 선택할 수 있지만, 그중에서도 익스프레스는 유연성, 커뮤니티 지원, 프로젝트로서의 완성도 측면에서 더할 나위 없이 좋은 선택이다. 다음 장에서는 웹 애플리케이션 위에 직접 API를 구현해보자.

## CHAPTER 4

그래프QL API 첫걸음

이 책을 읽고 있는 여러분은 사람이다. 사람들은 많은 관심사와 열정을 가진다. 또한 가족, 친구, 지인, 동료와 사회적 관계를 맺고 있으며, 관계를 맺은 사람들 또한 그 자신의 사회적 관계, 관심사, 열정이 있다. 이러한 관계와 관심사 중 일부는 겹치지만 다른 관계와 관심사는 겹치지 않는다. 우리 모두는 각자의 삶 내에서 연결된 사람들의 그래프를 가지고 있다.

그래프QL이 API 개발에서 해결하려는 문제가 바로 이렇게 서로 연결된 데이터이다. 그래프QL API는 데이터를 효율적으로 연결할 수 있으며, 요청의 수와 복잡성을 줄이고 클라이언트가 정확히 필요로 하는 데이터를 제공할 수 있다.

노트 애플리케이션을 만들기에는 거창한 도구로 느껴질 수도 있을 것이다. 그럴 수도 있다. 하지만 앞으로 살펴볼 그래프QL 자바스크립트 생태계의 도구와 기술은 모든 종류의 API 개발을 가능하게 하고 단순화되도록 만들었다.

이 장에서는 apollo-server-express 패키지를 사용하여 그래프QL API를 만들 것이다. 이를 위해 그래프QL의 기본을 살펴보고, 그래프QL 스키마를 작성하고, 스키마 함수의 코드를 개발하고, 그래프QL 플레이그라운드^{Playground}의 사용자 인터페이스를 사용하여 API에 접근할 것이다.

4.1 서버를 API로

API 개발의 첫 단계로, `apollo-server-express` 패키지를 사용하여 익스프레스 서버를 그래프QL 서버로 전환해보자. 아폴로 서버^{Apollo Server}(*https://oreil.ly/1fNt3*)는 익스프레스, Connect, Hapi, Koa를 포함한 많은 Node.js 서버 프레임워크와 함께 작동하는 오픈소스 그래프QL 서버 라이브러리이다. 아폴로 서버는 Node.js 애플리케이션에서 그래프QL API로 데이터를 제공하며, 개발 중인 API와 함께 쓸 수 있는 시각적 도우미인 그래프QL 플레이그라운드와 같은 유용한 도구를 제공한다.

API를 작성하기 위해 이전 장에서 작성한 웹 애플리케이션 코드를 수정하자. 먼저 `apollo-server-express` 패키지를 포함시켜야 한다. `src/index.js` 파일의 맨 위에 다음을 추가하자.

```
const { ApolloServer, gql } = require('apollo-server-express');
```

`apollo-server`를 가져왔으므로 기본 그래프QL 애플리케이션을 설정할 차례이다. 그래프QL 애플리케이션은 두 가지 요소로 이루어진다. 형식 정의 스키마, 그리고 리졸버^{resolver}이다. 리졸버는 데이터에 대해 수행한 쿼리와 뮤테이션^{mutation}을 처리한다. 하나도 모르겠다고? 걱정하지 말자. `'Hello World'` API 응답을 구현하고 API 개발 전반에 걸친 그래프QL의 기본을 읽고 나면 보다 쉽게 이해가 될 것이다.

시작하기 위해 `typeDefs` 변수에 저장하는 기본 스키마를 구성해보겠다. 이 스키마는 문자열을 반환하는 `hello`라는 하나의 Query를 기술한다.

```
// 그래프QL 스키마 언어로 스키마를 구성
const typeDefs = gql'
  type Query {
    hello: String
  }
';
```

스키마를 설정했으므로 사용자에게 값을 반환하는 리졸버를 추가할 수 있다. 이 리졸버는 `'Hello world!'`라는 문자열을 반환하는 간단한 함수이다.

```
// 스키마 필드를 위한 리졸버 함수 제공
```

```
const resolvers = {
  Query: {
    hello: () => 'Hello world!'
  }
};
```

마지막으로 그래프QL API를 제공하기 위해 아폴로 서버를 통합한다. 이를 위해 아폴로 서버 관련 설정과 미들웨어를 추가하고 `app.listen` 코드를 업데이트한다.

```
// 아폴로 서버 설정
const server = new ApolloServer({ typeDefs, resolvers });

// 아폴로 그래프QL 미들웨어를 적용하고 경로를 /api로 설정
server.applyMiddleware({ app, path: '/api' });

app.listen({ port }, () =>
  console.log(
    'GraphQL Server running at http://localhost:${port}${server.graphqlPath}'
  )
);
```

위 내용을 모두 합친 src/index.js 파일은 다음과 같다.

```
const express = require('express');
const { ApolloServer, gql } = require('apollo-server-express');

// .env 파일에 명시된 포트 또는 포트 4000에서 서버를 실행
const port = process.env.PORT || 4000;

// 그래프QL 스키마 언어로 스키마를 구성
const typeDefs = gql'
  type Query {
    hello: String
  }
';

// 스키마 필드를 위한 리졸버 함수 제공
const resolvers = {
  Query: {
    hello: () => 'Hello world!'
  }
```

```
};

const app = express();

// 아폴로 서버 설정
const server = new ApolloServer({ typeDefs, resolvers });

// 아폴로 그래프QL 미들웨어를 적용하고 경로를 /api로 설정
server.applyMiddleware({ app, path: '/api' });

app.listen({ port }, () =>
  console.log(
    'GraphQL Server running at http://localhost:${port}${server.graphqlPath}'
  )
);
```

nodemon 프로세스가 계속 실행 중이면 브라우저로 바로 이동할 수 있다. 그렇지 않으면, 터미널 애플리케이션 내에서 npm run dev를 실행하여 서버를 시작해야 한다. 서버를 시작한 다음 *http://localhost:4000/api*를 방문하면 그래프QL 플레이그라운드가 표시된다(그림 4-1). 아폴로 서버와 함께 제공되는 이 웹 애플리케이션은 그래프QL 작업의 큰 이점 중 하나이다. 여기에서 그래프QL 쿼리 및 뮤테이션을 실행하고 결과를 볼 수 있다. 스키마 탭을 클릭하면 API에 대해 자동으로 작성된 문서에 접근할 수도 있다.

그림 4-1 그래프QL 플레이그라운드

이제 그래프QL API에 대해 쿼리를 작성할 수 있다. 이렇게 하려면 그래프QL 플레이그라운드에 다음을 입력하자.

```
query {
  hello
}
```

[재생Play] 버튼을 클릭하면 쿼리가 다음을 반환한다(그림 4-2).

```
{
  "data": {
    "hello": "Hello world!"
  }
}
```

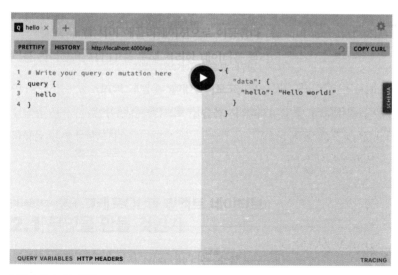

그림 4-2 hello 쿼리

자, 이제 잘 작동하는 그래프QL API가 준비되었고, 그래프QL 플레이그라운드로 API에 접근할 수 있다. 이 API는 `hello` 쿼리를 받아서 `Hello world!` 문자열을 반환한다. 이제 모든 기능을 갖춘 API를 만들 수 있는 구조를 갖춘 것이다.

4.2 그래프QL 기초

앞 절에서 첫 번째 API를 성공적으로 개발했지만, 이 시점에서 잠시 한 발 물러나서 그래프QL API의 기초적인 내용을 살펴보자. 그래프QL API의 두 가지 기본 구성 요소는 스키마와 리졸버이다. 이 두 구성 요소를 잘 이해하면 API 설계와 개발에 효과적으로 적용할 수 있다.

4.2.1 스키마

스키마는 데이터와 상호작용을 글로 표현한 것이다. 그래프QL은 스키마를 필요로 하며, 이는 API에 대해 엄격한 계획을 강제하기 위한 것이다. API가 스키마 내에서 정의된 데이터만 반환하고 상호작용을 수행할 수 있기 때문이다.

그래프QL 스키마의 기본 구성 요소는 객체 자료형이다. 앞의 예제에서는 `hello` 필드를 가진 `Query`라는 그래프QL 객체 자료형을 생성했으며, 이 객체 자료형은 `String` 스칼라 자료형을 반환했다. 그래프QL에는 5가지 스칼라 자료형이 내장되어 있다.

`String`
UTF-8 문자 인코딩을 사용하는 문자열

`Boolean`
참 또는 거짓의 값을 가짐

`Int`
32비트 정수형

Float

부동 소수점 값

ID

고유 식별자

이러한 기본 구성 요소를 사용하여 API의 스키마를 구성할 수 있다. 첫 번째 순서는 자료형을 정의하는 것이다. 피자 메뉴를 위한 API를 만들고 있다고 가정해보자. 그래프QL에서는 스키마 자료형 Pizza를 다음과 같이 정의할 수 있다.

```
type Pizza {
}
```

각각의 피자는 고유한 ID, 크기(스몰, 미디엄, 라지 등), 조각의 수, 토핑 등을 가진다. 이를 감안하여 작성한 Pizza의 스키마는 다음과 같다.

```
type Pizza {
  id: ID
  size: String
  slices: Int
  toppings: [String]
}
```

이 스키마는 필수적으로 요구하는 필드 값(예: id, size, slices)이 있고, 선택적으로 입력하는 필드 값(toppings)도 있다. 느낌표(!)를 사용하면 필드에 값이 필수적으로 포함되어야 함을 나타낼 수 있다. 다음과 같이 스키마를 업데이트하자.

```
type Pizza {
  id: ID!
  size: String!
  slices: Int!
  toppings: [String]
}
```

이 책에서는 기본 스키마를 작성해서 일반적인 API의 작업 대부분을 수행할 수 있다. 그래프QL 스키마 옵션 전체를 살펴보고 싶다면 그래프QL 스키마 문서(*https://oreil.ly/DPT8C*)를 읽어보기를 바란다.

4.2.2 리졸버

그래프QL API의 두 번째 부분은 리졸버이다. 리졸버는 그 이름이 지닌 '해결사'라는 의미 그대로, API 사용자가 요청한 데이터를 해결resolve한다. 리졸버를 작성하려면 먼저 스키마에서 리졸버를 정의한 다음 자바스크립트 코드 내에서 로직을 구현해야 한다. API에는 쿼리와 뮤테이션이라는 두 가지 자료형의 리졸버가 포함된다.

쿼리

쿼리는 API에 특정 데이터를 원하는 형식으로 요청한다. 앞에서 만든 피자 API의 경우, 메뉴판의 피자 목록 전체를 반환하는 쿼리와 단일 피자에 대한 자세한 정보를 반환하는 쿼리를 작성할 수 있을 것이다. 그러면 쿼리는 API 사용자가 요청한 데이터를 포함하는 객체를 반환한다. 쿼리는 데이터를 수정하지 않으며, 데이터에 접근만 할 수 있다.

뮤테이션

API에서 데이터를 수정할 때는 뮤테이션을 사용한다. 피자 예제의 경우, 주어진 피자의 토핑을 바꾸는 뮤테이션, 슬라이스 수를 조정하는 뮤테이션을 작성할 수 있다. 쿼리와 마찬가지로 뮤테이션도 객체의 형태로 결과를 반환하며, 일반적으로 수행한 작업의 최종 결과를 반환한다.

4.3 API 적용하기

그래프QL의 구성 요소를 이해했으니, 이제 앞에서 작성한 초기 API를 노트 애플리케이션에 맞게 적용해보자. 먼저 노트를 읽는 코드, 노트를 생성하는 코드를 작성할 것이다.

가장 먼저 필요한 것은 API의 작동을 위한 약간의 데이터이다. API에서 제공하는 기본 데이터로 사용할 노트 객체의 배열인 'notes'를 만들어보자. 프로젝트를 개선하는 과정에서 이 인메모리in-memory 데이터 표현을 데이터베이스로 대체하겠지만, 일단 지금은 데이터를 notes 변수에 저장할 것이다. 배열의 각 노트는 id, content, author의 세 가지 속성을 가지는 객체이다. 다음 코드를 index.js 상단에 추가하자.

```
let notes = [
  { id: '1', content: 'This is a note', author: 'Adam Scott' },
  { id: '2', content: 'This is another note', author: 'Harlow Everly' },
  { id: '3', content: 'Oh hey look, another note!', author: 'Riley Harrison' }
];
```

데이터를 확보했으니 그래프QL API를 적용할 차례다. 먼저 스키마부터 시작하자. 스키마는 그래프QL의 데이터 표현 및 상호작용 방식이다. 이 애플리케이션에서 쿼리와 뮤테이션의 대상은 노트이고, 이 노트에는 id, content(내용), author(작성자) 필드가 포함된다. 이에 해당하는 노트 자료형을 typeDefs 그래프QL 스키마 내에 생성해보자. 이것은 API 내의 노트 속성을 나타낸다.

```
type Note {
  id: ID!
  content: String!
  author: String!
}
```

다음으로, 모든 노트 목록을 검색할 수 있는 쿼리를 추가하자. 노트 개체의 배열을 반환하는 notes 쿼리를 포함하도록 Query 자료형을 업데이트해야 한다.

```
type Query {
  hello: String!
  notes: [Note!]!
}
```

이제 리졸버 코드를 업데이트하여 데이터 배열을 반환하게 해야 한다. 다음과 같이 원시 데이터 객체를 반환하는 notes 리졸버를 포함하도록 Query 코드를 업데이트하자.

```
Query: {
```

```
    hello: () => 'Hello world!',
    notes: () => notes
  },
```

$http://localhost:4000/api$에서 실행 중인 그래프QL 플레이그라운드로 이동하면 notes 쿼리를 테스트할 수 있다. 테스트를 위해 다음 쿼리를 입력하자.

```
query {
  notes {
    id
    content
    author
  }
}
```

그런 다음 [재생] 버튼을 클릭하면 데이터 배열이 포함된 data 객체가 반환된다(그림 4-3).

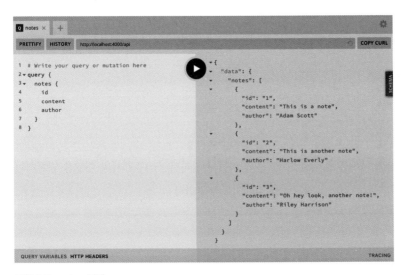

그림 4-3 notes 쿼리

이쯤에서 그래프QL의 가장 멋진 특징을 소개하고자 한다. 요청할 필드 중 일부(id와 author)를 제거해보자. 그렇게 하면 API가 나머지 데이터만을 정확하게 반환한다. 이 특징을 이용하면 데이터를 소비하는 클라이언트가 각 요청에 의해 전송되는 데이터의 양을 제어하고, 전송되는 데이터를 정확히 필요한 만큼으로 제한할 수 있다(그림 4-4).

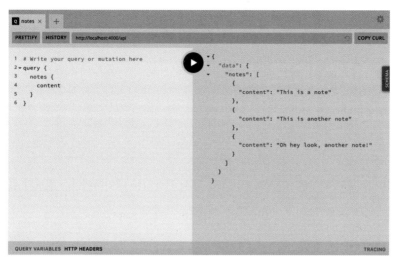

그림 4-4 content만 요청하는 notes 쿼리

전체 노트 목록을 쿼리했으니, 이제 하나의 노트만 쿼리할 수 있는 코드도 작성해보자. 특정한 하나의 노트만을 표시하는 기능은 사용자 인터페이스 관점에서 굉장히 유용하다. 특정 Id 값으로 노트를 요청하는 방식이 좋을 텐데, 이를 위해서는 그래프QL 스키마에서 인수^{argument}를 사용해야 한다. 인수를 사용하면 API 소비자가 특정 값을 리졸버 함수에 전달함으로써 필요한 정보를 제공할 수 있다. 자료형 ID와 함께 id 인수를 사용하는 note 쿼리를 추가해보자. typeDefs 내의 Query 객체를 다음과 같이 업데이트한다. 여기에는 새로운 note 쿼리가 포함된다.

```
type Query {
  hello: String
  notes: [Note!]!
  note(id: ID!): Note!
}
```

스키마를 업데이트하고 나면, 요청받은 노트를 반환하는 쿼리 리졸버를 작성할 수 있다. 이를 위해서는 API 사용자의 인수 값을 읽을 수 있어야 한다. 고맙게도 아폴로 서버는 다음과 같이 유용한 파라미터를 리졸버 함수에 전달한다.

parent

parent 쿼리의 결과로, 쿼리를 중복으로 감쌀 때 유용하다.

args

사용자가 쿼리와 함께 전달한 인수이다.

context

서버 애플리케이션이 리졸버 함수에 전달하는 정보로, 현재 사용자나 데이터베이스 정보와 같은 것이 포함된다.

info

쿼리 자체에 대한 정보이다.

살펴본 파라미터는 앞으로 코드에서 필요할 때마다 별도로 다룰 기회가 있을 것이다. 파라미터에 대해 궁금한 점이 있으면 아폴로 서버 문서(*https://oreil.ly/l6mL4*)에서 찾아볼 수 있다. 지금은 두 번째 파라미터인 args에 포함된 정보만 필요하다.

note 쿼리는 노트 id를 인수로 사용하여 note 객체의 배열에서 노트를 찾는다. 쿼리 리졸버 코드에 다음을 추가하자.

```
note: (parent, args) => {
  return notes.find(note => note.id === args.id);
}
```

전체 리졸버 코드는 다음과 같을 것이다.

```
const resolvers = {
  Query: {
    hello: () => 'Hello world!',
    notes: () => notes,
    note: (parent, args) => {
      return notes.find(note => note.id === args.id);
    }
  }
};
```

쿼리를 실행하려면 웹 브라우저로 돌아가서 *http://localhost:4000/api*의 그래프QL 플레이 그라운드를 방문하자. 이제 다음과 같이 특정 id로 노트를 쿼리할 수 있다.

```
query {
  note(id: "1") {
    id
    content
    author
  }
}
```

이 쿼리를 실행하면 요청받은 id 값을 가진 노트를 결과로 받을 것이다. 존재하지 않는 노트를 쿼리하면 null 값을 결과로 받게 된다. 이를 테스트하려면 다른 결과를 반환하도록 id 값을 변경하자.

초기 API 코드를 적용하는 예시의 마지막으로, 그래프QL의 뮤테이션을 사용하여 새로운 노트를 만드는 기능을 구현해보자. 사용자는 이 뮤테이션을 통해 노트의 내용을 전달할 것이다. 예시의 단순성을 위해 지금은 노트의 작성자(author)를 하드코딩할 것이다. 우선 typeDefs 스키마를 Mutation 자료형으로 업데이트하는 것으로 시작하자.

```
type Mutation {
  newNote(content: String!): Note!
}
```

이제 노트 내용을 인수로 취하고, 노트를 객체로 저장하고, 노트 객체를 notes 배열의 메모리에 추가하는 뮤테이션 리졸버를 작성할 것이다. 이를 위해 리졸버에 Mutation 객체를 추가하자. Mutation 객체 내에 parent, args 파라미터와 함께 newNote 함수를 추가하자. 이 함수내에 인수 content를 가져와서 id, content, author 키를 가진 객체를 만든다. 보다시피 이것은 노트의 스키마와 일치한다. 그런 다음 이 객체를 notes 배열로 푸시하고 객체를 반환한다. 객체를 반환하면 그래프QL 뮤테이션이 원하는 형식으로 응답을 받을 수 있다. 다음과 같이 코드를 작성하자.

```
Mutation: {
  newNote: (parent, args) => {
    let noteValue = {
```

```
      id: String(notes.length + 1),
      content: args.content,
      author: 'Adam Scott'
    };
    notes.push(noteValue);
    return noteValue;
  }
}
```

여기까지 하면 전체 src/index.js 파일은 다음과 같은 코드를 가지게 된다.

```
const express = require('express');
const { ApolloServer, gql } = require('apollo-server-express');

// .env 파일에 명시된 포트 또는 포트 4000에서 서버를 실행
const port = process.env.PORT || 4000;

let notes = [
  { id: '1', content: 'This is a note', author: 'Adam Scott' },
  { id: '2', content: 'This is another note', author: 'Harlow Everly' },
  { id: '3', content: 'Oh hey look, another note!', author: 'Riley Harrison' }
];

// 그래프QL 스키마 언어로 스키마를 구성
const typeDefs = gql'
  type Note {
    id: ID!
    content: String!
    author: String!
  }

  type Query {
    hello: String
    notes: [Note!]!
    note(id: ID!): Note!
  }

  type Mutation {
    newNote(content: String!): Note!
  }
';

// 스키마 필드를 위한 리졸버 함수 제공
```

```
const resolvers = {
  Query: {
    hello: () => 'Hello world!',
    notes: () => notes,
    note: (parent, args) => {
      return notes.find(note => note.id === args.id);
    }
  },
  Mutation: {
    newNote: (parent, args) => {
      let noteValue = {
        id: String(notes.length + 1),
        content: args.content,
        author: 'Adam Scott'
      };
      notes.push(noteValue);
      return noteValue;
    }
  }
};

const app = express();

// 아폴로 서버 설정
const server = new ApolloServer({ typeDefs, resolvers });

// 아폴로 그래프QL 미들웨어를 적용하고 경로를 /api로 설정
server.applyMiddleware({ app, path: '/api' });

app.listen({ port }, () =>
  console.log(
    'GraphQL Server running at http://localhost:${port}${server.graphqlPath}'
  )
);
```

스키마와 리졸버 뮤테이션을 수용하도록 업데이트된 상태에서 그래프QL 플레이그라운드 (*http://localhost:4000/api*)에 들어가자. 플레이그라운드에서 '+' 기호를 클릭하여 새 탭을 만들고 다음과 같이 뮤테이션을 작성하자.

```
mutation {
  newNote (content: "This is a mutant note!") {
    content
```

```
    id
    author
  }
}
```

[재생] 버튼을 클릭하면 새 노트의 내용, ID, 작성자가 포함된 응답을 받게 된다. notes 쿼리를 다시 실행하여 뮤테이션이 잘 작동했는지 확인할 수도 있다. 이를 위해서는 해당 쿼리가 포함된 그래프QL 플레이그라운드 탭으로 다시 전환하거나 다음을 입력하자.

```
query {
  notes {
    content
    id
    author
  }
}
```

이 쿼리를 실행하면 최근에 추가한 노트를 포함하여 네 개의 노트가 표시될 것이다.

> **NOTE_ 데이터 스토리지**
> 지금까지의 예시에서는 데이터를 메모리에 저장하고 있다. 즉, 서버를 다시 시작할 때마다 해당 데이터는 손실된다. 다음 장부터는 데이터베이스를 사용하여 데이터를 유지할 것이다.

이렇게 해서, 쿼리 및 뮤테이션 리졸버를 성공적으로 구현하고 그래프QL 플레이그라운드 사용자 인터페이스에서 테스트를 완료했다.

4.4 결론

이 장에서는 apollo-server-express 모듈을 사용하여 그래프QL API를 성공적으로 만들었고, 이를 통해 메모리 내 데이터 객체에 대해 쿼리와 뮤테이션을 실행할 수 있었다. 이러한 기반을 갖추었으면 앞으로 모든 종류의 API를 만들 수 있을 것이다. 다음 장에서는 데이터베이스를 사용하여 데이터를 유지하는 기능을 살펴보자.

## CHAPTER 5

데이터베이스

어린 시절 필자는 스포츠 카드면 뭐든 수집하는 수집광이었다. 카드 수집에서 가장 중요한 것은 수집한 카드를 정리하는 일이다. 필자는 스타 선수 카드만 모아서 별도로 관리했다. 특히 NBA 슈퍼스타인 마이클 조던 관련 카드는 특별한 상자에 넣어 보관했다. 나머지 카드도 스포츠별로 정리하고 팀별로 구분했다. 이 방법으로 언제든지 원하는 카드를 쉽고 안전하게 찾을 수 있었다. 당시에는 몰랐지만, 이와 같은 스토리지 시스템은 데이터베이스와 실질적으로 동일하다. 데이터베이스의 핵심 기능은 정보를 저장하고 저장된 정보를 검색하는 것이다.

처음 웹 개발을 시작했을 때는 데이터베이스를 사용하는 것이 두려웠다. 필자는 데이터베이스를 실행하고, 모호한 SQL 명령어를 입력하는 것이 이해할 수 없는 다른 차원의 문제처럼 어렵게 느껴졌다. 다행히도 시간이 지나며 실력을 키울 수 있었고, 이제는 'table join'과 같은 SQL 명령어를 더 이상 두려워하지 않는다. 만약 여러분이 필자와 같은 문제를 겪고 있다면, 여러분도 결국엔 데이터베이스를 사용하는 것에 익숙해질 것이다.

이 책에서는 데이터베이스로 몽고DB^{MongoDB} (https://www.mongodb.com)를 사용한다. 몽고DB를 선택한 이유는 노드 생태계와 궁합이 잘 맞고, 처음 입문하는 사람도 시작하는 데 부담이 없기 때문이다. 몽고는 자바스크립트의 객체처럼 '도큐먼트^{document}'에 데이터를 저장한다. 이는 기존 자바스크립트 개발자도 익숙하게 정보를 저장하고, 검색할 수 있다는 것을 의미한다. PostgreSQL 같은 다른 데이터베이스를 선호하더라도, 이 책에서 다루는 주제를 조금만 수정하면 어떤 데이터베이스를 사용해도 별 문제없이 적용 가능할 것이다.

몽고DB를 이용해 본격적으로 개발하기 전에, 로컬 개발 환경에서 몽고DB가 실행되고 있는지 확인해야 한다. 1장의 설치 관련 내용을 참고하여 이를 확인하자.

5.1 몽고DB 시작하기

몽고DB가 실행되고 있다면, 이제 몽고DB 셸을 이용하여 몽고DB와 어떻게 직접 상호작용할 수 있는지 살펴보자. 먼저 터미널에서 'mongo' 명령어를 입력하여 몽고DB 셸을 실행하자.

```
$ mongo
```

몽고DB 셸이 실행되면 몽고DB 셸 관련 정보와 로컬 서버와의 연결 정보 그리고 몇몇 추가 정보들이 터미널에 출력된다. 이제 터미널에서 몽고DB에 직접 접근할 수 있게 되었다. 'use' 명령어를 사용하면 데이터베이스를 생성하고, 생성된 데이터베이스로 전환할 수 있다. 'learning'이라는 이름을 가진 데이터베이스를 생성하자.

```
$ use learning
```

이번 장의 도입부에서 설명했던 카드 수집 방법은 카드별로 상자를 만들어 정리하는 것이었다. 몽고DB도 유사한 '컬렉션collection'이라는 개념을 제공한다. 컬렉션은 비슷한 도큐먼트끼리 그룹화하는 것이다. 예를 들어 블로그 애플리케이션에는 게시물 컬렉션, 사용자 컬렉션, 댓글 컬렉션을 가질 수 있다. 컬렉션은 자바스크립토 객체로 치면 최상위 객체에 해당하고 도큐먼트는 그 안에 종속된 개별 객체가 된다. 이를 시각화하면 다음과 같다.

```
collection: {
  document: {},
  document: {},
  document: {}.
  ...
}
```

이것을 이해했다면, learning 데이터베이스의 컬렉션에 도큐먼트를 생성해보자. 먼저 피자 종류에 관한 도큐먼트를 저장할 'pizza'라는 컬렉션을 생성한다. 몽고DB 셸에서 다음과 같이 입력하자.

```
$ db.pizza.save({ type: "Cheese" })
```

성공적으로 실행되면, 다음과 같은 결과를 출력한다.

```
WriteResult({ "nInserted" : 1 })
```

데이터베이스에 여러 도큐먼트를 한 번에 생성할 수도 있다.

```
$ db.pizza.save([{type: "Veggie"}, {type: "Olive"}])
```

앞서 데이터베이스에 세 개의 도큐먼트를 생성하였으니, 생성한 도큐먼트를 조회해보자. 이를 위해 몽고DB에서 제공하는 find 메서드를 이용한다. pizza 컬렉션 전체를 조회하려면 파라미터 없이 find 메서드를 호출하자.

```
$ db.pizza.find()
```

우리가 입력했던 세 개의 항목이 모두 출력되는 것을 확인할 수 있다. 몽고DB는 데이터를 저장하는 것 외에도 아래와 같이 항목별 고유 ID를 자동으로 부여한다. 출력된 결과는 다음과 같다.

```
{ "_id" : ObjectId("5c7528b223ab40938c7dc536"), "type" : "Cheese" }
{ "_id" : ObjectId("5c7529fa23ab40938c7dc53e"), "type" : "Veggie" }
{ "_id" : ObjectId("5c7529fa23ab40938c7dc53f"), "type" : "Olive" }
```

속성 값 또는 몽고DB에서 자동으로 부여한 ID를 이용하여 각각의 도큐먼트를 조회할 수도 있다.

```
$ db.pizza.find({ type: "Cheese" })
$ db.pizza.find({ _id: ObjectId("A DOCUMENT ID HERE") })
```

도큐먼트를 조회하는 것뿐만 아니라 도큐먼트의 내용을 업데이트할 수도 있다. 몽고DB의 update 메서드를 이용하면 되는데, 첫 번째 파라미터는 업데이트할 도큐먼트의 기준을, 두 번째 파라미터는 도큐먼트에 적용할 변경 사항을 넘겨준다. 직접 아래와 같이 `Veggie` 피자를 `Mushroom` 피자로 변경해보자.

```
$ db.pizza.update({ type: "Veggie" }, { type: "Mushroom" })
```

이제 `db.pizza.find()`를 실행하여 도큐먼트가 업데이트된 것을 확인할 수 있다.

```
{ "_id" : ObjectId("5c7528b223ab40938c7dc536"), "type" : "Cheese" }
{ "_id" : ObjectId("5c7529fa23ab40938c7dc53e"), "type" : "Mushroom" }
{ "_id" : ObjectId("5c7529fa23ab40938c7dc53f"), "type" : "Olive" }
```

도큐먼트를 변경하는 것과 마찬가지로 몽고의 remove 메서드를 이용하여 도큐먼트를 삭제할 수도 있다. 데이터베이스에서 `'Mushroom'` 피자 도큐먼트를 삭제해보자.

```
$ db.pizza.remove({ type: "Mushroom" })
```

`db.pizza.find()` 메서드를 실행하면, 2개의 도큐먼트만 출력된다. 컬렉션 내에 모든 데이터를 삭제하고 싶다면 파라미터 없이 remove 메서드를 실행하자.

```
$ db.pizza.remove({})
```

지금까지 몽고DB 셸을 이용하여 데이터베이스를 생성하고, 컬렉션에 도큐먼트를 생성하고 변경하고 삭제하는 방법을 살펴보았다. 이러한 기본적인 데이터베이스 운영을 통해 우리는 보다 쉽게 우리의 프로젝트에 데이터베이스를 연동할 수 있다. 또한 개발 중에 몽고DB 셸을 이용하여 데이터베이스에 직접 접속해서 디버깅을 하고, 항목을 변경하거나 삭제할 수 있다.

5.2 몽고DB와 애플리케이션 연동하기

지금까지 셸을 이용하여 몽고와 상호작용하는 방법에 대해 살펴보았다. 이제 API 애플리케이션과 연동해보자. 이를 위해 몽구스^{mongoose} (*https://mongoosejs.com*)라는 ODM^{Object Document}
^{Mapper}을 사용할 것이다.

몽구스는 스키마 기반 모델링 솔루션으로, 관용구^{boilerplate code}를 줄이고 간소화하여 node.js 애플리케이션에서 몽고와 쉽게 연동할 수 있도록 돕는 라이브러리이다. 데이터베이스 스키마를 정의하고 나면, 몽구스를 통해 몽고와 연동하는 것은 앞서 우리가 몽고 셸을 통해 실행했던 명령어와 유사하다.

먼저, .env 파일을 로컬 데이터베이스의 접속 URL로 변경하자. 이렇게 하면 현재 작업하고 있는 환경(개발 환경, 프로덕션 환경 등)에 맞게 데이터베이스 접속 URL을 설정할 수 있다. 로컬 몽고 서버의 기본 URL은 mongodb://localhost:27017이며, 뒤에 데이터베이스 이름을 추가하면 된다. .env 파일 내에서 다음과 같이 몽고 인스턴스의 URL을 'DB_HOST' 변수에 할당하자.

```
DB_HOST=mongodb://localhost:27017/notedly
```

애플리케이션을 데이터베이스와 연동하기 위한 다음 단계는 직접 데이터베이스에 연결하는 것이다. 애플리케이션을 구동할 때 데이터베이스에 연결할 수 있도록 코드를 작성해보자. 먼저 src 디렉터리 내에 'db.js'라는 새 파일을 생성하고, db.js 내에 데이터베이스에 연결하기 위한 코드를 작성할 것이다. 또한 데이터베이스와의 연결을 종료하는 기능도 추가하여 애플리케이션을 테스트할 때 활용할 것이다.

src/db.js에 다음을 입력하자.

```javascript
// 몽구스 라이브러리 요청
const mongoose = require('mongoose');

module.exports = {
  connect: DB_HOST => {
    // 몽고 드라이버의 업데이트된 URL 스트링 파서 사용
    mongoose.set('useNewUrlParser', true);
    // findAndModify() 대신 findOneAndUpdate() 사용
    mongoose.set('useFindAndModify', false);
    // ensureIndex() 대신 createIndex() 사용
    mongoose.set('useCreateIndex', true);
    // 새로운 서버 디스커버리 및 모니터링 엔진 사용
```

```
      mongoose.set('useUnifiedTopology', true);
      // DB에 연결
      mongoose.connect(DB_HOST);
      // 연결에 실패하면 에러 로깅
      mongoose.connection.on('error', err => {
        console.error(err);
        console.log(
          'MongoDB connection error. Please make sure MongoDB is running.'
        );
        process.exit();
      });
    },

    close: () => {
      mongoose.connection.close();
    }
  };
```

이제 위에서 작성한 연결 코드를 호출하도록 src/index.js를 변경하자. 먼저 .env 설정파일과 db.js 파일을 임포트하기 위해 파일 맨 위에 다음을 추가하자.

```
require('dotenv').config();
const db = require('./db');
```

필자는 개인적으로 .env 파일의 설정 값을 읽어와 변수에 저장하는 방식을 선호한다. port 변수를 정의한 행 아래에 다음 코드를 추가하자.

```
const DB_HOST = process.env.DB_HOST;
```

다음으로 src/index.js 파일에 다음을 추가하면 데이터베이스 연결 코드를 호출할 수 있다.

```
  db.connect(DB_HOST);
```

여기까지 수정을 마치면 src/index.js 파일은 다음과 같은 코드를 가지게 된다.

```
const express = require('express');
const { ApolloServer, gql } = require('apollo-server-express');
require('dotenv').config();
```

```
const db = require('./db');

// .env 파일에 명시된 포트 또는 포트 4000에서 서버를 실행
const port = process.env.PORT || 4000;
// DB_HOST 값을 변수로 저장
const DB_HOST = process.env.DB_HOST;

let notes = [
  {
    id: '1',
    content: 'This is a note',
    author: 'Adam Scott'
  },
  {
    id: '2',
    content: 'This is another note',
    author: 'Harlow Everly'
  },
  {
    id: '3',
    content: 'Oh hey look, another note!',
    author: 'Riley Harrison'
  }
];

// 그래프QL 스키마 언어로 스키마를 구성
const typeDefs = gql'
  type Note {
    id: ID
    content: String
    author: String
  }

  type Query {
    hello: String
    notes: [Note]
    note(id: ID): Note
  }

  type Mutation {
    newNote(content: String!): Note
  }
';
```

```
// 스키마 필드를 위한 리졸버 함수 제공
const resolvers = {
  Query: {
    hello: () => 'Hello world!',
    notes: () => notes,
    note: (parent, args) => {
      return notes.find(note => note.id === args.id);
    }
  },
  Mutation: {
    newNote: (parent, args) => {
      let noteValue = {
        id: notes.length + 1,
        content: args.content,
        author: 'Adam Scott'
      };
      notes.push(noteValue);
      return noteValue;
    }
  }
};

const app = express();

// DB에 연결
db.connect(DB_HOST);

// 아폴로 서버 설정
const server = new ApolloServer({ typeDefs, resolvers });

// 아폴로 그래프QL 미들웨어를 적용하고 경로를 /api로 설정
server.applyMiddleware({ app, path: '/api' });

app.listen({ port }, () =>
  console.log(
    'GraphQL Server running at http://localhost:${port}${server.graphqlPath}'
  )
);
```

실제 기능은 변경되지 않았지만, 'npm run dev'를 실행하면 애플리케이션이 데이터베이스에 성공적으로 연결되고 오류 없이 실행될 것이다.

5.3 애플리케이션에서 데이터 읽고 쓰기

이제 데이터베이스와 연결할 수 있게 되었으니, 애플리케이션 내에서 데이터를 읽고 쓰는 데 필요한 코드를 작성해보자. 몽구스를 활용하면 자바스크립트 객체를 데이터베이스의 도큐먼트로 맵핑하는 모델을 정의하고, 해당 모델 구조에 맞는 데이터를 저장하고 처리할 수 있다. 이것을 염두에 두고 몽구스의 스키마 객체를 만들어보자.

먼저 스키마 파일을 저장하기 위해 `src` 디렉터리 내에 `models` 디렉터리를 생성하고, 이 디렉터리 안에 `note.js` 파일을 생성하자. 생성된 파일에는 아래와 같이 먼저 기본 설정을 정의하자.

```
// 몽구스 라이브러리 요청
const mongoose = require('mongoose');

// 노트의 DB 스키마 정의
const noteSchema = new mongoose.Schema();

// 스키마와 함께 'Note' 모델 정의
const Note = mongoose.model('Note', noteSchema);
// 모듈 익스포트
module.exports = Note;
```

다음은 'noteSchema' 스키마를 정의한다. 메모리 내 데이터 예제와 마찬가지로 현재 스키마에는 note의 content와 작성자를 나타내는 하드코딩된 문자열이 포함된다. 타임스탬프 옵션도 포함되어 'note'를 생성하거나 수정할 때 자동으로 갱신된다. 또한 진행하면서 'note' 스키마에 다른 기능을 추가할 것이다.

우리가 생성하는 몽구스 스키마의 구성은 다음과 같다.

```
// 노트의 DB 스키마 정의
const noteSchema = new mongoose.Schema(
  {
    content: {
      type: String,
      required: true
    },
    author: {
      type: String,
```

```
    required: true
      }
    },
    {
      // Date 자료형으로 createAt, updatedAt 필드 할당
      timestamps: true
    }
);
```

전체 src/models/note.js 파일은 이제 다음과 같다.

```
// 몽구스 라이브러리 요청
const mongoose = require('mongoose');

// 노트의 DB 스키마 정의
const noteSchema = new mongoose.Schema(
  {
    content: {
      type: String,
      required: true
    },
    author: {
      type: String,
      required: true
    }
  },
  {
    // Date 자료형으로 createAt, updatedAt 필드 할당
    timestamps: true
  }
);

// 스키마와 함께 'Note' 모델 정의
const Note = mongoose.model('Note', noteSchema);
// 모듈 익스포트
```

```
module.exports = Note;
```

모델을 아폴로 서버 익스프레스 애플리케이션으로 간단하게 임포트하기 위해 index.js 파일을 src/models 디렉터리에 추가할 것이다.

위에서 생성한 모델을 단일 자바스크립트 모듈로 합치는 과정이 꼭 필요한 것은 아니지만, 애플리케이션 및 데이터베이스 모델의 규모가 커지면 적용을 고려해볼 만한 패턴이다. src/models/index.js에서 note 모델을 임포트하고 models 객체에 반환할 것이다.

```
const Note = require('./note');

const models = {
  Note
};

module.exports = models;
```

이제 모델을 src/index.js 파일로 가져와서 데이터베이스 모델을 아폴로 서버 익스프레스 애플리케이션 코드에 통합할 수 있다.

```
const models = require('./models');
```

데이터베이스 모델 코드를 임포트하면, 메모리 내 변수가 아닌 데이터베이스로부터 직접 데이터를 읽고 쓸 수 있는 리졸버를 활용할 수 있다. 이를 위해 몽고의 find 메서드를 호출하여 데이터베이스로부터 note 리스트를 가져오기 위한 notes 쿼리를 다시 작성할 것이다.

```
notes: async () => {
  return await models.Note.find();
},
```

서버가 실행되면, 브라우저를 통해 그래프QL 플레이그라운드에 접속하고 notes 쿼리를 실행하자.

```
query {
  notes {
```

```
      content
      id
      author
    }
  }
```

데이터베이스에 아직 데이터를 추가하지 않았기에 빈 배열이 반환되는 것을 확인할 수 있다 (그림 5-1).

```
{
  "data": {
    "notes": []
  }
}
```

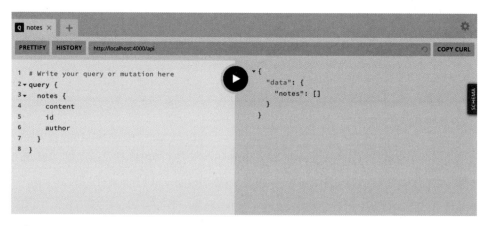

그림 5-1 notes 쿼리

데이터베이스에 노트를 추가하도록 newNote 뮤테이션을 업데이트하기 위해, 몽고DB 모델의 create 메서드를 이용하여 객체를 받을 것이다. 작성자의 이름은 계속 하드코딩한다.

```
newNote: async (parent, args) => {
  return await models.Note.create({
    content: args.content,
    author: 'Adam Scott'
  });
```

```
  }
```

그래프QL 플레이그라운드에 접속하여 아래와 같이 데이터베이스에 노트를 추가하는 뮤테이션을 작성하자.

```
mutation {
  newNote (content: "This is a note in our database!") {
    content
    author
    id
  }
}
```

이 뮤테이션은 우리가 파라미터로 넘긴 content 값과 작성자 이름, 몽고에 의해 부여된 ID를 포함하는 새로운 노트를 반환한다(그림 5-2).

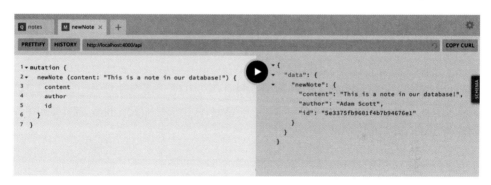

그림 5-2 데이터베이스에 새 노트를 생성하는 뮤테이션

notes 쿼리를 다시 실행하면 데이터베이스로부터 위에 추가한 노트의 내용이 반환된 것을 확인할 수 있다(그림 5-3).

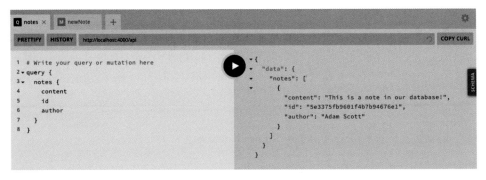

그림 5-3 notes 쿼리로 데이터베이스에서 데이터를 반환받은 모습

마지막 단계로, 몽고가 각 레코드에 부여하는 고유한 ID를 이용하여 데이터베이스로부터 특정 노트를 가져오기 위해 notes 쿼리를 다시 작성하자. 이를 위해 몽구스가 제공하는 findbyId 메서드를 이용한다.

```
note: async (parent, args) => {
  return await models.Note.findById(args.id);
}
```

이제 notes 쿼리 또는 newNote 뮤테이션에 할당된 고유 ID를 이용하여 데이터베이스로부터 개별 노트를 조회하는 쿼리를 작성할 수 있다. ID를 파라미터로 사용하는 note 쿼리를 아래와 같이 작성해보자(그림 5-4).

```
query {
  note(id: "5c7bff794d66461e1e970ed3") {
    id
    content
    author
  }
}
```

> **CAUTION_ 노트 ID**
> 예제에서 사용된 ID는 필자의 로컬 데이터베이스에 부여된 고유 값이다. 각자가 실행한 쿼리 또는 뮤테이션 결과 값에서 ID를 복사해서 사용하자.

그림 5-4 개별 노트에 대한 쿼리

최종 `src/index.js` 파일의 내용은 다음과 같다.

```javascript
const express = require('express');
const { ApolloServer, gql } = require('apollo-server-express');
require('dotenv').config();

const db = require('./db');
const models = require('./models');

// .env 파일에 명시된 포트 또는 포트 4000에서 서버를 실행
const port = process.env.PORT || 4000;
const DB_HOST = process.env.DB_HOST;

// 그래프QL 스키마 언어로 스키마를 구성
const typeDefs = gql`
  type Note {
    id: ID
    content: String
    author: String
  }

  type Query {
    hello: String
    notes: [Note]
    note(id: ID): Note
  }

  type Mutation {
    newNote(content: String!): Note
```

```
    }
';

// 스키마 필드를 위한 리졸버 함수 제공
const resolvers = {
  Query: {
    hello: () => 'Hello world!',
    notes: async () => {
      return await models.Note.find();
    },
    note: async (parent, args) => {
      return await models.Note.findById(args.id);
    }
  },
  Mutation: {
    newNote: async (parent, args) => {
      return await models.Note.create({
        content: args.content,
        author: 'Adam Scott'
      });
    }
  }
};

const app = express();

db.connect(DB_HOST);

// 아폴로 서버 설정
const server = new ApolloServer({ typeDefs, resolvers });

// 아폴로 그래프QL 미들웨어를 적용하고 경로를 /api로 설정
server.applyMiddleware({ app, path: '/api' });

app.listen({ port }, () =>
  console.log(
    'GraphQL Server running at http://localhost:${port}${server.graphqlPath}'
  )
);
```

이제 그래프QL API를 사용하여 데이터베이스로부터 데이터를 읽고 쓸 수 있게 되었다. 노트를 더 추가하고, notes 쿼리를 사용하여 전체 노트 목록을 확인하고, note 쿼리를 사용하여 개

별 노트의 내용을 확인해보자.

5.4 결론

이번 장에서는 API와 함께 몽고와 몽구스 라이브러리를 사용하는 방법을 살펴보았다. 몽고DB 와 같은 데이터베이스는 애플리케이션 데이터를 안전하게 저장하고 검색할 수 있게 해준다. 몽 구스와 같은 객체 모델링 라이브러리는 데이터베이스 쿼리 및 데이터의 유효성을 검사할 수 있 는 도구를 제공하여 데이터베이스 연동 작업을 단순화한다. 다음 장에서는 데이터베이스 콘텐 츠를 위해 제대로 된 CRUD(생성, 읽기, 업데이트, 삭제) 기능을 갖도록 API를 업데이트할 것이다.

## CHAPTER 6

CRUD 동작

필자는 처음 'CRUD 애플리케이션'이라는 용어를 들었을 때 성의 없는, 대충 만든(crude와 같은 발음) 애플리케이션을 가리키는 용어라고 오해했던 기억이 있다. 사실 이 약자는 1980년 대 초 영국의 테크니컬 라이터인 제임스 마틴[James Martin]이 데이터를 쓰기[create], 읽기[read], 업데이트[update], 삭제[delete]하는 애플리케이션과 관련된 용어로 사용하면서 처음 대중화되었다. 이 용어가 생긴 지 25년이 넘었지만 최근에 개발된 많은 애플리케이션에도 여전히 적용된다. 여러분이 매일 사용하는 애플리케이션 상당수가 CRUD 애플리케이션에 속할 것이다. 할 일 목록, 스프레드시트, 콘텐츠 관리 시스템, 텍스트 편집기, 소셜 미디어 웹 사이트 등등… CRUD 애플리케이션의 사용자는 데이터를 작성하고, 데이터에 접근하고, 데이터를 읽고, 해당 데이터를 업데이트하거나 삭제할 수 있다.

우리가 만들 노트 애플리케이션도 CRUD 패턴을 따른다. 사용자는 자신의 노트를 쓰고, 읽고, 업데이트하고, 삭제할 수 있다. 이 장에서는 리졸버와 데이터베이스를 연결하여 API에 필수적인 CRUD 기능을 구현한다.

6.1 그래프QL의 스키마와 리졸버 분리하기

현재 src/index.js 파일에는 익스프레스/아폴로 서버 코드와 API 스키마, 리졸버가 있다. 예상할 수 있겠지만, 코드베이스가 커지면 다루기 힘들어지기 때문에 그 전에 스키마, 리졸버, 서버 코드를 분리하는 리팩터링에 시간을 할애하는 것이 좋다.

먼저 그래프QL 스키마를 별도의 파일로 옮기자. src 폴더에 src/schema.js라는 새 파일을 만든 다음 typeDefs 변수에 있는 스키마 내용을 해당 파일로 옮긴다. 이를 위해 apollo-server-express 패키지와 함께 제공되는 gql 스키마 언어를 임포트하고, Node의 module.exports 메서드를 사용하여 스키마를 모듈로 익스포트해야 한다. 이 과정에서 최종 애플리케이션에 필요하지 않은 hello 쿼리를 제거할 수도 있다.

```
const { gql } = require('apollo-server-express');

module.exports = gql'
  type Note {
    id: ID!
    content: String!
    author: String!
  }

  type Query {
    notes: [Note!]!
    note(id: ID!): Note!
  }

  type Mutation {
    newNote(content: String!): Note!
  }
';
```

다음으로 src/index.js 파일을 업데이트하자. 외부의 스키마 파일을 사용할 수 있게 하기 위해, apollo-server-express에서 gql 임포트를 제거하고 외부 스키마 파일을 임포트하자.

```
const { ApolloServer } = require('apollo-server-express');

const typeDefs = require('./schema');
```

이제 그래프QL의 스키마를 자체 파일로 분리했으므로, 그래프QL의 리졸버 코드에도 비슷한 작업을 수행하자. 리졸버 코드는 대부분의 API 로직을 포괄하므로 먼저 이 코드를 저장할 resolvers라는 폴더를 만들자. src/resolvers 폴더 내에 src/resolvers/index.js, src/

resolvers/query.js, src/resolvers/mutation.js의 세 파일을 만들자. 데이터베이스 모델의 패턴과 유사하게, src/resolvers/index.js 파일은 리졸버 코드를 하나의 익스포트 모듈로 임포트하는 데 사용된다. index.js를 다음과 같이 설정하자.

```
const Query = require('./query');
const Mutation = require('./mutation');

module.exports = {
  Query,
  Mutation
};
```

이제 API 쿼리 코드용으로 src/resolvers/query.js를 설정할 수 있다.

```
module.exports = {
  notes: async () => {
    return await models.Note.find()
  },
  note: async (parent, args) => {
    return await models.Note.findById(args.id);
  }
}
```

다음으로 뮤테이션 코드를 src/resolvers/mutation.js 파일로 이동시키자.

```
module.exports = {
  newNote: async (parent, args) => {
    return await models.Note.create({
      content: args.content,
      author: 'Adam Scott'
    });
  }
}
```

다음으로 src/index.js 파일에 다음 행을 추가하여 서버가 리졸버 코드를 임포트하게 하자.

```
const resolvers = require('./resolvers');
```

리졸버 리팩터링의 마지막 단계는 리졸버를 데이터베이스 모델에 연결하는 것이다. 알다시피, 리졸버 모듈은 데이터베이스 모델을 참조하지만 거기에 접근할 수는 없다. 이 문제를 해결하기 위해 아폴로 서버가 context를 호출한다는 개념을 사용하여, 서버 코드가 각 요청과 함께 개별 리졸버에 특정 정보를 전달하게 할 수 있다. 현재로서는 이것이 과도하게 느껴질 수 있지만, 사용자 인증을 애플리케이션에 통합하는 데 유용한 방법이다. 이를 위해 데이터베이스 모델을 반환하는 context 함수를 사용하여 src/index.js의 아폴로 서버 설정 코드를 업데이트한다.

```
// 아폴로 서버 설정
const server = new ApolloServer({
  typeDefs,
  resolvers,
  context: () => {
    // context에 db models 추가
    return { models };
  }
});
```

이제 각 함수의 세 번째 파라미터로 {models}을 추가하여 각 리졸버가 이 context를 사용하도록 업데이트한다.

src/resolvers/query.js를 다음과 같이 수정하자.

```
module.exports = {
  notes: async (parent, args, { models }) => {
    return await models.Note.find()
  },
  note: async (parent, args, { models }) => {
    return await models.Note.findById(args.id);
  }
}
```

뮤테이션 코드를 src/resolvers/mutation.js 파일로 이동하자.

```
module.exports = {
  newNote: async (parent, args, { models }) => {
    return await models.Note.create({
      content: args.content,
      author: 'Adam Scott'
```

```
      });
    }
  }
```

src/index.js 파일은 이제 다음과 같은 형태를 가질 것이다.

```
const express = require('express');
const { ApolloServer } = require('apollo-server-express');
require('dotenv').config();

// 로컬 모듈 임포트
const db = require('./db');
const models = require('./models');
const typeDefs = require('./schema');
const resolvers = require('./resolvers');

// .env 파일에 명시된 포트 또는 포트 4000에서 서버를 실행
const port = process.env.PORT || 4000;
const DB_HOST = process.env.DB_HOST;

const app = express();

db.connect(DB_HOST);

// 아폴로 서버 설정
const server = new ApolloServer({
  typeDefs,
  resolvers,
  context: () => {
    // context에 db models 추가
    return { models };
  }
});

// 아폴로 그래프QL 미들웨어를 적용하고 경로를 /api로 설정
server.applyMiddleware({ app, path: '/api' });

app.listen({ port }, () =>
  console.log(
    'GraphQL Server running at http://localhost:${port}${server.graphqlPath}'
  )
);
```

6.2 그래프QL CRUD 스키마 작성

유연성을 위한 코드 리팩터링을 마쳤으니, CRUD 작업의 구현을 시작하자. 노트를 작성하고 읽는 기능은 이미 구현되어 있으므로, 업데이트와 삭제 기능을 구현해야 한다. 먼저 스키마부터 업데이트하자.

업데이트와 삭제 작업은 데이터를 변경하기 때문에 뮤테이션에 속한다. 노트를 업데이트하려면, 업데이트할 노트를 찾기 위한 ID 인수와 노트의 새 내용이 필요하다. 업데이트 쿼리는 새로 업데이트된 노트를 반환해야 한다. 삭제 작업의 경우, API가 노트 삭제 성공을 알리기 위한 불리언 값 true를 반환해야 한다.

src/schema.js에서 Mutation 스키마를 다음과 같이 업데이트하자.

```
type Mutation {
  newNote(content: String!): Note!
  updateNote(id: ID!, content: String!): Note!
  deleteNote(id: ID!): Boolean!
}
```

이제 스키마가 CRUD 작업을 수행할 준비를 마쳤다.

6.3 CRUD 리졸버

스키마가 준비되었으니, 리졸버까지 업데이트하면 노트를 삭제하거나 업데이트할 수 있다. 우선 deleteNote 뮤테이션부터 시작하자. 노트를 삭제하려면 몽구스^{Mongoose}의 findOneAndRemove 메서드를 사용하여 삭제하려는 항목의 id를 전달해야 한다. 항목을 찾아 삭제하면 클라이언트에게 true를 반환하고, 항목을 삭제하지 못하면 false를 반환한다.

src/resolvers/mutation.js에서 module.exports 객체 내에 다음을 추가하자.

```
deleteNote: async (parent, { id }, { models }) => {
  try {
    await models.Note.findOneAndRemove({ _id: id});
    return true;
```

```
  } catch (err) {
    return false;
  }
},
```

이제 그래프QL 플레이그라운드에서 뮤테이션을 실행할 수 있다. 플레이그라운드의 새 탭에서 다음 뮤테이션을 작성하고, 데이터베이스에 있는 노트 중 하나의 ID를 넣자.

```
mutation {
  deleteNote(id: "5c7d1aacd960e03928804308")
}
```

노트가 성공적으로 삭제되면 **true** 응답을 받게 된다.

```
{
  "data": {
    "deleteNote": true
  }
}
```

존재하지 않는 ID를 전달하면 **"deleteNote": false** 라는 응답을 받게 될 것이다.

삭제 기능을 구현했으니, 다음으로 updateNote 뮤테이션을 작성하자. 몽구스의 findOne AndUpdate 메서드를 사용할 것이다. 이 메서드의 첫 번째 파라미터는 데이터베이스에서 올바른 노트를 찾기 위해 쓰이고, 두 번째 파라미터는 $set을 통해 업데이트할 새 노트의 내용으로 쓰인다. 마지막 파라미터인 new : true는 업데이트된 노트 내용을 반환하도록 데이터베이스에 지시한다.

src/resolvers/mutation.js에서 module.exports 객체 내에 다음을 추가하자.

```
updateNote: async (parent, { content, id }, { models }) => {
  return await models.Note.findOneAndUpdate(
    {
      _id: id,
    },
    {
      $set: {
        content
```

```
        }
      },
      {
        new: true
      }
    );
  },
```

이제 브라우저에서 그래프QL 플레이그라운드를 방문하여 updateNote 뮤테이션을 시험해볼 수 있다. 플레이그라운드의 새 탭에서 id와 content 파라미터를 포함하는 뮤테이션을 작성하자.

```
mutation {
  updateNote(
    id: "5c7d1f0a31191c4413edba9d",
    content: "This is an updated note!"
  ){
    id
    content
  }
}
```

뮤테이션이 의도한 대로 작동하면 그래프QL이 다음과 같이 응답할 것이다.

```
{
  "data": {
    "updateNote": {
      "id": "5c7d1f0a31191c4413edba9d",
      "content": "This is an updated note!"
    }
  }
}
```

잘못된 ID를 전달하면 응답에 실패하고, 'Error updating note' 메시지와 함께 내부 서버 오류가 발생한다.

이제 API가 완전한 CRUD 기능을 갖추었다. 노트를 쓰고, 읽고, 업데이트하고, 삭제할 수 있게 된 것이다.

6.4 날짜와 시간

데이터베이스 스키마를 만들 때, 데이터베이스에서 항목을 만들고 업데이트한 시간을 기록하기 위한 타임스탬프를 몽구스가 자동으로 저장하도록 요청했다. 이 정보가 있으면 사용자가 노트를 생성한 시간이나 마지막으로 편집한 시간을 표시할 수 있으므로 애플리케이션에 유용하다. 이제부터 이 값을 반환할 수 있도록 createdAt 및 updatedAt 필드를 스키마에 추가할 것이다.

그래프QL은 기본 자료형으로 스트링, 불리언, 정수, 부동 소수점, ID를 지원하지만, 아쉽게도 날짜를 위한 스칼라 자료형은 내장하고 있지 않다. 날짜를 담기 위해 스트링 자료형을 사용할 수도 있지만, 그렇게 하면 그래프QL의 자료형 검증을 이용할 수 없어서 날짜와 시간이 실제 날짜와 시간임을 보장하지 못한다. 그러므로 맞춤형 스칼라 자료형을 만들자. 맞춤형 자료형을 사용하면 새로운 자료형을 정의하고 해당 자료형의 데이터를 요청하는 모든 쿼리 및 뮤테이션에 대해 자료형을 검증할 수 있다.

src/schema.js의 GQL 스트링 리터럴 맨 위에 맞춤형 스칼라를 추가하여 그래프QL 스키마를 업데이트하자.

```
module.exports = gql`
  scalar DateTime
  ...
`;
```

이제 Note 자료형 내에 createdAt 및 updatedAt 필드를 추가하자.

```
type Note {
  id: ID!
  content: String!
  author: String!
  createdAt: DateTime!
  updatedAt: DateTime!
}
```

마지막 단계로 이 새로운 자료형의 유효성을 검사해야 한다. 검증 로직을 직접 작성할 수도 있지만, 이 예시에서는 graphql-iso-date 패키지를 사용할 것이다. 이를 위해서는 DateTime

자료형의 값을 요청하는 모든 리졸버 함수에 유효성 검사를 추가해야 한다.

src/resolvers/index.js 파일에서 패키지를 임포트하고, 익스포트한 리졸버에 다음과 같이 DateTime 값을 추가하자.

```
const Query = require('./query');
const Mutation = require('./mutation');
const { GraphQLDateTime } = require('graphql-iso-date');

module.exports = {
  Query,
  Mutation,
  DateTime: GraphQLDateTime
};
```

이제 브라우저에서 그래프QL 플레이그라운드를 방문하여 페이지를 새로 고치면 맞춤형 자료형이 의도한 대로 작동하는지 확인할 수 있다. 스키마를 참고하면 createdAt 및 updatedAt 필드의 자료형이 DateTime임을 알 수 있다. [그림 6-1]에서 볼 수 있듯 이 자료형의 문서에 'date-time string at UTC(UTC 형식의 날짜-시간 문자열)'이 표시된 것을 볼 수 있다.

그림 6-1 DateTime 자료형을 도입한 스키마

이를 테스트하기 위해 그래프QL 플레이그라운드에 날짜/시간 필드가 포함된 newNote 뮤테이

션을 작성해보자.

```
mutation {
  newNote (content: "This is a note with a custom type!") {
    content
    author
    id
    createdAt
    updatedAt
  }
}
```

이렇게 하면 createdAt, updatedAt 값이 ISO 형식의 날짜로 반환된다. 그런 다음 같은 노트에 대해 updateNote 뮤테이션을 실행하면 createdAt 날짜와 다른 updatedAt 값을 볼 수 있다.

맞춤형 스칼라 자료형을 정의하고 확인하는 방법에 대한 자세한 내용이 궁금하다면, 아폴로 서버의 '맞춤형 스칼라 및 열거형 문서'(*https://oreil.ly/0rWAC*)를 읽어보기를 권한다.

6.5 결론

이번 장에서는 API에 CRUD 기능을 추가했다. CRUD 애플리케이션은 많은 애플리케이션이 사용하는 매우 일반적인 패턴이다. 여러분이 매일 사용하는 애플리케이션에서 데이터에 CRUD 패턴이 어떻게 적용되는지 생각해보자. 다음 장에서는 사용자 계정을 만들고 인증하기 위한 기능을 API에 추가할 것이다.

## CHAPTER 7

사용자 계정과 인증

자신이 어두운 골목을 걷고 있는 모습을 상상해보자. 여러분은 '매우 쿨한 사람들을 위한 비밀 클럽'에 가입하려고 한다(이 글을 읽고 있다면 자격이 있는 회원이다). 클럽의 숨겨진 문에 들어서면 접수 양식을 작성하는 접수원이 인사를 건넨다. 여러분은 접수원이 내미는 양식에 이름과 비밀번호를 입력해야 한다. 이 비밀번호는 본인과 접수원만 알 수 있다.

양식을 작성하고 나면 접수원에게 돌려주고, 접수원은 양식을 들고 클럽의 백 룸으로 간다. 접수원은 백 룸에서 비밀 키를 사용하여 비밀번호를 암호화한 다음, 암호화된 비밀번호를 파일 저장소에 담고 잠근다. 접수원은 동전에 도장을 찍는다. 프런트 룸으로 돌아온 접수원은 여러분에게 동전을 건네고, 여러분은 동전을 주머니에 넣는다. 이제 여러분은 클럽에 올 때마다 입구를 통과하기 위해 동전을 보여주면 된다.

왠지 저예산 스파이 영화에서나 볼 법한 연출이지만, 이러한 상황은 웹 애플리케이션에 가입할 때마다 수행되는 프로세스와 거의 동일하다. 이 장에서는 사용자가 계정을 만들고 애플리케이션에 로그인할 수 있는 그래프QL 뮤테이션을 만드는 방법을 알아볼 것이다. 또한 사용자의 비밀번호를 암호화하고 사용자에게 토큰을 반환하여 애플리케이션과 사용 시 신원을 확인하는 방법을 배워본다.

7.1 애플리케이션 인증 흐름

시작하기 전에, 사용자가 계정을 만들고 로그인할 때 따라야 하는 흐름을 사용자 이외의 관점에서 검토해보자. 여기에서 다룬 모든 개념을 아직 이해하지 못했다 해도 걱정하지 말자. 조금씩 개념에 익숙해질 것이다. 먼저 계정 생성의 흐름을 검토해보자.

1. 사용자는 그래프QL 플레이그라운드, 웹 애플리케이션 또는 모바일 애플리케이션과 같은 UI(사용자 인터페이스)의 필드에 자신의 이메일, 사용자 이름, 비밀번호를 입력한다.
2. UI는 사용자 정보와 함께 그래프QL 뮤테이션을 서버로 보낸다.
3. 서버는 비밀번호를 암호화하고 사용자 정보를 데이터베이스에 저장한다.
4. 서버는 사용자 ID가 포함된 토큰을 UI에 반환한다.
5. UI는 이 토큰을 지정된 기간 동안 저장하고, 사용자가 요청할 때마다 요청과 함께 토큰을 서버로 전송하여 사용자를 확인한다.

다음으로 사용자 로그인 흐름을 살펴보자.

1. 사용자는 이메일 또는 사용자 이름과 비밀번호를 UI의 필드에 입력한다.
2. UI는 이 정보와 함께 그래프QL 뮤테이션을 서버로 보낸다.
3. 서버는 데이터베이스에 저장된 비밀번호를 해독하여 사용자가 입력한 비밀번호와 비교한다.
4. 비밀번호가 일치하면 서버는 사용자 ID가 포함된 토큰을 UI로 반환한다.
5. UI는 이 토큰을 지정된 기간 동안 저장하고 모든 요청과 함께 서버로 보낸다.

보다시피 이러한 흐름은 위에서 예시로 든 '비밀 클럽'을 출입하는 흐름과 매우 유사하다. 이 장에서는 이러한 상호작용의 API 부분을 구현하는 데 중점을 둘 것이다.

> **NOTE_ 비밀번호 초기화의 흐름**
>
> 우리의 애플리케이션에서는 아직 사용자가 비밀번호를 변경할 수 없다. 사용자가 하나의 뮤테이션 리졸버로 비밀번호를 재설정하게 할 수도 있지만, 이메일을 통해 재설정 요청을 먼저 확인하는 것이 훨씬 안전하다. 이 책에서 비밀번호 재설정 기능을 구현하지는 않지만, 비밀번호 재설정 플로우 작성을 위한 예제와 자원에 관심이 있다면 이 책의 스펙트럼 커뮤니티(*https://spectrum.chat/jseverywhere*)를 방문해서 살펴보자.

7.2 암호화와 토큰

지금까지 사용자 인증의 흐름을 살펴보면서 암호화와 토큰에 대해 언급했다. 아직 개념이 이해되지 않는다면 흑마법처럼 들리는 이야기일 테니, 지면을 할애해서 더 자세히 살펴보자.

7.2.1 비밀번호 암호화

사용자 비밀번호를 효과적으로 암호화하려면 해싱과 솔팅을 함께 사용해야 한다. 해싱[hashing]은 텍스트 문자열을 임의로 임의의 문자열로 바꿔서 텍스트 문자열을 가려주는 행위이다. 해싱 함수는 '단방향'이므로 텍스트가 해싱하고 나면 원래 문자열로 되돌릴 수 없다. 비밀번호를 해싱하고 나면 비밀번호의 원래 텍스트(평문)는 데이터베이스에 저장되지 않는다. 솔팅[salting]은 해싱을 거친 비밀번호와 함께 사용될 임의의 데이터 문자열을 생성하는 작업이다. 이렇게 하면 두 개의 사용자 비밀번호가 동일하더라도 해싱과 솔팅을 거친 비밀번호는 유일성을 가지게된다.

bcrypt는 블로우피시 암호화 알고리즘(*https://oreil.ly/4VjII*)을 기반으로 하는 유명한 해싱 함수이며, 다양한 웹 프레임워크에서 쓰이고 있다. Node.js 개발에서도 bcrypt 모듈을 사용하여 비밀번호를 솔팅하고 해싱할 수 있다.

애플리케이션 코드에서는 bcrypt 모듈이 필요하며 솔팅, 해싱을 처리하는 함수를 작성해야한다.

> **NOTE_ 솔팅, 해싱의 예**
> 다음 예는 설명을 위한 것이다. 이 장의 뒷부분에서 비밀번호 솔팅과 해싱을 bcrypt와 통합한다.

```
// 모듈 요청
const bcrypt = require('bcrypt');

// 데이터 솔팅을 위한 상수(기본은 10)
const saltRounds = 10;

// 해싱, 솔팅을 위한 함수
const passwordEncrypt = async password => {
  return await bcrypt.hash(password, saltRounds)
};
```

이 예에서는 비밀번호 PizzaP@rty99를 전달하여 솔트 $2a$10$HF2rs.iYSvX1l5FPrX6970를 생성하고, 해싱과 솔팅을 거친 비밀번호 $2a$10$HF2rs.iYSvX1l5FPrX69709dYF/02kwHuKdQTdy.7oaMwVga54bWG(암호화된 비밀번호 문자열과 솔트의 결합)를 생성한다.

다음으로, 해싱과 솔팅을 거친 비밀번호를 통해 사용자가 입력한 비밀번호를 확인할 때에는 bcrypt의 compare 메서드를 사용한다.

```
// 비밀번호는 사용자가 입력한 값
// DB에서 해싱 결과를 수신
const checkPassword = async (plainTextPassword, hashedPassword) => {
  // 결과는 true 또는 false
  return await bcrypt.compare(hashedPassword, plainTextPassword)
};
```

사용자 비밀번호를 암호화하면 데이터베이스에 안전하게 저장할 수 있다.

7.2.2 JSON 웹 토큰

사용자가 사이트나 애플리케이션의 보호된 페이지에 접근할 때마다 사용자 이름과 암호를 입력해야 한다면 매우 불편할 것이다. 대신, 사용자의 ID를 기기 내의 JSON 웹 토큰, JWT(*https://jwt.io*)에 안전하게 저장하는 방법이 있다. 이 방법을 사용하면 사용자가 클라이언트에 요청할 때마다 서버는 사용자를 식별하는 데 사용할 토큰을 보낸다.

JWT^JSON Web Token는 세 부분으로 구성된다.

헤더
토큰에 대한 일반적인 정보와 서명에 사용하는 알고리즘의 종류를 담고 있다.

페이로드
토큰 내에 의도적으로 저장하는 정보(사용자 이름, ID 등)이다.

서명
토큰을 인증하는 수단에 해당한다.

토큰의 내부를 살펴보면 xx-header-xx.yy-payload-yy.zz-signature-zz와 같이 마침표로 구분된 임의의 문자로 구성되어 있다.

애플리케이션 코드에서는 JWT 모듈(*https://oreil.ly/IYxkH*)을 사용하여 토큰을 생성하고 유효성을 검사한다. 이를 위해 저장하려는 정보를 비밀번호와 함께 전달해야 하며, 비밀번호는 일반적으로 .env 파일에 저장된다.

```
const jwt = require('jsonwebtoken');

// 사용자 ID를 저장하는 JWT 생성
const generateJWT = await user => {
  return await jwt.sign({ id: user._id }, process.env.JWT_SECRET);
}

// JWT 검증
const validateJWT = await token => {
  return await jwt.verify(token, process.env.JWT_SECRET);
}
```

> **NOTE_ JWT vs. 세션**
> 이전에 웹 애플리케이션에서 사용자 인증 작업을 해본 경험이 있다면, 사용자 세션Sessions을 알고 있을 것이다. 세션 정보는 일반적으로 쿠키에 로컬로 저장되고, 레디스(*https://redis.io*)와 같은 인메모리 데이터 저장소에 담긴 정보와 비교 작업을 거치게 된다. JWT 또는 세션 중 어느 것이 더 나은지에 대한 논쟁은 많지만, 네이티브 모바일 애플리케이션과 같이 웹이 아닌 환경과 통합할 때는 JWT가 가장 높은 유연성을 제공한다고 알려져 있다. 세션도 그래프QL에서 잘 작동하지만, JWT 역시 그래프QL 재단(*https://oreil.ly/OAcJ_*) 및 아폴로 서버 문서(*https://oreil.ly/27iIm*)에서 권장하는 방식이다.

JWT를 사용하면 클라이언트 애플리케이션으로 사용자의 ID를 안전하게 반환하고 저장할 수 있다.

7.3 API에 인증 통합하기

사용자 인증의 구성 요소를 이해했으니, 이제 사용자가 애플리케이션에 가입하고 로그인하는 기능을 구현해보자. 이를 위해서는 그래프QL 및 몽구스 스키마를 모두 업데이트하고, 사용자 토큰을 생성하는 signUp 및 signIn 뮤테이션 리졸버를 작성하고, 각 요청에서 서버에 대한 토큰의 유효성을 검사해야 한다.

7.3.1 사용자 스키마

먼저 그래프QL 스키마를 업데이트한다. User 자료형을 추가하고, Note 자료형의 author 필드를 업데이트하여 User를 참조하게 하자. src/schema.js 파일을 다음과 같이 업데이트하면 된다.

```
type Note {
 id: ID!
 content: String!
 author: User!
 createdAt: DateTime!
 updatedAt: DateTime!
}

type User {
 id: ID!
 username: String!
 email: String!
 avatar: String
 notes: [Note!]!
}
```

사용자는 애플리케이션에 가입하면서 사용자 이름, 이메일 주소, 비밀번호를 제출할 것이다. 사용자가 애플리케이션에 로그인할 때는 비밀번호와 함께 사용자 이름 또는 이메일 주소가 포함된 뮤테이션을 보낸다. 가입 또는 로그인 뮤테이션이 성공하면 API는 토큰을 문자열로 반환한다. 이를 스키마에 구현하려면 src/schema.js 파일에 두 개의 새로운 뮤테이션을 추가해야 한다. 각각의 JWT는 String을 반환한다.

```
type Mutation {
  ...
  signUp(username: String!, email: String!, password: String!): String!
  signIn(username: String, email: String, password: String!): String!
}
```

그래프QL 스키마가 업데이트되었으므로 데이터베이스 모델도 업데이트해야 한다. 이를 위해 src/models/user.js에 몽구스 스키마 파일을 만들자. 이 파일은 사용자 이름, 이메일, 비밀번호, 아바타 필드를 가진 note 모델 파일과 유사하게 설정된다. 또한 index: {unique: true}를 설정하여 데이터베이스에서 사용자 이름 및 이메일 필드가 유일성을 지니게 된다.

사용자 데이터베이스 모델을 생성하려면 src/models/user.js 파일을 다음과 같이 편집하자.

```js
const mongoose = require('mongoose');

const UserSchema = new mongoose.Schema(
  {
    username: {
      type: String,
      required: true,
      index: { unique: true }
    },
    email: {
      type: String,
      required: true,
      index: { unique: true }
    },
    password: {
      type: String,
      required: true
    },
    avatar: {
      type: String
    }
  },
  {
    // Date 자료형으로 createdAt, updatedAt 필드 할당
    timestamps: true
  }
);

const User = mongoose.model('User', UserSchema);
module.exports = User;
```

사용자 모델 파일이 준비되면 src/models/index.js를 업데이트하여 모델을 익스포트한다.

```
const Note = require('./note');
const User = require('./user');

const models = {
  Note,
  User
};

module.exports = models;
```

7.3.2 인증 리졸버

그래프QL, 몽구스 스키마를 작성하면 사용자가 애플리케이션에 가입하고 로그인하기 위한 리졸버를 구현할 수 있다.

먼저 .env 파일의 JWT_SECRET 변수에 값을 추가해야 하며, 이 값은 공백이 없는 문자열이어야 한다. 이 문자열은 JWT에 서명하기 위한 용도로, 이를 통해 디코딩 과정에서 JWT를 검증할 수 있다.

```
JWT_SECRET=YourPassphrase
```

이 변수를 만들고 나면, mutation.js 파일 내에서 필요한 패키지를 임포트할 수 있다. 외부 패키지인 bcrypt, jsonwebtoken, mongoose, dotenvpackage를 임포트하고 아폴로 서버의 AuthenticationError, ForbiddenError 유틸리티도 임포트하자. 또한 프로젝트에 포함된 gravatar 유틸리티 함수도 임포트하자. 이 함수는 이메일 주소에서 Gravatar 이미지 URL(_https://en.gravatar.com_)을 생성할 때 쓰인다.

src/resolvers/mutation.js를 다음과 같이 편집하자.

```
const bcrypt = require('bcrypt');
const jwt = require('jsonwebtoken');
const {
  AuthenticationError,
  ForbiddenError
} = require('apollo-server-express');
```

```
require('dotenv').config();

const gravatar = require('../util/gravatar');
```

이제 **signUp** 뮤테이션을 작성할 차례다. 이 뮤테이션은 사용자 이름, 이메일 주소, 비밀번호를 파라미터로 받고, 공백을 자르고 모두 소문자로 변환하여 이메일 주소와 사용자 이름을 정규화한다. 다음으로 **bcrypt** 모듈을 사용하여 사용자의 비밀번호를 암호화한다. 또한 헬퍼 라이브러리를 사용하여 사용자 아바타로 쓸 Gravatar 이미지 URL을 생성한다. 이러한 작업을 수행하고 나서 사용자를 데이터베이스에 저장하고 토큰을 사용자에게 반환한다. **try/catch** 블록 내에서 이를 모두 설정할 수 있으므로, 가입 프로세스에 문제가 있는 경우 리졸버가 의도적으로 모호한 오류를 클라이언트에 반환한다.

이러한 기능을 구현하기 위해 **src/resolvers/mutation.js** 파일 내에 다음과 같이 **signUp** 뮤테이션을 작성하자.

```
signUp: async (parent, { username, email, password }, { models }) => {
  // 이메일 주소 스트링 처리
  email = email.trim().toLowerCase();
  // 비밀번호 해싱
  const hashed = await bcrypt.hash(password, 10);
  // gravatar URL 생성
  const avatar = gravatar(email);
  try {
    const user = await models.User.create({
      username,
      email,
      avatar,
      password: hashed
    });

    // JWT 생성 및 반환
    return jwt.sign({ id: user._id }, process.env.JWT_SECRET);
  } catch (err) {
    console.log(err);
    // 계정 생성 중 문제가 발생하면 에러 던지기
    throw new Error('Error creating account');
  }
},
```

이제 브라우저에서 그래프QL 플레이그라운드에 들어가서 **signUp** 뮤테이션을 테스트할 수 있다. 테스트를 위해 사용자 이름, 이메일, 비밀번호 값을 넣어 그래프QL 뮤테이션을 작성한다.

```
mutation {
  signUp(
    username: "BeeBoop",
    email: "robot@example.com",
    password: "NotARobot10010!"
  )
}
```

뮤테이션을 실행하면 서버가 다음과 같은 토큰을 반환한다(그림 7-1).

```
"data": {
    "signUp": "eyJhbGciOiJIUzI1NiIsInR5cCI6..."
  }
}
```

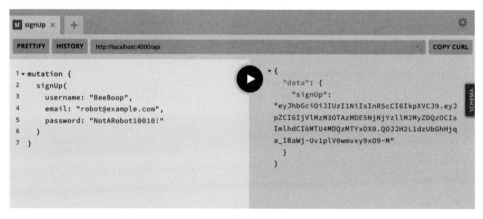

그림 7-1 그래프QL 플레이그라운드에서 signUp 뮤테이션을 실행한 모습

다음 단계로 **signIn** 뮤테이션을 작성해야 한다. 이 뮤테이션은 사용자의 사용자 이름, 이메일, 비밀번호를 파라미터로 받은 다음, 사용자 이름 또는 이메일 주소를 바탕으로 데이터베이스에서 사용자를 찾는다. 사용자를 찾으면 데이터베이스에 저장된 비밀번호를 해독하여 사용자가 입력한 비밀번호와 비교한다. 사용자와 비밀번호가 일치하면 애플리케이션이 사용자에게 토큰

을 반환하고, 일치하지 않으면 오류가 발생한다.

src/resolvers/mutation.js 파일에서 다음과 같이 뮤테이션을 작성하자.

```javascript
signIn: async (parent, { username, email, password }, { models }) => {
  if (email) {
    // 이메일 주소 스트링 처리
    email = email.trim().toLowerCase();
  }

  const user = await models.User.findOne({
    $or: [{ email }, { username }]
  });

  // 사용자를 찾지 못하면 인증 에러 던지기
  if (!user) {
    throw new AuthenticationError('Error signing in');
  }

  // 비밀번호가 불일치하면 인증 에러 던지기
  const valid = await bcrypt.compare(password, user.password);
  if (!valid) {
    throw new AuthenticationError('Error signing in');
  }

  // JWT 생성 및 반환
  return jwt.sign({ id: user._id }, process.env.JWT_SECRET);
}
```

이제 브라우저에서 그래프QL 플레이그라운드에 들어가자. signUp 뮤테이션으로 만든 계정을 써서 signIn 뮤테이션을 테스트한다.

```graphql
mutation {
  signIn(
    username: "BeeBoop",
    email: "robot@example.com",
    password: "NotARobot10010!"
  )
}
```

성공하면 뮤테이션이 JWT를 반환한다(그림 7-2).

```
{
  "data": {
    "signIn": "<TOKEN VALUE>"
  }
}
```

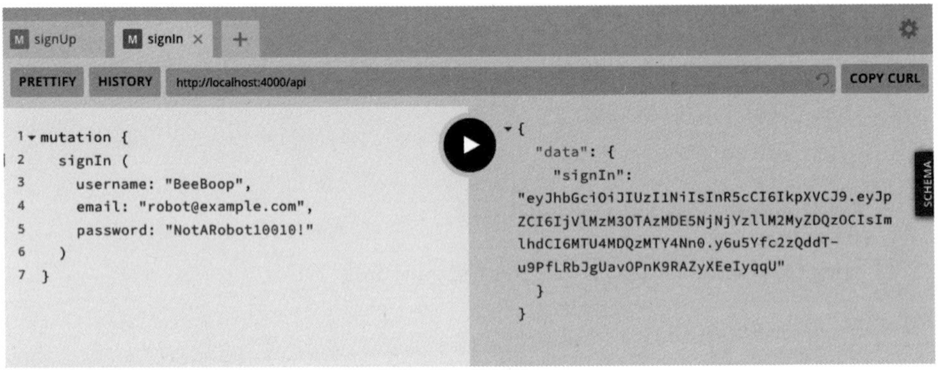

그림 7-2 그래프QL 플레이그라운드에서 signIn 뮤테이션을 실행한 모습

이 두 리졸버를 사용하면 사용자는 JWT를 사용하여 애플리케이션에 등록하고 로그인할 수 있다. 이를 실험하려면, 계정을 추가한 후 틀린 비밀번호처럼 잘못된 정보를 의도적으로 입력하여 그래프QL API가 무엇을 반환하는지 확인하자.

7.4 리졸버 콘텍스트에 사용자 추가하기

사용자가 그래프QL 뮤테이션을 사용하여 고유한 토큰을 받을 수 있게 되었으니, 다음으로 각 요청마다 해당 토큰을 확인해야 한다. 여기에서의 전제는 클라이언트가 웹이든 모바일이든 데스크톱이든 관계없이 Authorization이라는 HTTP 헤더로 요청과 함께 토큰을 보낸다는 점이다. 그러면 HTTP 헤더에서 토큰을 읽고, JWT_SECRET 변수를 사용하여 디코딩한 다음, 사용자 정보를 콘텍스트와 함께 각 그래프QL 리졸버에 전달할 수 있다. 이렇게 하면 로그인한 사용자가 요청하는지 여부를 알 수 있고, 어떤 사용자인지 확인할 수 있다.

먼저 jsonwebtoken 모듈을 src/index.js 파일로 임포트하자.

```
const jwt = require('jsonwebtoken');
```

모듈을 임포트하고 나면 토큰의 유효성을 확인하는 함수를 추가한다.

```
// JWT에서 사용자 정보 가져오기
const getUser = token => {
  if (token) {
    try {
      // 토큰에서 얻은 사용자 정보 반환
      return jwt.verify(token, process.env.JWT_SECRET);
    } catch (err) {
      // 토큰에 문제가 있으면 에러 던지기
      throw new Error('Session invalid');
    }
  }
};
```

이제 각 그래프QL 요청 내의 헤더에서 토큰을 가져와, 토큰의 유효성을 확인하고 콘텍스트에 사용자 정보를 추가한다. 이 작업을 완료하면 각 그래프QL 리졸버가 토큰에 저장된 사용자 ID에 접근할 수 있다.

```
// 아폴로 서버 설정
const server = new ApolloServer({
  typeDefs,
  resolvers,
  context: ({ req }) => {
    // 헤더에서 사용자 토큰 가져오기
    const token = req.headers.authorization;
    // 토큰에서 사용자 얻기
    const user = getUser(token);
    // 콘솔에 user 로깅
    console.log(user);
    // context에 db models 및 user 추가
    return { models, user };
  }
});
```

아직 사용자 상호작용을 수행할 시점은 아니지만, 그래프QL 플레이그라운드 내에서 사용자 콘텍스트를 테스트할 수는 있다. 그래프QL 플레이그라운드 UI의 왼쪽 아래 모서리에는

HTTP 헤더로 표시된 공간이 있다. 그 부분에서 다음과 같이 **signUp** 또는 **signIn** 뮤테이션으로 반환된 JWT가 포함된 헤더를 추가할 수 있다(그림 7-3).

```
{
  "Authorization": "<YOUR_JWT>"
}
```

```
QUERY VARIABLES  HTTP HEADERS (1)
1  {
2      "Authorization": "eyJhbGciOiJIUzI1NiIsInR5cCI6IkpXVCJ9.eyJpZCI6IjV
3  }
```

그림 7-3 그래프QL 플레이그라운드의 인증 헤더

이 인증 헤더를 그래프QL 플레이그라운드의 쿼리 또는 뮤테이션과 함께 전달하여 테스트할 수 있다. 이를 위해 간단한 메모 쿼리를 작성하고 **Authorization** 헤더를 포함하자(그림 7-4).

```
query {
  notes {
    id
  }
}
```

signUp
signIn
notes
PRETTIFY
HISTORY
http://localhost:4000/api
COPY CURL
query {
notes {
id
}
}
QUERY VARIABLES
HTTP HEADERS (1)
{
"Authorization": "eyJhbGciOiJIUzI1NiIsInR5cCI6
}
"data": {
"notes": [
"id": "5e337a006b3b26d244c5d7f1"
"id": "5e337a006b3b26d244c5d7f0"
"id": "5e337a006b3b26d244c5d7f3"
"id": "5e337a006b3b26d244c5d7f2"
"id": "5e337a006b3b26d244c5d7f6"
"id": "5e337a006b3b26d244c5d7f4"
SCHEMA
TRACING

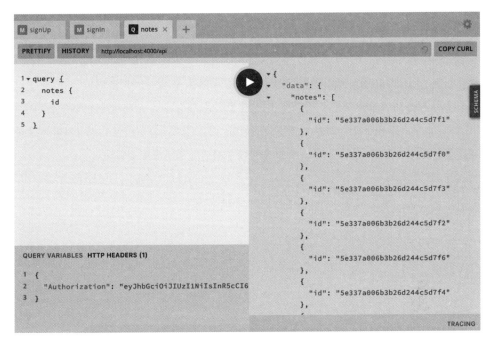

그림 7-4 그래프QL 플레이그라운드의 인증 헤더와 쿼리

인증에 성공하면 [그림 7-5]와 같이 사용자 ID가 포함된 개체가 터미널 애플리케이션의 출력에 기록된 것을 볼 수 있다.

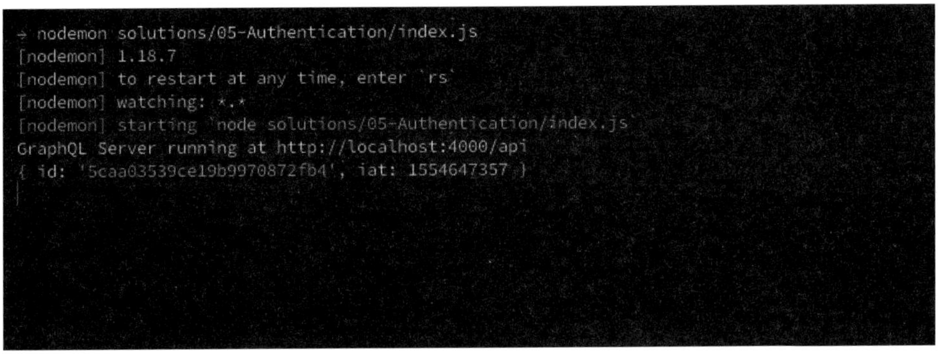

→ nodemon solutions/05-Authentication/index.js
[nodemon] 1.18.7
[nodemon] to restart at any time, enter `rs`
[nodemon] watching: *.*
[nodemon] starting `node solutions/05-Authentication/index.js`
GraphQL Server running at http://localhost:4000/api
{ id: '5caa03539ce19b9970872fb4', iat: 1554647357 }

그림 7-5 터미널의 console.log로 출력된 사용자 객체

이제 API에서 사용자를 인증하기 위한 모든 준비를 마쳤다.

7.5 결론

사용자 계정 생성과 로그인의 흐름은 압도적인 마법처럼 느껴질 수 있지만, 이를 하나씩 뜯어보고 나면 API에서 안정적이고 안전한 인증 흐름을 구현할 수 있다. 이 장에서는 가입과 로그인을 위한 사용자 흐름을 모두 만들었다. 이러한 흐름은 계정 관리 생태계에서 작은 부분이지만, 향후의 구축을 위한 안정적인 기초를 제공한다. 다음 장에서는 API에서 사용자별 상호작용을 구현하여 애플리케이션 내의 노트 및 활동에 소유권을 할당해볼 것이다.

## CHAPTER 8

사용자 액션

여러분이 클럽 입구에 들어섰다고 생각해보자('매우 쿨한 사람들을 위한 비밀 클럽'을 기억하는가?). 처음 들어갔을 때는 아무것도 할 일이 없다. 클럽은 크고 방은 비어 있다. 클럽이나 다른 사람과 상호작용할 수 없으므로 방황하게 만드는 방이다. 필자는 약간 내성적인 사람이므로 그렇게 나쁘지는 않지만 회원가입비를 기꺼이 지불하지는 않을 것이다.

지금까지 우리가 만든 API는 사실상 크고 쓸모없는 클럽과도 같다. 데이터를 생성할 수 있는 방법과 사용자가 로그인할 수 있는 방법은 있지만, 사용자가 해당 데이터를 소유할 수 있는 방법은 없다. 이 장에서는 사용자 상호작용을 추가하여 이 문제를 해결할 것이다. 사용자가 자신이 만든 노트를 소유하고, 노트를 삭제 또는 수정할 수 있는 사람을 제한하고, 사용자가 좋아하는 노트를 '좋아할' 수 있는 코드를 작성한다. 또한 API 사용자가 중첩된 쿼리를 만들 수 있도록 하여 UI가 사용자와 노트를 연결하는 간단한 쿼리를 작성할 수 있도록 한다.

8.1 시작하기 전에

이 장에서는 노트 파일을 상당히 많이 변경할 것이다. 아직은 데이터베이스에 데이터가 얼마 없으니 로컬 데이터베이스에서 기존의 노트를 쉽게 제거할 수 있다. 반드시 제거해야 하는 것은 아니지만 제거하지 않으면 이번 장의 실습을 진행하면서 혼란을 좀 겪을 수도 있다.

이를 위해서는 몽고DB 셸로 이동하여 notedly 데이터베이스(.env 파일의 데이터베이스 이름)를 참조하면서 몽고DB의 .remove() 메서드를 사용해야 한다. 터미널에서 다음을 입력하자.

```
$ mongo
$ use notedly
$ db.notes.remove({})
```

8.2 사용자를 새 노트에 연결하기

이전 장에서는 src/index.js 파일을 업데이트하여 사용자가 요청할 때 JWT를 확인했다. 토큰이 존재하면 토큰을 디코딩하고 현재 사용자를 그래프QL 콘텍스트에 추가했다. 이를 통해 우리가 호출하는 각 리졸버 함수에 사용자 정보를 보낼 수 있었다. 이번에는 기존 그래프QL 뮤테이션을 업데이트하여 사용자 정보를 확인해보자. 이를 위해 아폴로 서버의 AuthenticationError와 ForbiddenError 메서드를 사용하여 적절한 오류를 발생시킬 수 있다. 이는 개발할 때 디버그에도 도움이 되고, 문제가 발생했을 때 클라이언트에게 적절한 응답을 보내는 데에도 도움이 된다.

시작하기 전에 mongoose 패키지를 mutations.js 리졸버 파일로 임포트해야 한다. 이를 통해 상호참조하는 몽고DB 객체 ID를 필드에 적절하게 할당할 수 있다. 다음과 같이 src/resolvers/mutation.js 맨 위에 있는 모듈 임포트를 업데이트하자.

```
const mongoose = require('mongoose');
```

이제 newNote 뮤테이션에서 user를 함수 파라미터로 추가한 다음, 사용자가 함수에 전달되는지 확인한다. 사용자 ID를 찾을 수 없다면 새로운 노트를 작성하기 위해서는 서비스에 로그인해야 하기 때문에 AuthenticationError가 발생한다. 요청 주체가 인증된 사용자라는 것을 확인하면 데이터베이스에서 노트를 작성할 수 있다. 이를 위해서는 리졸버에 전달된 사용자 ID를 작성자에게 할당하면 된다. 이를 통해 노트 자체로부터 작성자를 참조할 수 있다.

src/resolvers/mutation.js에 다음을 추가하자.

```
// 사용자 context 추가
newNote: async (parent, args, { models, user }) => {
  // context에 user가 없으면 인증 에러 던지기
  if (!user) {
    throw new AuthenticationError('You must be signed in to create a note');
  }

  return await models.Note.create({
    content: args.content,
    // author의 몽고 ID 참조
    author: mongoose.Types.ObjectId(user.id)
  });
},
```

마지막 단계로 데이터베이스의 데이터에 상호참조를 적용하자. 이를 위해서는 몽고DB 노트 스키마의 author 필드를 업데이트해야 한다. /src/models/note.js에서 author 필드를 다음과 같이 업데이트하자.

```
author: {
  type: mongoose.Schema.Types.ObjectId,
  ref: 'User',
  required: true
}
```

참조를 적용하고 나면 새로운 노트는 모두 요청한 작성자를 정확하게 기록하고 상호참조하게 된다. 그래프QL 플레이그라운드에서 newNote 뮤테이션을 작성하여 테스트해보자.

```
mutation {
  newNote(content: "Hello! This is a user-created note") {
    id
    content
  }
}
```

뮤테이션을 작성할 때 Authorization 헤더에 JWT를 전달해야 한다(그림 8-1 참조).

```
{
  "Authorization": "<YOUR_JWT>"
}
```

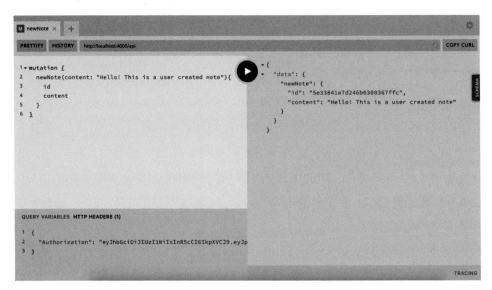

그림 8-1 그래프QL 플레이그라운드에서 newNote 뮤테이션을 수행한 모습

현재 API는 작성자 정보를 반환하지 않지만, 몽고DB 셸에서 노트를 찾아서 작성자가 올바르게 추가되었는지 검증할 수 있다. 터미널 창에서 다음을 입력하자.

```
mongo
db.notes.find({_id: ObjectId("A DOCUMENT ID HERE")})
```

반환된 값에는 작성자 키가 객체의 ID 값과 함께 포함되어 있을 것이다.

8.3 업데이트와 삭제 권한

이제 deleteNote 및 updateNote 뮤테이션에 사용자 체크를 추가할 수 있다. 이를 위해 사용자가 콘텍스트에 전달되었는지 여부와 해당 사용자가 노트의 소유자인지 여부를 모두 확인해야 한다. 데이터베이스의 author 필드에 저장된 사용자 ID가 리졸버 콘텍스트에 전달된 사용자 ID와 일치하는지 확인하면 된다.

src/resolvers/mutation.js에서 다음과 같이 deleteNote 뮤테이션을 업데이트하자.

```
deleteNote: async (parent, { id }, { models, user }) => {
  // user가 아니면 인증 에러 던지기
  if (!user) {
    throw new AuthenticationError('You must be signed in to delete a note');
  }

  // note 찾기
  const note = await models.Note.findById(id);
  // note 소유자와 현재 사용자가 불일치하면 접근 에러 던지기
  if (note && String(note.author) !== user.id) {
    throw new ForbiddenError("You don't have permissions to delete the note");
  }

  try {
    // 문제가 없으면 note 삭제
    await note.remove();
    return true;
  } catch (err) {
    // 오류가 있으면 false 반환
    return false;
  }
},
```

다음으로, src/resolvers/mutation.js에서도 다음과 같이 updateNote 뮤테이션을 업데이트하자.

```
updateNote: async (parent, { content, id }, { models, user }) => {
  // user가 아니면 인증 에러 던지기
  if (!user) {
    throw new AuthenticationError('You must be signed in to update a note');
  }

  // note 찾기
  const note = await models.Note.findById(id);
  // note 소유자와 현재 사용자가 불일치하면 접근 에러 던지기
  if (note && String(note.author) !== user.id) {
```

```
      throw new ForbiddenError("You don't have permissions to update the note");
    }

    // DB의 노트를 업데이트하고 업데이트된 노트를 반환
    return await models.Note.findOneAndUpdate(
      {
        _id: id
      },
      {
        $set: {
          content
        }
      },
      {
        new: true
      }
    );
  },
```

8.4 사용자 쿼리

기존의 뮤테이션이 사용자 체크를 포함하도록 업데이트했으니, 다음으로 사용자를 특정하는
쿼리를 추가해보자. 다음과 같은 세 가지 새로운 쿼리를 추가할 것이다.

`user`

사용자 이름으로 쿼리하면 해당 사용자의 정보를 반환

`users`

전체 사용자의 리스트를 반환

`me`

쿼리하는 사용자 본인의 정보를 반환

쿼리 리졸버 코드를 작성하기 전에, 그래프QL의 `src/schema.js` 파일에 다음 쿼리를 추가하자.

```
type Query {
  ...
  user(username: String!): User
  users: [User!]!
  me: User!
}
```

이제 src/resolvers/query.js 파일에서 다음 리졸버 쿼리 코드를 작성하자.

```
module.exports = {
  // ...
  // 다음을 기존 module.exports 객체에 추가
  user: async (parent, { username }, { models }) => {
    // 주어진 username과 일치하는 사용자 찾기
    return await models.User.findOne({ username });
  },
  users: async (parent, args, { models }) => {
    // 모든 사용자 찾기
    return await models.User.find({});
  },
  me: async (parent, args, { models, user }) => {
    // 현재 user context에 맞는 사용자 찾기
    return await models.User.findById(user.id);
  }
}
```

이제 그래프QL 플레이그라운드에서 어떻게 보이는지 살펴보자. 먼저, 특정 사용자의 정보를 찾기 위해 사용자 쿼리를 작성하자. 이미 만든 사용자 이름을 넣어야 한다.

```
query {
  user(username:"adam") {
    username
    email
    id
  }
}
```

쿼리를 보내면 사용자의 사용자 이름, 이메일, ID 값이 포함된 데이터 객체를 반환받게 될 것이다(그림 8-2).

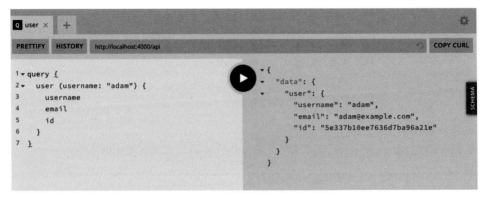

그림 8-2 그래프QL 플레이그라운드의 user 쿼리

이제 데이터베이스에서 모든 사용자를 찾기 위해 users 쿼리를 사용하면 모든 사용자의 정보가 포함된 데이터 객체를 반환받게 된다(그림 8-3).

```
query {
  users {
    username
    email
    id
  }
}
```

그림 8-3 그래프QL 플레이그라운드에서 users 쿼리를 사용한 모습

이제 HTTP 쿼리를 통해 전달받은 JWT와 함께 me 쿼리를 사용해서 로그인한 사용자에 대한 정보를 검색할 수 있다.

먼저 그래프QL 플레이그라운드의 HTTP 헤더 부분에 토큰을 포함시켜야 한다.

```
{
  "Authorization": "<YOUR_JWT>"
}
```

이제 다음과 같이 me 쿼리를 수행하자(그림 8-4).

```
query {
  me {
    username
    email
    id
  }
}
```

그림 8-4 그래프QL 플레이그라운드에서 me 쿼리를 수행한 모습

이제 API에 사용자 정보를 쿼리하기 위한 리졸버가 모두 마련되었다.

8.5 즐겨찾기 노트 설정

이제 사용자 상호작용에 추가할 마지막 기능이 남았다. 애플리케이션 사양에 따르면 '사용자는 다른 사용자의 노트를 즐겨찾기하고 즐겨찾기 목록을 검색'할 수 있어야 한다. 트위터의 하트 표시나 페이스북의 '좋아요'처럼 사용자가 노트를 즐겨찾기로 표시하거나 즐겨찾기를 해제할 수 있어야 하는 것이다. 이번 절에서는 이를 구현하기 위해 표준 패턴에 따라 그래프QL 스키마, 데이터베이스 모델, 리졸버 함수를 업데이트하자.

먼저, `Note` 자료형에 두 가지 새로운 속성을 추가하여 `./src/schema.js`에서 그래프QL 스키마를 업데이트한다. `favoriteCount`는 노트가 받은 '즐겨찾기'의 수를 모두 추적한다. `favoritedBy`는 노트를 즐겨찾기 한 사용자의 배열을 포함한다.

```
type Note {
  // Note type에 다음 속성을 추가
  favoriteCount: Int!
  favoritedBy: [User!]
}
```

또한 User 자료형에 즐겨찾기 목록을 추가한다.

```
type User {
  // User type에 favorites 속성 추가
  favorites: [Note!]!
}
```

다음으로, ./src/schema.js에 toggleFavorite라는 뮤테이션을 추가하자. 이것은 지정된 노트에 대한 즐겨찾기를 추가하거나 제거하기 위한 것이다. 이 뮤테이션은 노트 ID를 파라미터로 사용하고 지정된 노트를 반환한다.

```
type Mutation {
  // Mutation type에 toggleFavorite 추가
  toggleFavorite(id: ID!): Note!
}
```

다음으로 모델이 데이터베이스에 favoriteCount와 favoritedBy 속성을 포함하도록 노트 모델을 업데이트해야 한다. favoriteCount는 기본 값이 0인 Number 자료형이다. favoritedBy는 데이터베이스의 사용자 객체 ID에 대한 참조를 포함하는 객체의 배열이다. 전체 ./src/models/note.js 파일은 다음과 같다.

```
const noteSchema = new mongoose.Schema(
  {
    content: {
      type: String,
      required: true
    },
    author: {
      type: String,
      required: true
    },
```

```
    // favoriteCount 속성 추가
    favoriteCount: {
      type: Number,
      default: 0
    },
    // favoritedBy 속성 추가
    favoritedBy: [
      {
        type: mongoose.Schema.Types.ObjectId,
        ref: 'User'
      }
    ]
  },
  {
    // Date 자료형으로 createdAt, updatedAt 필드 할당
    timestamps: true
  }
);
```

그래프QL 스키마와 데이터베이스 모델을 업데이트하고 나서 toggleFavorite 뮤테이션을 작성할 수 있다. 이 뮤테이션은 노트 ID를 파라미터로 받고 사용자가 이미 favoritedBy 배열에 있는지 여부를 확인한다. 배열에 사용자가 있으면 favoriteCount를 줄이고 목록에서 사용자를 제거하여 즐겨찾기를 제거한다. 사용자가 아직 노트를 즐겨찾기하지 않았다면 favoriteCount를 1만큼 증가시키고 현재 사용자를 favoritedBy 배열에 추가한다. 구현을 위해 src/resolvers/mutation.js 파일에 다음 코드를 추가하자.

```
toggleFavorite: async (parent, { id }, { models, user }) => {
  // 전달된 user context가 없으면 에러 던지기
  if (!user) {
    throw new AuthenticationError();
  }

  // 사용자가 노트를 이미 즐겨찾기했는지 확인
  let noteCheck = await models.Note.findById(id);
  const hasUser = noteCheck.favoritedBy.indexOf(user.id);

  // 사용자가 목록에 있으면
  // favoriteCount를 1 줄이고 목록에서 사용자 제거
  if (hasUser >= 0) {
    return await models.Note.findByIdAndUpdate(
```

```
      id,
      {
        $pull: {
          favoritedBy: mongoose.Types.ObjectId(user.id)
        },
        $inc: {
          favoriteCount: -1
        }
      },
      {
        // new를 true로 설정하여 업데이트된 doc 반환
        new: true
      }
    );
  } else {
    // 사용자가 목록에 없으면
    // favoriteCount를 1 늘리고 사용자를 목록에 추가
    return await models.Note.findByIdAndUpdate(
      id,
      {
        $push: {
          favoritedBy: mongoose.Types.ObjectId(user.id)
        },
        $inc: {
          favoriteCount: 1
        }
      },
      {
        new: true
      }
    );
  }
},
```

이 코드를 사용하여 그래프QL 플레이그라운드에서 노트에 대한 즐겨찾기를 토글하는 기능을
테스트해보자. 새로 만든 노트로 테스트를 수행할 것이다. 유효한 JWT와 함께 Authorization
헤더를 포함시키는 newNote 뮤테이션을 작성하는 것으로 시작하자(그림 8-5).

```
mutation {
  newNote(content: "Check check it out!") {
    content
    favoriteCount
```

```
      id
    }
  }
```

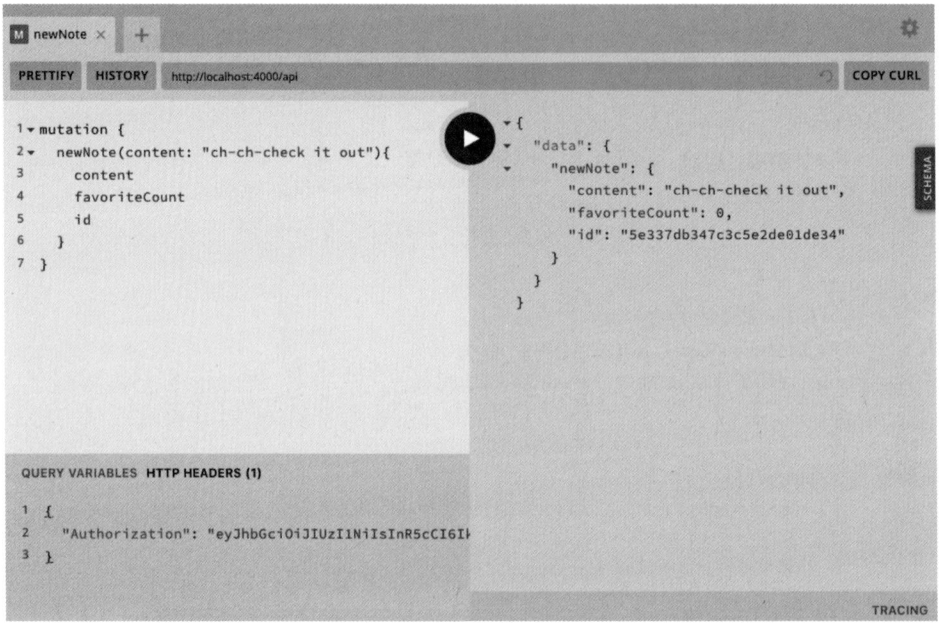

그림 8-5 newNote 뮤테이션

새 노트의 favoriteCount는 데이터 모델에서 설정한 기본 값이므로 자동으로 0으로 설정되어 있다. 이제 노트의 ID를 파라미터로 전달하는 toggleFavorite 뮤테이션을 작성하여 이 노트를 즐겨찾기로 추가해보겠다. 이번에도 유효한 JWT와 함께 Authorization HTTP 헤더를 포함해야 한다.

```
mutation {
  toggleFavorite(id: "<YOUR_NOTE_ID_HERE>") {
    favoriteCount
  }
}
```

이 뮤테이션을 실행한 후 노트의 favoriteCount 값은 1이 될 것이다. 뮤테이션을 다시 실행하면 favoriteCount가 0으로 줄어든다(그림 8-6).

그림 8-6 toggleFavorite 뮤테이션

이제 사용자가 노트를 즐겨찾기로 표시하거나 표시 해제할 수 있게 되었다. 이 기능을 연습하면서 그래프QL 애플리케이션의 API에 새로운 기능을 추가하는 방법을 익혔기를 바란다.

8.6 중첩 쿼리

그래프QL의 가장 큰 장점 중 하나는 여러 쿼리를 쓰는 대신 하나의 쿼리로 필요한 데이터를 정확하게 반환받을 수 있게 쿼리를 중첩시킬 수 있다는 점이다. 그래프QL 스키마의 User 자료형에는 작성자의 노트 목록이 배열 형식으로 포함되어 있으며, Notes 자료형에는 작성자에 대한 참조가 포함되어 있다. 덕분에 사용자 쿼리에서 노트 목록을 가져오거나 노트 쿼리에서 작성자 정보를 얻을 수 있다.

이를 응용해서 다음과 같은 쿼리를 작성할 수 있다.

```
query {
  note(id: "5c99fb88ed0ca93a517b1d8e") {
    id
    content
    # author에 대한 정보
    author {
      username
      id
    }
  }
}
```

지금 당장은 이와 같은 중첩 쿼리를 실행하려고 하면 오류가 발생한다. 이 정보에 대해 데이터베이스에서 조회를 수행하는 리졸버 코드를 아직 작성하지 않았기 때문이다.

이 기능을 사용하기 위해 src/resolvers 디렉터리에 두 개의 새 파일을 추가할 것이다.

먼저 src/resolvers/note.js에 다음을 추가하자.

```
module.exports = {
  // 요청받으면 note의 author 정보를 resolve
  author: async (note, args, { models }) => {
    return await models.User.findById(note.author);
  },
  // 요청받으면 note의 favoritedBy 정보를 resolve
  favoritedBy: async (note, args, { models }) => {
    return await models.User.find({ _id: { $in: note.favoritedBy } });
  }
};
```

src/resolvers/note.js에 다음을 추가하자.

```
module.exports = {
  // 요청받으면 user의 notes 목록 정보를 resolve
  notes: async (user, args, { models }) => {
    return await models.Note.find({ author: user._id }).sort({ _id: -1 });
  },
  // 요청받으면 user의 favorites 목록 정보를 resolve
  favorites: async (user, args, { models }) => {
    return await models.Note.find({ favoritedBy: user._id }).sort({ _id: -1 });
```

```
    }
  };
```

다음으로 새 리졸버 모듈을 임포트하고 익스포트하기 위해 src/resolvers/index.js를 업데이트할 것이다. 전체 src/resolvers/index.js 파일을 다음과 같이 수정하자.

```
const Query = require('./query');
const Mutation = require('./mutation');
const Note = require('./note');
const User = require('./user');
const { GraphQLDateTime } = require('graphql-iso-date');

module.exports = {
  Query,
  Mutation,
  Note,
  User,
  DateTime: GraphQLDateTime
};
```

이제 중첩된 그래프QL 쿼리 또는 뮤테이션을 작성해서 원하는 정보를 받을 수 있다. 다음 note 쿼리를 작성하여 테스트하자.

```
query {
  note(id: "<YOUR_NOTE_ID_HERE>") {
    id
    content
    # author에 대한 정보
    author {
      username
      id
    }
  }
}
```

이 쿼리는 작성자의 이름과 ID를 반환할 것이다. 또 다른 실용적인 예는 노트를 즐겨찾기한 사용자에 대한 정보를 반환하는 것이다.

```
mutation {
  toggleFavorite(id: "<YOUR NOTE ID>") {
    favoriteCount
    favoritedBy {
      username
    }
  }
}
```

중첩된 리졸버를 사용하면 필요한 데이터를 정확하게 반환하는 정확한 쿼리와 뮤테이션을 작성할 수 있다.

8.7 결론

축하한다! 이 장을 통해 우리의 API는 사용자가 진정으로 상호작용할 수 있는 수준까지 발전했다. 이 API는 사용자 작업을 통합하고, 새로운 기능을 추가하며, 리졸버를 중첩시키는 그래프QL의 강력한 기능을 보여주는 좋은 예이다. 또한 프로젝트에 새 코드를 추가하기 위한 패턴을 익히기도 했는데, 먼저 그래프QL 스키마를 작성한 다음, 데이터베이스 모델을 작성하고, 마지막으로 데이터를 쿼리하거나 업데이트하는 리졸버 코드를 작성하는 순서이다. 이 세 단계의 프로세스를 통해 모든 종류의 기능을 애플리케이션에 추가할 수 있다. 다음 장에서는 페이지네이션, 보안 등 API 제작을 준비하는 데 필요한 최종 단계를 살펴볼 것이다.

## CHAPTER 9

디테일

지금은 쉽게 볼 수 있는 방향제인 페브리즈^{Febreze}가 처음 출시되었을 때의 상황은 말도 못했다. 초기 페브리즈 광고는 담배 연기와 같은 특정 악취를 제거하기 위해 제품을 사용하는 사람들을 보여주었고, 그 덕택에 매출은 바닥을 찍었다. 이 실망스러운 결과에 직면한 마케팅 팀은 페브리즈를 '마감용' 방향제로 사용하는 방향으로 초점을 돌렸다. 이후의 광고는 누군가 방을 청소하고 베개를 털고 마지막에 페브리즈를 뿌리는 식으로 바뀌었다. 이러한 제품 전략 조정 덕택에 판매는 급증했다.

이것은 '디테일이 모든 것을 좌우한다'는 사실의 훌륭한 예다. 지금 우리는 작동하는 API를 가지고 있지만, 생산에 투입할 수 있는 '마감용' 작업은 부족하다. 이 장에서는 웹, 그래프QL 애플리케이션 보안 및 사용자 경험의 모범 사례를 살펴볼 것이다. 방향제를 능가하는 이러한 디테일은 우리가 만드는 애플리케이션의 안전, 보안, 사용성에 매우 중요하다.

9.1 웹 애플리케이션과 익스프레스의 모범 사례

익스프레스는 API를 강화하는 기본 웹 애플리케이션 프레임워크이다. 우리의 Express.js 코드를 약간 조정하면 애플리케이션 개발을 위한 견고한 기초를 만들 수 있다.

9.1.1 헬멧

익스프레스의 헬멧 미들웨어Helmet middleware ($https://oreil.ly/NGae1$)는 소규모 보안 지향 미들웨어 함수의 모음으로, 애플리케이션의 HTTP 헤더 보안을 강화한다. 이 중 다수는 브라우저 기반 애플리케이션에만 해당되지만, 헬멧을 활성화하면 간단하게 일반적인 웹 취약점으로부터 애플리케이션을 보호하게 된다.

헬멧을 활성화하려면 애플리케이션에 미들웨어가 필요하고, 익스프레스가 미들웨어 스택에서 일찍 사용하도록 지시해야 한다. ./src/index.js 파일에서 다음을 추가하자.

```
// 파일 최상단에서 먼저 패키지 요청
const helmet = require('helmet')

// const app = express() 뒤 스택 최상단에 미들웨어 추가
app.use(helmet());
```

헬멧 미들웨어를 추가함으로써 애플리케이션에 대한 일반적인 웹 보안의 모범 사례를 빠르게 구현할 수 있다.

9.1.2 CORS

CORSCross-Origin Resource Sharing은 다른 도메인에 리소스를 요청하기 위한 수단이다. 우리의 API와 UI 코드는 별도로 제공되므로 다른 출처로부터 자격증명을 가져오도록 설정하려고 한다. CORS의 내용에 대해 배우고 싶다면 모질라의 CORS 가이드 문서($https://oreil.ly/E1lXZ$)를 읽어보기를 강력히 추천한다.

CORS를 활성화하기 위해서는 .src/index.js 파일에 Express.js CORS 미들웨어($https://oreil.ly/lYr7g$) 패키지를 사용해야 한다.

```
// 파일 최상단에서 먼저 패키지 요청
const cors = require('cors');

// app.use(helmet()); 뒤에 미들웨어 추가
app.use(cors());
```

이러한 방식으로 미들웨어를 추가하면 모든 도메인에서 원본 간 요청이 가능해진다. 현재는 개발 모드에 있고 호스팅 제공 업체가 생성한 도메인을 사용하고 있을 것이므로, 미들웨어를 사용하여 요청을 특정 출처의 도메인으로 제한할 수도 있다.

9.2 페이지네이션

현재 우리의 notes 및 users 쿼리는 데이터베이스에 있는 전체 노트 및 사용자 목록을 반환한다. 이것은 로컬 개발에서는 잘 작동하지만, 애플리케이션이 커지면 수백 또는 수천 개의 노트를 반환하는 고비용의 쿼리가 발생할 수 있으며 그로 인해 데이터베이스, 서버, 네트워크 속도가 느려지므로 지속성이 떨어진다. 대신 이러한 쿼리를 페이지네이션^{pagination}하여 정해진 수의 결과만 반환하게 할 수 있다.

구현할 수 있는 일반적인 유형의 페이지네이션에는 두 가지가 있다. 첫 번째 유형인 오프셋 페이지네이션^{offset pagination}은 클라이언트가 오프셋 번호를 전달하고 제한된 양의 데이터를 반환하는 방식으로 작동한다. 예를 들어, 각 페이지의 데이터가 10개의 레코드로 제한되어 있고 세 번째 페이지의 데이터를 요청하려는 경우 오프셋 20을 전달하면 된다. 이는 개념적으로 가장 간단한 방법이지만, 확장성이 낮고 성능 문제가 발생할 수 있다.

두 번째 유형의 페이지네이션은 커서 기반 페이지네이션^{cursor-based pagination}으로, 시간 기반 커서 또는 고유 식별자를 시작점으로 전달하는 방식이다. 전달한 후 레코드 다음에 오는 특정 양의 데이터를 요청한다. 이 접근 방식은 페이지네이션을 가장 잘 제어할 수 있다. 또한 몽고의 객체 ID(4바이트 시간 값으로 시작)는 정렬된 상태이므로 커서로 쉽게 활용할 수 있다. 몽고의 객체 ID에 대한 자세한 내용은 해당 몽고DB 설명서를 참조하자.

너무 개념적으로 느껴질 수도 있는데, 걱정하지 말자. 이제 페이지네이션된 노트 피드를 그래프QL 쿼리로 구현하는 방법을 살펴보자. 먼저, 만들 내용과 스키마 업데이트, 마지막으로 리졸버 코드를 정의할 것이다. 피드의 경우 선택적으로 커서를 파라미터로 전달하면서 API를 쿼리하려고 한다. 그런 다음 API는 제한된 양의 데이터, 데이터 세트의 마지막 항목을 나타내는 커서 포인트, 쿼리할 추가 데이터 페이지가 있는지 여부에 대한 부울 값을 반환해야 한다.

이 설명을 바탕으로 `src/schema.js` 파일을 업데이트하여 새 쿼리를 정의할 수 있다. 먼저 파일에 NoteFeed 자료형을 추가해야 한다.

```
type NoteFeed {
  notes: [Note]!
  cursor: String!
  hasNextPage: Boolean!
}
```

다음으로 noteFeed 쿼리를 추가하자.

```
type Query {
  # 기존 쿼리에 noteFeed 추가
  noteFeed(cursor: String): NoteFeed
}
```

스키마가 업데이트되면 쿼리에 대한 리졸버 코드를 작성할 수 있다. `./src/resolvers/query.js`에서 익스포트한 객체에 다음을 추가하자.

```
noteFeed: async (parent, { cursor }, { models }) => {
  // limit를 10으로 하드코딩
  const limit = 10;
  // hasNextPage 기본 값을 false로 설정
  let hasNextPage = false;
  // 전달된 cursor가 없으면 기본 query는 빈 배열을 할당
  // 이를 통해 DB에서 최신 노트 목록을 당겨오게 됨
  let cursorQuery = {};

  // cursor가 있으면
  // 쿼리가 cursor 미만의 ObjectId를 가진 노트를 탐색
  if (cursor) {
    cursorQuery = { _id: { $lt: cursor } };
  }

  // DB에서 limit + 1개의 노트를 탐색하고 최신순으로 정렬
  let notes = await models.Note.find(cursorQuery)
    .sort({ _id: -1 })
    .limit(limit + 1);

  // 노트 개수가 limit를 초과하면
  // hasNextPage를 true로 설정하고 notes를 limit까지 자름
```

```
    if (notes.length > limit) {
      hasNextPage = true;
      notes = notes.slice(0, -1);
    }

    // 새 cursor는 피드 배열 마지막 항목의 몽고 객체 ID
    const newCursor = notes[notes.length - 1]._id;

    return {
      notes,
      cursor: newCursor,
      hasNextPage
    };
  }
```

이 리졸버를 사용하여 noteFeed를 쿼리하면 최대 10개의 결과가 반환된다. 그래프QL 플레이
그라운드에서 다음과 같이 쿼리를 작성하면 노트 목록, 객체 ID, "created at" 타임스탬프,
커서, 다음 페이지 유무에 해당하는 부울을 수신할 수 있다.

```
query {
  noteFeed {
    notes {
      id
      createdAt
    }
    cursor
    hasNextPage
  }
}
```

데이터베이스에 10개가 넘는 노트가 있으므로, 커서와 함께 hasNextPage 값과 true를 반환
받았다. 해당 커서를 사용하여 피드의 두 번째 페이지를 쿼리할 수 있다.

```
query {
  noteFeed(cursor: "<YOUR OBJECT ID>") {
    notes {
      id
      createdAt
    }
    cursor
```

```
      hasNextPage
    }
  }
```

hasNextPage 값이 true인 각 커서에 대해 이 작업을 계속할 수 있다. 이 구현을 통해 페이지
네이션된 노트 피드를 만들었다. 이를 통해 UI는 특정 데이터 피드를 요청할 수 있고, 동시에
서버 및 데이터베이스에 대한 부담도 줄일 수 있다.

9.3 데이터 제한

페이지네이션을 설정하는 것 외에도 API를 통해 요청할 수 있는 데이터의 양을 제한하는 것이
좋다. 이렇게 하면 서버나 데이터베이스에 과부하가 걸리는 쿼리를 방지할 수 있다.

이 프로세스의 첫 번째 단계는 쿼리가 반환할 수 있는 데이터의 양을 제한하는 것이다. 두 가
지 쿼리, users 및 notes는 데이터베이스에서 일치하는 모든 데이터를 반환한다. 데이터
베이스 쿼리에서 limit() 메서드를 설정하면 이 문제를 해결할 수 있다. 예를 들어 .src/
resolvers/query.js 파일에서 다음과 같이 notes 쿼리를 업데이트할 수 있다.

```
notes: async (parent, args, { models }) => {
  return await models.Note.find().limit(100);
}
```

이걸로 어느 정도 데이터 제한이 이루어지기는 하지만, 현재 쿼리는 무제한의 깊이로 작성될
수 있다. 즉, 지금은 하나의 쿼리만으로 노트 목록, 각 노트에 대한 작성자 정보, 각 작성자의
즐겨찾기 목록, 각 즐겨찾기에 대한 작성자 정보 등을 모두 검색할 수 있다. 한 번의 쿼리로 많
은 데이터를 얻을 수 있을 뿐만 아니라 이를 중첩시킬 수도 있다! 이러한 유형의 중첩 쿼리를
방지하기 위해 API에 대해 쿼리 깊이를 제한하는 것이 가능하다.

또한, 중첩되지 않은 복잡한 쿼리를 작성하는 경우에도 데이터를 반환하려면 많은 계산이 필요
하다. 쿼리 복잡성을 제한하면 이러한 유형의 요청으로부터 시스템을 보호할 수 있다.

이러한 제한을 구현하기 위해 ./src/index.js 파일에서 graphql-depth-limit 및
graphql-validation-complexity 패키지를 사용하면 된다.

```
// 파일 최상단에서 모듈 임포트
const depthLimit = require('graphql-depth-limit');
const { createComplexityLimitRule } = require('graphql-validation-complexity');

// ApolloServer 코드가 validationRules를 포함하도록 업데이트
const server = new ApolloServer({
  typeDefs,
  resolvers,
  validationRules: [depthLimit(5), createComplexityLimitRule(1000)],
  context: async ({ req }) => {
    // 헤더에서 사용자 토큰 가져오기
    const token = req.headers.authorization;
    // 토큰에서 user 가져오기
    const user = await getUser(token);
    // context에 db models 및 user 추가
    return { models, user };
  }
});
```

이러한 패키지 추가 덕택에 API에 쿼리 보호 기능이 추가되었다. 악의적인 쿼리로부터 그래프
QL API를 보호하는 방법에 대한 자세한 내용은 스펙트럼의 CTO, 맥스 스토이버[Max Stoiber]의
명문(*https://oreil.ly/_r5tl*)을 확인하자.

9.4 기타 고려 사항

여기까지 API를 빌드했다면 그래프QL 개발의 기본 사항을 확실하게 이해했을 것이다. 주제에
대해 더 자세히 알고 싶다면 다음으로 나아갈 단계는 테스트, 그래프QL 구독, 그리고 아폴로
엔진[Apollo Engine]이 될 것이다.

9.4.1 테스트

솔직히 인정한다. 이 책에 테스트에 대한 분량을 할당하지 않은 것에 죄책감을 느낀다. 코드 테
스트는 변경 사항을 편안하게 적용하고 다른 개발자와의 협업을 향상시키기 위한 중요한 요
소이다. 그래프QL 설정의 가장 큰 장점 중 하나는 리졸버가 단순히 함수이며 일부 파라미터

를 가져와서 데이터를 반환한다는 것이다. 이를 통해 그래프QL 로직을 간단하게 테스트할 수 있다.

9.4.2 구독

구독subscription은 그래프QL의 매우 강력한 기능으로, 애플리케이션에서 발행–구독 패턴을 간단하게 통합할 수 있는 방법을 제공한다. 이는 데이터가 서버에 발행될 때 UI가 알림을 받거나 업데이트하도록 구독할 수 있음을 의미한다. 따라서 그래프QL 서버는 실시간 데이터를 처리하는 애플리케이션에 이상적인 솔루션이다. 그래프QL 구독에 대한 자세한 내용은 아폴로 서버 문서(*https://oreil.ly/YwI5_*)를 참조하자.

9.4.3 아폴로 그래프QL 플랫폼

지금까지 API를 개발하는 동안 아폴로 그래프QL 라이브러리를 사용했다. 다음 장에서는 아폴로 클라이언트 라이브러리를 사용하여 API와 인터페이스할 것이다. 이 라이브러리는 업계 표준이며, 그래프QL 작업에 관한 훌륭한 개발자 경험을 제공하기 때문에 채택했다. 애플리케이션을 프로덕션 환경으로 가져온 이후에는, 이 라이브러리의 개발사인 아폴로가 제공하는 그래프QL API용 모니터링 및 툴링 플랫폼도 쓸 수 있다. 아폴로 웹 사이트(*https://www.apollographql.com*)에서 자세한 내용을 확인할 수 있다.

9.5 결론

이 장에서는 애플리케이션에 마무리 작업을 추가했다. 구현할 수 있는 다른 옵션도 많이 있지만, 이 시점에서 견고한 MVP(최소 실행 가능 제품)를 개발했다고 볼 수 있다. 이제 본격적으로 API를 출시할 준비가 되었다! 다음 장에서는 API를 공개 웹 서버에 배포할 것이다.

## CHAPTER 10

API 배포하기

사용자가 API에 접근하려고 할 때마다 노트를 작성, 읽기, 업데이트, 삭제할 수 있는 컴퓨터 앞에 실제로 앉아야 한다고 상상해보자. 지금까지 우리가 만든 API는 개별 컴퓨터에서만 실행되므로 이렇게밖에 사용할 수가 없다. 하지만 애플리케이션을 웹 서버에 배포하면 이 문제를 해결할 수 있다.

이번 장에서는 다음의 두 단계를 수행한다.

1. 첫째, API가 접근할 수 있는 원격 데이터베이스를 설정한다.
2. 둘째, API 코드를 서버에 배포하고 데이터베이스에 연결한다.

이러한 단계를 밟고 나면 데스크톱이든 모바일이든 웹이 연결된 어떤 컴퓨터에서든 API에 접근할 수 있다.

10.1 데이터베이스 호스팅

첫 번째 단계에서는 호스팅된 데이터베이스 솔루션을 사용한다. 몽고 데이터베이스의 경우 몽고DB 아틀라스를 사용할 것이다. 이것은 몽고DB 기업이 직접 지원하는 완전 관리형 클라우드 제품이다. 또한 초기 배포에 잘 맞는 무료 서비스를 제공한다. 먼저 몽고DB 아틀라스에 배포하는 단계를 살펴보자.

먼저 mongodb.com/cloud/atlas를 방문하여 계정을 만들자. 계정을 만들면 데이터베이스를 만들라는 메시지가 나타난다. 이 화면에서 샌드박스 데이터베이스의 설정을 관리할 수 있지만 다음과 같은 기본 값을 사용하는 것이 좋다.

- 데이터베이스 호스트는 아마존 AWS(GCP와 마이크로소프트 애저도 선택 가능하다)
- 'Free Tier(무료 서비스)' 옵션이 있는 가장 가까운 지역
- 기본 값이 'M0 Sandbox(공유 RAM, 512MB 저장소)'인 클러스터 계층
- 기본 설정으로 남겨둘 수 있는 추가 설정
- 클러스터 이름은 기본 값으로 둬도 괜찮음

여기에서 [Create Cluster(클러스터 생성)]를 클릭하면 몇 분에 걸쳐 몽고가 데이터베이스를 설정한다(그림 10-1).

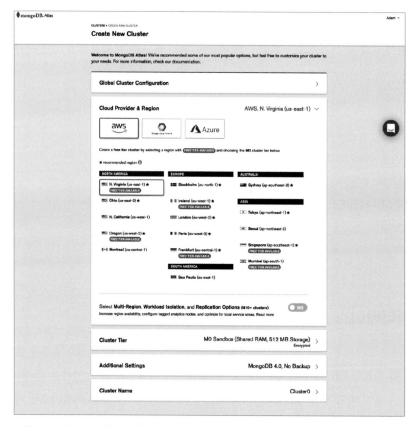

그림 10-1 몽고DB 아틀라스 데이터베이스 생성 화면

다음으로 개별 데이터베이스 클러스터를 관리할 수 있는 클러스터 페이지가 표시된다(그림 10-2).

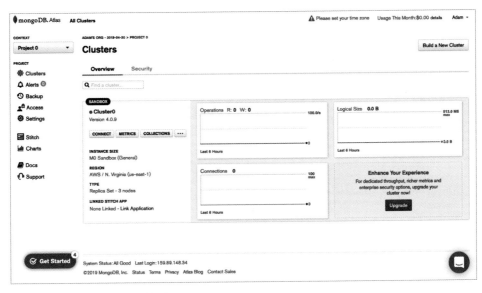

그림 10-2 몽고DB 아틀라스 클러스터

클러스터 화면에서 연결을 클릭하면 연결 보안을 설정하라는 메시지가 표시된다. 첫 번째 단계는 IP 주소를 허용하는 것이다. 애플리케이션에는 동적 IP 주소가 있으므로 0.0.0.0/0을 사용하여 이 주소를 모든 IP 주소로 열어야 한다. 모든 IP 주소가 화이트리스트에 있으면 데이터에 접근하기 위해 안전한 사용자 이름과 비밀번호를 설정해야 한다(그림 10-3).

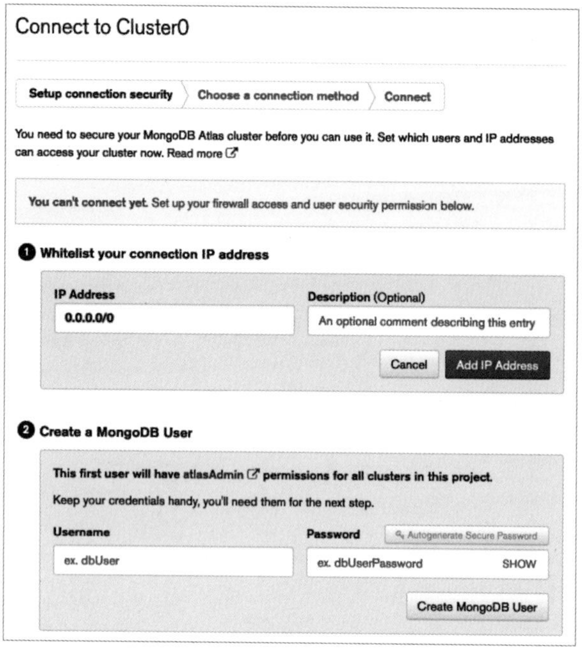

그림 10-3 몽고DB 아틀라스 IP 화이트리스트와 사용자 계정 관리

IP가 화이트리스트에 등록되고 사용자 계정이 생성되면 데이터베이스 연결 방법을 선택하게 된다. 이 경우 [Connect Your Application(애플리케이션 연결)]을 선택하면 된다(그림 10-4).

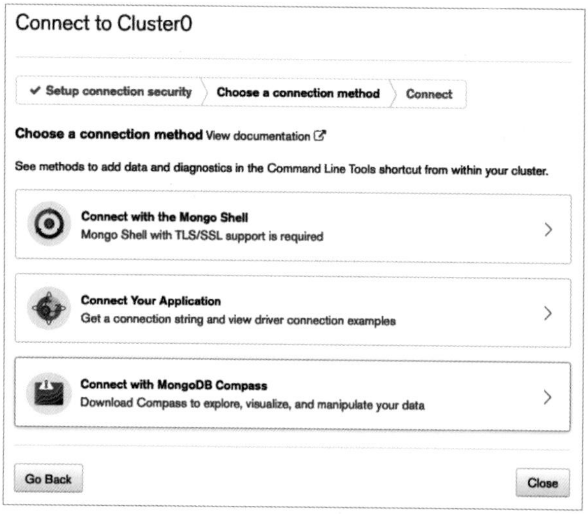

그림 10-4 몽고DB 아틀라스의 연결 유형 선택

이 시점부터는 프로덕션 .env 파일에서 사용할 연결 문자열을 복사할 수 있다(그림 10-5).

그림 10-5 몽고DB 아틀라스의 데이터베이스 연결 문자열

CAUTION_ 몽고 비밀번호

몽고DB 아틀라스는 암호 내에 특수문자를 16진수로 인코딩한다. 즉, 영숫자가 아닌 숫자를 사용하는 경우 연결 문자열에 비밀번호를 추가할 때 해당 코드의 16진수 값을 사용해야 한다. 사이트 `ascii.cl`은 모든 특수문자에 해당하는 16진수 코드를 제공한다. 예를 들어, 비밀번호가 `Pizz@2!`인 경우 `@`, `!` 문자를 인코딩해야 한다. 이 작업은 `%`와 16진수 값으로 이루어진다. 결과 암호는 `Pizz%402%21`이다.

몽고DB 아틀라스 관리형 데이터베이스가 실행되면서 이제 애플리케이션을 위해 호스팅된 데이터 저장소를 가지게 되었다. 다음 단계에서는 애플리케이션 코드를 호스팅하여 데이터베이스에 연결해보자.

10.2 애플리케이션 배포

배포 설정의 다음 단계는 애플리케이션 코드 배포이다. 이 책의 학습 목적에 맞게 우리는 클라우드 애플리케이션 플랫폼인 헤로쿠Heroku를 사용할 것이다. 탁월한 사용자 경험과 풍부한 무료 요금제 덕택에 헤로쿠를 선택했지만 아마존 웹 서비스(AWS), 구글 클라우드 플랫폼(GCP), 디지털 오션Digital Ocean, 마이크로소프트 애저Microsoft Azure와 같은 다른 클라우드 플랫폼도 모두 Node.js 애플리케이션을 위한 대체 호스팅 환경을 제공한다.

시작하기 전에 헤로쿠 웹 사이트(*https://heroku.com/apps*)를 방문하여 계정을 만들어야 한다. 계정이 생성되면 각자의 운영체제에 맞는 헤로쿠 커맨드 라인 도구(*https://oreil.ly/Vf2Q_*)를 설치하자.

맥OS에서는 다음과 같이 홈브루를 사용하여 헤로쿠 커맨드 라인 도구를 설치할 수 있다.

```
$ brew tap heroku/brew && brew install heroku
```

윈도우즈의 경우 헤로쿠 커맨드 라인 도구 가이드를 보고 적절한 설치 프로그램을 다운로드하자.

10.2.1 프로젝트 설정

헤로쿠 커맨드 라인 도구를 설치하고 나면 웹 사이트 내에서 프로젝트를 설정할 수 있다. [New] → [Create New App]을 클릭하여 새 헤로쿠 프로젝트를 만들자(그림 10-6).

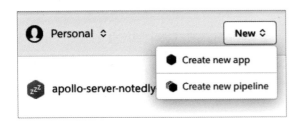

그림 10-6 새 앱을 만들기 위한 헤로쿠 인터페이스

다음으로 애플리케이션에 고유한 이름을 지정하라는 메시지가 표시되고, 이름을 정하고 나면

[Create App] 버튼을 클릭할 수 있다(그림 10-7). 앞으로 YOUR_APP_NAME이 나오면 여기에서 정한 이름을 사용하자.

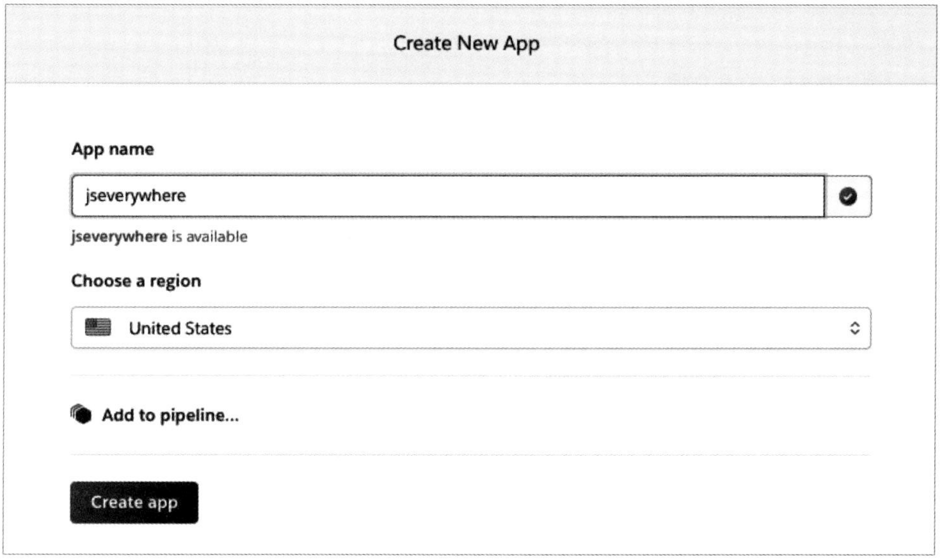

그림 10-7 고유한 애플리케이션 이름 지정

이제 환경 변수를 추가할 수 있다. .env 파일을 로컬에서 사용한 방법과 유사하게 헤로쿠 웹사이트 인터페이스에서 프로덕션 환경 변수를 관리할 수 있다. 이렇게 하려면 [Settings]를 클릭한 다음 [Reveal Config Vars(설정 변수 표시)] 버튼을 클릭하자(그림 10-8). 이 화면에서 다음과 같은 설정 변수를 추가하자.

```
NODE_ENV production
JWT_SECRET A_UNIQUE_PASSPHRASE
DB_HOST YOUR_MONGO_ATLAS_URL
```

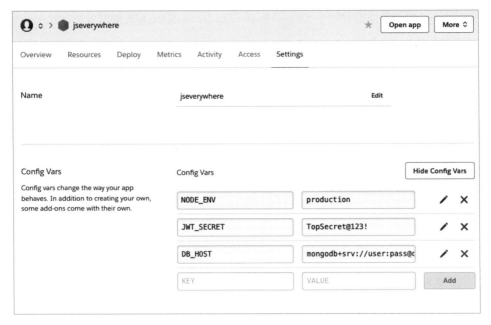

그림 10-8 헤로쿠의 환경 변수 설정

애플리케이션 설정이 끝났으면 코드를 배포할 준비가 된 것이다.

10.2.2 배포

이제 코드를 헤로쿠 서버에 배포할 준비가 되었다. 터미널 애플리케이션에서 간단한 깃 명령을 실행하면 된다. 헤로쿠를 원격 엔드포인트로 설정하고, 변경 사항을 추가 및 커밋하고, 코드를 헤로쿠로 푸시한다. 이를 위해 터미널 애플리케이션 내에서 다음 명령을 실행하자.

```
$ heroku git:remote -a <YOUR_APP_NAME>
$ git add .
$ git commit -am "application ready for production"
$ git push heroku master
```

헤로쿠가 파일을 빌드하고 배포하는 동안 터미널에 출력 메시지가 나타날 것이다. 완료되면 헤로쿠가 `package.json` 파일 내의 `run` 스크립트를 사용하여 서버에서 애플리케이션을 실행할 것이다.

10.2.3 테스트

애플리케이션을 성공적으로 배포하고 나면 원격 서버에 그래프QL API 요청을 날릴 수 있다. 기본적으로는 프로덕션에서 그래프QL 플레이그라운드 UI가 비활성화되어 있지만, 터미널 애플리케이션에서 curl을 사용하면 애플리케이션을 테스트할 수 있다. curl 요청을 실행하려면 터미널 애플리케이션에 다음을 입력하자.

```
$ curl \
  -X POST \
  -H "Content-Type: application/json" \
  --data '{ "query": "{ notes { id } }" }' \
  https://YOUR_APP_NAME.herokuapp.com/api
```

프로덕션 데이터베이스에 아직 데이터가 포함되지 않으므로, 테스트에 성공하면 빈 노트 배열이 포함된 응답을 받게 될 것이다.

```
{"data":{"notes":[]}}
```

애플리케이션 배포에 성공했다!

10.3 결론

이 장에서는 클라우드 서비스를 사용하여 데이터베이스와 애플리케이션 코드를 배포했다. 개발자는 소규모 애플리케이션을 몽고DB 아틀라스, 헤로쿠와 같은 서비스를 통해 취미 프로젝트에서 대규모 비즈니스에 이르기까지 다양한 방식으로 확장할 수 있다. API를 배포한 후 애플리케이션 스택의 백엔드 서비스까지 성공적으로 개발했으니, 다음 장에서는 앱의 UI를 중심으로 작업할 것이다.

## CHAPTER 11

사용자 인터페이스와 리액트

1979년 스티브 잡스는 제록스 파크^{Xerox Parc}를 방문하여 개인용 컴퓨터, 제록스 알토^{Xerox Alto}의 데모를 보았다. 당시의 다른 컴퓨터는 자판기를 통해 입력하는 명령으로 제어했지만 제록스 알토는 마우스를 사용했으며, 그래픽 인터페이스를 사용하여 창을 열거나 닫을 수 있었다. 잡스는 애플 매킨토시를 만들 때 이러한 아이디어를 빌려왔다. 초창기 맥의 인기로 인해 컴퓨터 UI가 확산되었다. 오늘날 우리는 스마트폰, 태블릿, ATM, 게임 콘솔, 결제 키오스크 등 개인용 컴퓨터를 포함하여 수십 가지 그래픽 사용자 인터페이스와 상호작용할 수 있다. UI는 이제 모든 종류의 장치, 콘텐츠 유형, 화면 크기, 상호작용 속에서 작동하면서 우리와 마주하고 있다.

예를 들어보자. 필자는 회의 참석을 위해 다른 도시로 출장을 간다. 그날 아침, 필자는 기상 후 스마트폰으로 항공편을 확인한다. 차를 운전해서 공항으로 가는 길에는 화면에 지도가 표시되고, 듣고 싶은 음악을 선택할 수 있도록 표시된다. 도중에 현금 인출을 위해 ATM에 멈춰서 PIN을 입력하고 터치스크린에서 버튼을 누른다. 공항에 도착한 후 비행기 키오스크에서 체크인한다. 게이트를 기다리는 동안 태블릿을 꺼내 몇 개의 이메일에 답장한다. 비행 중에는 전자 잉크 디스플레이 장치로 책을 읽는다. 착륙 후에는 스마트폰 앱을 통해 차량을 호출해서 이동하고, 식당에 들어가 디스플레이 화면에서 주문을 넣는다. 회의에 참여하면 슬라이드 데크가 스크린에 투사되고, 많은 사람들이 랩톱에 메모를 한다. 저녁 늦게 호텔로 돌아온 후 호텔의 TV 화면 가이드를 통해 찾은 TV 및 영화를 탐색한다. 필자의 하루는 교통, 금융, 엔터테인먼트와 관련된 작업에 쓰이는 수많은 UI와 화면으로 가득했다.

이 장에서는 자바스크립트 사용자 인터페이스 개발의 역사를 간략하게 살펴볼 것이다. 그리고 이 지식을 바탕으로 책의 나머지 부분에서 사용할 자바스크립트 라이브러리, 리액트^{React}의 기본 사항을 살펴볼 것이다.

11.1 자바스크립트와 UI

1990년대 중반에 웹 인터페이스를 향상시키기 위해 설계된(10일 만에 만들어졌다는 일화는 유명하다: *https://oreil.ly/BNhvL*) 자바스크립트는 웹 브라우저에 내장된 스크립팅 언어를 제공한다. 이를 통해 웹 디자이너와 개발자는 HTML만으로는 불가능했던 웹 페이지에 작은 상호작용을 추가할 수 있었다. 불행히도 브라우저 공급 업체마다 다양한 자바스크립트 구현이 있었기 때문에 어려운 점이 많았다. 어쨌든 이는 하나의 브라우저에서 작동하도록 설계된 애플리케이션의 확산으로 이어진 요인 중 하나이다.

2000년대 중반 jQuery(및 MooTools와 같은 유사한 라이브러리)가 인기를 얻었다. 개발자는 jQuery를 통해 브라우저에서 잘 작동하는 간단한 API로 자바스크립트를 작성할 수 있었다. 얼마 지나지 않아 웹 페이지에서 제거, 추가, 교체, 애니메이션 작업이 이루어졌다. 거의 동시에 Ajax^{asynchronous JavaScript and XML}(자바스크립트와 XML을 이용한 비동기적 정보 교환 기법)를 사용하여 서버에서 데이터를 가져와 페이지에 삽입할 수 있게 되었다. 이 두 가지 기술의 조합은 강력한 대화형 웹 애플리케이션을 만들 수 있는 환경을 제공했다.

이러한 애플리케이션의 복잡성이 증가함에 따라 조직 및 상용구 코드에 대한 필요성도 함께 증가했다. 2010년 초에는 백본^{Backbone}, 앵귤러^{Angular}, 엠버^{Ember}와 같은 프레임워크가 자바스크립트 애플리케이션 환경을 지배했다. 이러한 프레임워크는 프레임워크 코드에 구조를 적용하고 일반적인 애플리케이션 패턴을 구현하는 방식으로 작동했다. 또한 보통 소프트웨어 디자인의 MVC(모델^{Model}, 뷰^{View}, 컨트롤러^{Controller}) 패턴을 따라 모델링되었다. 각 프레임워크는 웹 애플리케이션의 모든 계층에 대해 규범적이며 템플릿, 데이터, 사용자 상호작용을 처리하는 구조적 방법을 제공한다. 이는 많은 이점이 있었지만 새로운 기술이나 비표준 기술을 통합하기가 어려울 수도 있음을 의미했다.

한편 데스크톱 애플리케이션은 시스템별로 다른 프로그래밍 언어로 계속 작성되었다. 이는 개발자가 스타일을 선택해야 한다는 것(맥 앱, 윈도우 앱, 웹 앱 또는 데스크톱 앱 등)을 의미했다. 모바일 애플리케이션도 비슷한 위치에 있었다. 반응형 웹 디자인의 등장 덕에 디자이너와 개발자는 모바일 웹 브라우저를 위한 사이트와 애플리케이션을 만들 수 있었지만, 웹 전용 애플리케이션을 구축하기로 선택하면 모바일 플랫폼 앱 스토어에 진입할 수 없었다. 애플의 iOS 애플리케이션은 오브젝트 C(보다 최근에는 스위프트Swift)로 작성되었으며 안드로이드는 자바 프로그래밍 언어(자바스크립트와 혼동하지 않아야 함)에 의존했다. 이는 HTML, CSS, 자바스크립트로 구성된 웹이 유일한 크로스 플랫폼 사용자 인터페이스 플랫폼이라는 점을 의미했다.

11.2 자바스크립트와 선언적 인터페이스

2010년 초, 페이스북의 개발자들은 자바스크립트 코드의 설정과 관리에 어려움을 겪기 시작했다. 이에 응답하여 소프트웨어 엔지니어 조던 워크Jordan Walke는 페이스북의 PHP 라이브러리인 XHP에서 영감을 받은 리액트를 개발했다. 리액트는 UI 렌더링에만 중점을 둔다는 점에서 다른 인기 자바스크립트 프레임워크와 다르다. 이를 위해 리액트는 '선언적declarative' 프로그래밍 접근 방식을 취했는데, 이는 개발자가 UI 상태를 설명하는 데 집중할 수 있는 추상화를 제공한다는 의미이다.

리액트와 Vue.js와 같은 유사한 라이브러리의 등장으로 개발자가 UI를 작성하는 방식이 바뀌었다. 이 프레임워크는 컴포넌트 수준에서 UI 상태를 관리하는 수단을 제공한다. 이를 통해 사용자는 매끄럽게 느껴지는 애플리케이션을 만들 수 있으며, 뛰어난 개발 환경을 경험할 수 있다. 더구나 데스크톱 앱 구축을 위한 일렉트론Electron과 크로스 플랫폼 네이티브 모바일 애플리케이션을 위한 리액트 네이티브React Native와 같은 도구를 통해 개발자는 이러한 패러다임을 모든 플랫폼 애플리케이션 개발에 활용할 수 있다.

11.3 새 리액트 애플리케이션

앞으로 이어질 내용에서는 리액트 라이브러리를 사용하여 UI를 빌드할 것이다. 리액트에 대한 사전 경험이 필요하지는 않지만, 본격적으로 뛰어들기 전에 구문을 이해하면 도움이 될 것이다. 이를 위해 create-react-app을 사용하여 새 프로젝트를 만들고 연습해보자. create-react-app은 리액트 팀이 개발한 도구로, 새로운 리액트 프로젝트를 신속하게 설정하고 웹팩 Webpack, 바벨Babel과 같은 기본 빌드 도구를 추상화할 수 있다.

cd를 통해 터미널 애플리케이션에서 프로젝트 디렉터리로 진입하고 다음 명령을 실행하면 just-enough-react라는 폴더에 새 리액트 애플리케이션이 만들어진다.

```
$ npx create-react-app just-enough-react
$ cd just-enough-react
```

이 명령을 실행하면 모든 기능을 갖춘 애플리케이션을 빌드하기 위한 모든 프로젝트 구조, 코드 종속성, 개발 스크립트가 포함된 디렉터리 just-enough-react가 만들어진다. 다음 명령을 실행하여 애플리케이션을 시작하자.

```
$ npm start
```

이제 브라우저(*http://localhost:3000*)에 리액트 애플리케이션이 표시된다(그림 11-1).

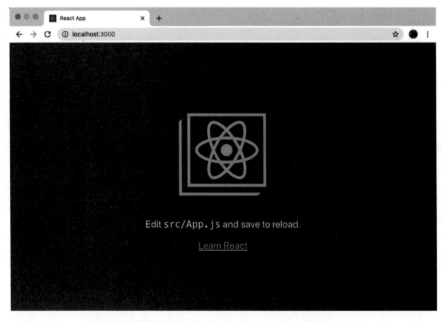

그림 11-1 npm start를 입력하면 브라우저에 기본 create-react-app을 띄우게 된다

이제 src/App.js 파일을 변경하여 애플리케이션을 편집할 수 있다. 이 파일에는 기본 리액트 컴포넌트가 포함되어 있다. 일부 종속성이 필요한 후에는 HTML과 같은 마크업을 반환하는 함수로 구성된다.

```
function App() {
  return (
    // 마크업은 여기에
  )
}
```

컴포넌트 내에서 사용되는 마크업은 JSX이다. JSX는 HTML과 유사한 XML 기반 구문으로, UI를 정확하게 설명하고 자바스크립트 파일 내의 사용자 액션과 결합할 수 있다. HTML을 알고 있다면 JSX를 익히기도 어렵지 않을 것이다. 이 예제에서 가장 큰 차이점은 HTML의 class 속성이 자바스크립트의 기본 문법에 있는 class와 충돌을 피하기 위해 className으로 대체된다는 점이다.

> **NOTE_ JSX? 우웩...**
> 필자처럼 웹 표준을 중시하고 분리형 설계를 엄격하게 지키는 사람에게 JSX는 매우 어색한 느낌이 들 수 있다. 필자는 JSX를 처음 접했을 때부터 그다지 좋아하지 않았지만, UI 로직과 렌더링 출력을 결합하면 시간이 지남에 따라 많은 이점을 얻을 수도 있다.

상용구 코드를 대부분 제거하고 간단한 'Hello World!'로 줄여서 앱을 커스터마이즈해보겠다.

```
import React from 'react';
import './App.css';

function App() {
  return (
    <div className="App">
      <p>Hello world!</p>
    </div>
  );
}

export default App;
```

모든 JSX 콘텐츠를 래핑하는 `<div>` 태그를 볼 수 있다. 각 리액트 UI 컴포넌트는 상위 HTML 요소 내에 포함되거나 다음과 같이 HTML이 아닌 요소 컨테이너를 나타내는 리액트 프래그먼트fragment를 사용해야 한다.

```
function App() {
  return (
    <React.Fragment>
      <p>Hello world!</p>
    </React.Fragment>
  );
}
```

리액트의 가장 강력한 기능 중 하나는 자바스크립트를 중괄호 {}로 묶어 JSX 내에서 직접 자바스크립트를 사용할 수 있다는 점이다. 아래와 같이 일부 변수를 사용하도록 **App** 함수를 업데이트해보자.

```
function App() {
  const name = 'Adam'
  const now = String(new Date())
  return (
    <div className="App">
      <p>Hello {name}!</p>
      <p>The current time is {now}</p>
      <p>Two plus two is {2+2}</p>
    </div>
  );
}
```

앞의 예에서 인터페이스가 직접 자바스크립트를 사용하고 있음을 알 수 있다. 멋지지 않은가?

리액트의 또 다른 유용한 기능은 각 UI 기능을 자체 컴포넌트로 변환하는 기능이다. UI의 한 측면이 독립적인 방식으로 작동하는 경우 자체 컴포넌트로 분리하는 것이 좋다. 그러므로 새로운 컴포넌트를 만들어보자. 시작하려면 **src/Sparkle.js**에 새 파일을 만들고 새 함수를 선언하자.

```
import React from 'react';
```

```
function Sparkle() {
  return (
    <div>

    </div>
  );
}


export default Sparkle;
```

이제 몇 가지 기능을 추가하겠다. 사용자가 버튼을 클릭할 때마다 페이지에 스파클 이모지가 추가된다(어플리케이션의 핵심 기능). 이를 위해 리액트의 **useState** 컴포넌트를 가져오고 컴포넌트의 초기 상태를 빈 상태(즉, 스파클이 없음)로 정의한다.

```
import React, { useState } from 'react';

function Sparkle() {
  // 초기 컴포넌트 상태 선언
  // 변수 'sparkle'(빈 스트링)으로 선언
  // 'addSparkle' 함수도 정의
  // 이 함수는 클릭 핸들러에서 호출
  const [sparkle, addSparkle] = useState('');

  return (
    <div>
      <p>{sparkle}</p>
    </div>
  );
}


export default Sparkle;
```

NOTE_ 상태란?

상태state는 15장에서 자세히 다룰 예정이므로, 지금은 컴포넌트의 상태가 컴포넌트 내에서 변경될 수 있는 정보의 현재 상태를 나타낸다는 정도의 개념으로만 알아 두어도 도움이 될 것이다. 예를 들어 UI 컴포넌트에 체크박스가 있을 때 이를 선택하면 상태가 **true**이고, 선택하지 않으면 **false**이다.

이제 **onClick** 기능이 있는 버튼을 추가하면 컴포넌트를 완성할 수 있다. JSX에서는 캐멀 표기법으로 구현해야 한다는 점에 유의하자.

```
import React, { useState } from 'react';

function Sparkle() {
  // 초기 컴포넌트 상태 선언
  // 변수 'sparkle'(빈 스트링)으로 선언
  // 'addSparkle' 함수도 정의
  // 이 함수는 클릭 핸들러에서 호출
  const [sparkle, addSparkle] = useState('');

  return (
    <div>
      <button onClick={() => addSparkle(sparkle + '\u2728')}>
        Add some sparkle
      </button>
      <p>{sparkle}</p>
    </div>
  );
}

export default Sparkle;
```

컴포넌트를 사용하기 위해서는 src/App.js 파일로 가져와서 다음과 같이 JSX 요소로 선언해야 한다.

```
import React from 'react';
import './App.css';

// 스파클 컴포넌트를 임포트
import Sparkle from './Sparkle'

function App() {
  const name = 'Adam';
  let now = String(new Date());
  return (
    <div className="App">
      <p>Hello {name}!</p>
      <p>The current time is {now}</p>
      <p>Two plus two is {2+2}</p>
      <Sparkle />
```

```
      </div>
  );
}

export default App;
```

이제 브라우저에서 애플리케이션을 방문하면 버튼이 표시되고, 이를 클릭하여 페이지에 스파클 이모지를 추가할 수 있다! 이것은 리액트의 진정한 강점 중 하나이다. 애플리케이션의 나머지 부분과 별도로 개별 컴포넌트나 컴포넌트의 일부를 다시 렌더링할 수 있다(그림 11-2).

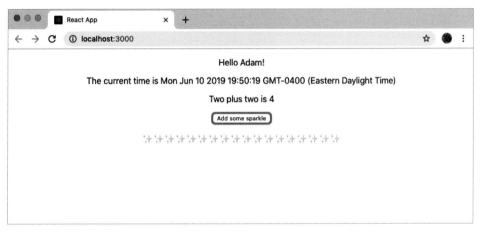

그림 11-2 버튼을 클릭하면 컴포넌트 상태를 업데이트하고 페이지에 콘텐츠가 추가된다

지금까지 create-react-app을 사용하여 새 애플리케이션을 만들고, Application 컴포넌트의 JSX를 업데이트하고, 새 컴포넌트를 만들고, 컴포넌트 상태를 선언하며, 컴포넌트를 동적으로 업데이트했다. 이러한 기본 사항에 대한 기본적인 이해를 바탕으로 리액트를 사용하여 자바스크립트로 선언적 UI를 개발할 준비가 되었다.

11.4 결론

우리는 다양한 장치 속의 사용자 인터페이스로 둘러싸여 있다. 자바스크립트와 웹 기술은 하나의 기술 세트를 사용하여 여러 플랫폼에서 이러한 인터페이스를 개발할 수 있는 최고의 기회를 제공한다. 한편 리액트 및 기타 선언적 뷰 라이브러리를 사용하면 강력하고 동적인 애플리케이션을 구축할 수 있다. 개발자는 이러한 기술의 조합을 통해 각 플랫폼에 대한 전문 지식 없이도 놀라운 것을 구축할 수 있다. 다음 장에서는 그래프QL API를 사용하여 웹, 데스크톱, 모바일 앱용 인터페이스를 구축하는 실습을 진행할 것이다.

## CHAPTER 12

리액트로 웹 클라이언트 만들기

하이퍼텍스트의 기본 개념은 서로 관련된 문서를 연결한다는 것이다. 논문 A가 논문 B를 인용하는 경우 클릭만으로 쉽게 피인용 논문을 찾자는 것이다. 1989년 CERN팀에 소프트웨어 엔지니어였던 팀 버너스 리Tim Berners-Lee는 하이퍼텍스트를 네트워크 컴퓨터와 결합하여 문서의 위치와 관계없이 누구든지 쉽게 연결을 만들 수 있게 하는 아이디어를 창안했다. 현재 우리가 볼 수 있는 사진 사이트, 뉴스 기사, 트윗, 스트리밍 비디오, 구직 사이트, 식당 리뷰는 전 세계적으로 문서를 연결한다는 단순한 아이디어에 빚을 지고 있는 것이다.

기본적으로 웹은 문서를 서로 연결하는 매체이다. 각 페이지는 HTML이며, 웹 브라우저가 HTML을 렌더링하고, CSS가 이를 스타일링하며, 자바스크립트가 이를 향상시킨다. 오늘날 이러한 기술은 개인 블로그나 소규모 브로슈어 사이트에서 복잡한 대화형 애플리케이션에 이르기까지 모든 것을 구축하는 데 쓰이고 있다. 웹의 가장 큰 장점은 보편적인 접근을 제공한다는 것이다. 누구나 웹 연결 장치와 웹 브라우저만 있으면 어떤 웹에든지 접근할 수 있는 환경을 갖추게 된다.

12.1 무엇을 만들 것인가

이번 장부터는 소셜 노트 애플리케이션을 위한 웹 클라이언트인 Notedly를 만들 것이다. 사용자는 계정을 만들고, 로그인하고, 마크다운으로 노트를 작성하고, 노트를 편집하고, 다른 사용자의 노트 피드를 보고, 다른 사용자의 노트를 '즐겨찾기'할 수 있다. 이 모든 것이 그래프QL 서버 API와의 상호작용을 통해 이루어질 것이다.

이 애플리케이션의 주요 기능은 다음과 같다.

- 사용자는 노트를 작성하고, 작성한 노트를 읽고, 업데이트하고, 삭제할 수 있다.
- 사용자는 다른 사용자가 작성한 노트의 피드를 볼 수 있고, 다른 사용자가 작성한 개별 노트를 읽을 수는 있지만 업데이트하거나 삭제할 수는 없다.
- 사용자는 계정을 만들고, 로그인하고, 로그아웃할 수 있다.
- 사용자는 자신의 프로필 정보와 다른 사용자의 공개 프로필 정보를 검색할 수 있다.
- 사용자는 다른 사용자의 노트를 즐겨찾기하고, 다른 사용자의 즐겨찾기 목록을 검색할 수 있다.

이러한 기능은 많은 배경 지식을 필요로 하지만, 이 책은 이를 부분별로 공략한다. 이러한 모든 기능을 갖춘 리액트 애플리케이션을 만드는 방법을 배우고 나면 모든 종류의 풍부한 웹 애플리케이션을 구축하는 데 적용할 수 있다.

12.2 어떻게 만들 것인가

짐작했겠지만 리액트는 이 애플리케이션을 구축하기 위한 클라이언트 측 자바스크립트 라이브러리로 쓰인다. 데이터는 그래프QL API에서 쿼리하며 데이터 쿼리, 변경, 캐싱을 돕기 위해 아폴로 클라이언트Apollo Client를 사용한다. 아폴로 클라이언트는 그래프QL 작업을 위한 오픈소스 도구의 모음이다. 이 책에서는 리액트 버전의 라이브러리를 사용하지만, 아폴로 클라이언트는 Angular.js, Vue.js, Scala.js, 네이티브 iOS, 네이티브 안드로이드 통합도 개발했다.

> **NOTE_ 다른 그래프QL 클라이언트 라이브러리**
> 이 책에서는 그래프QL 클라이언트로 아폴로를 사용하지만 아폴로가 유일한 그래프QL 클라이언트는 아니다. 페이스북의 릴레이Relay(*https://relay.dev*)와 포미더블Formiddable의 urql(*https://oreil.ly/q_deu*) 역시 널리 사용되는 그래프QL 클라이언트이다.

또한 파셀Parcel (*https://parceljs.org*)을 코드 번들러로 사용한다. 코드 번들러를 사용하면 웹 브라우저에서 사용할 수 없는 기능(예, 최신 언어 기능, 코드 모듈, 최소화)을 사용하여 자바스크립트를 작성하고 브라우저 환경에서 사용하도록 패키지화할 수 있다. 파셀은 웹팩 ^{Webpack}(*https://webpack.js.org*)과 같이 별도의 설정 없이 쓸 수 있는 애플리케이션 빌드 도구이다. 코드 분할, 개발 중 브라우저 자동 업데이트(핫 모듈 교체^{hot module replacement}라고도 한다)와 같은 많은 기능을 제공하지만, 빌드 체인을 설정할 필요는 없다. 이전 장에서 보았듯이 **create-react-app**은 웹팩을 사용하면 초기에 설정 없이 쓸 수 있는데, 파셀을 사용하면 처음부터 애플리케이션을 빌드할 수 있으며 학습을 위한 목적으로는 이쪽이 더 적합하다.

12.3 시작하기

개발을 시작하기 전에 프로젝트 스타터 파일을 컴퓨터에 복사해야 한다. 프로젝트의 소스 코드(*https://github.com/javascripteverywhere/web*)에는 애플리케이션을 개발하는 데 필요한 모든 스크립트와 타사 라이브러리에 대한 참조가 포함되어 있다. 로컬 컴퓨터에 코드를 복제하려면 터미널을 열고 프로젝트를 보관할 디렉터리로 이동한 다음 프로젝트 저장소를 깃 클론^{git clone}하자. 지금까지 이 책을 따라 API 실습을 수행했다면 이미 프로젝트 코드를 체계적으로 유지하기 위한 디렉터리를 만들었을 수도 있다.

```
# Projects 디렉터리로 이동
$ cd
$ cd Projects
$ // 아직 notedly 디렉터리가 없다면 'mkdir notedly'를 입력
$ cd notedly
$ git clone git@github.com:javascripteverywhere/web.git
$ cd web
$ npm install
```

NOTE_ 서드파티 의존성 설치하기
책의 시작 코드를 복사하고 디렉터리에서 **npm install**을 실행하면 개별 서드파티 종속성에 대해 **npm install**을 다시 실행하지 않아도 된다.

소스 코드 디렉터리는 다음과 같은 구성을 가지고 있다.

/src

책의 내용을 따라 실제 개발을 진행하는 디렉터리이다.

/solutions

이 디렉터리에는 각 장에 대한 솔루션이 포함되어 있다. 문제가 발생하면 참조하기 위한 용도이다.

/final

이 디렉터리는 최종 작업 프로젝트를 담는다.

로컬 컴퓨터에 코드가 준비되었다면 프로젝트의 .env 파일을 복사하자. 이 파일은 작업 중인 환경의 고유 환경 변수를 담는 장소이다. 예를 들어 로컬에서 작업할 때는 API의 로컬 인스턴스를 가리키지만, 앱을 배포할 때는 원격으로 배포된 API를 가리킨다. 샘플 .env 파일을 복사하려면 web 디렉터리에서 터미널에 다음을 입력하자.

```
$ cp .env.example .env
```

이제 디렉터리에 .env 파일이 나타난다. 아직 이 파일에 손을 댈 필요가 없지만 API 백엔드 개발을 진행하면서 정보를 추가할 예정이다. 프로젝트에 포함된 .gitignore 파일은 .env 파일을 실수로 커밋하지 않도록 방지해준다.

> **CAUTION_** .env 파일이 안 보여요!
> 기본적으로 운영체제는 마침표로 시작하는 파일을 숨긴다. 이러한 파일은 일반적으로 최종 사용자가 아닌 시스템에서 사용하기 때문이다. .env 파일이 보이지 않으면 텍스트 편집기에서 디렉터리를 열어보자. 파일이 편집기의 파일 탐색기에 표시될 것이다. 또는 터미널에 ls -ainto를 입력하면 현재 디렉터리의 파일이 모두 나열된다.

12.4 웹 애플리케이션 만들기

스타터 코드가 로컬로 복제되면 리액트 웹 애플리케이션을 만들 준비가 된 것이다. 먼저 src/

index.html 파일을 살펴보자. 이것은 표준인 HTML 파일로 내용이 거의 없지만, 다음 두 줄은 주목해야 한다.

```
<div id="root"></div>
<script src="./App.js"></script>
```

이 두 줄은 리액트 애플리케이션에서 매우 중요하다. root<div>는 전체 애플리케이션에 대한 컨테이너를 제공한다. 그리고 App.js 파일은 자바스크립트 애플리케이션의 시작점이 된다.

이제 src/App.js 파일에서 리액트 애플리케이션 개발을 시작할 수 있다. 이전 장에서 리액트 소개를 따라 실습했다면 익숙할 것이다. src/App.js에서는 react와 react-dom 라이브러리를 임포트한다.

```
import React from 'react';
import ReactDOM from 'react-dom';
```

이제 애플리케이션의 내용을 반환하는 App이라는 함수를 만들자. 지금은 간단하게 <div> 요소에 두 줄의 HTML만 삽입하자.

```
const App = () => {
  return (
    <div>
      <h1>Hello Notedly!</h1>
      <p>Welcome to the Notedly application</p>
    </div>
  );
};
```

> **NOTE_ div는 무슨 용도인가요?**
> 리액트가 처음이라면 <div> 태그로 컴포넌트를 둘러싸는 이유가 궁금할 수도 있다. 리액트 컴포넌트는 보통 <div> 태그인 상위 요소와 함께 포함되지만, <section>, <header>, <nav>와 같은 다른 HTML 태그와 함께 쓰일 수도 있다. HTML 태그가 컴포넌트와 무관하다고 여겨지면 대신 <React.Fragment> 또는 빈 <> 태그를 사용하여 자바스크립트 코드의 구성 요소를 포함할 수 있다.

마지막으로 리액트에 다음을 추가하여 ID가 **root**인 요소 내에서 애플리케이션을 렌더링하게 하자.

```
ReactDOM.render(<App />, document.getElementById('root'));
```

src/App.js 파일의 전체 내용은 다음과 같다.

```
import React from 'react';
import ReactDOM from 'react-dom';

const App = () => {
  return (
    <div>
      <h1>Hello Notedly!</h1>
      <p>Welcome to the Notedly application</p>
    </div>
  );
};

ReactDOM.render(<App />, document.getElementById('root'));
```

여기까지 완료했다면, 이제 웹 브라우저를 살펴보자. 터미널 애플리케이션에서 **npm run dev**를 입력하여 로컬 개발 서버를 시작하자. 코드가 번들로 제공되면 *http://localhost:1234*를 방문하여 페이지를 확인하자(그림 12-1).

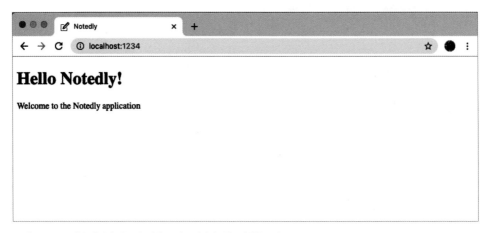

그림 12-1 브라우저에서 최초의 리액트 애플리케이션을 실행한 모습

12.5 라우팅

웹을 정의하는 기능 중 하나는 문서를 서로 연결할 수 있는 기능이다. 마찬가지로 애플리케이션은 사용자가 화면이나 페이지를 탐색하는 기능을 갖추어야 한다. 그래서 HTML 렌더링 애플리케이션은 여러 HTML 문서를 생성할 수 있어야 한다. 사용자가 새 문서를 탐색할 때마다 이전의 페이지와 머리글 또는 바닥글과 같은 공유 요소가 있더라도 전체 문서가 다시 로드된다.

자바스크립트 애플리케이션은 클라이언트 측 라우팅을 사용할 수 있다. 이것은 여러 면에서 HTML 링크와 유사하다. 사용자가 링크를 클릭하면 URL이 업데이트되고 새 화면으로 이동한다. 차이가 있다면, 애플리케이션은 변경된 내용으로만 페이지를 업데이트한다는 것이다. 이 방식은 페이지 새로 고침이 아니기 때문에 '앱과 유사'한 매끄러운 경험을 제공한다.

리액트에서 가장 일반적으로 사용되는 라우팅 라이브러리는 리액트 라우터React Router(*https://oreil.ly/MhQQR*)이다. 이 라이브러리를 사용하면 리액트 웹 애플리케이션에 라우팅 기능을 추가할 수 있다. 애플리케이션에 라우팅을 도입하기 위해 먼저 src/pages 디렉터리를 만들고 다음 파일을 추가하자.

- */src/pages/index.js*
- */src/pages/home.js*
- */src/pages/mynotes.js*
- */src/pages/favorites.js*

home.js, mynotes.js, favorite.js 파일은 개별 페이지 컴포넌트가 된다. 여기에서 effect 훅을 사용하는데, 이는 사용자가 페이지를 탐색할 때 문서 제목을 업데이트한다.

src/pages/home.js의 코드는 다음과 같다.

```
import React from 'react';

const Home = () => {
  return (
    <div>
      <h1>Notedly</h1>
      <p>This is the home page</p>
    </div>
  );
```

```
  };

  export default Home;
```

src/pages/mynotes.js의 코드는 다음과 같다.

```
  import React, { useEffect } from 'react';

  const MyNotes = () => {
    useEffect(() => {
      // 문서 제목 업데이트
      document.title = 'My Notes - Notedly';
    });

    return (
      <div>
        <h1>Notedly</h1>
        <p>These are my notes</p>
      </div>
    );
  };

  export default MyNotes;
```

src/pages/favorites.js의 코드는 다음과 같다.

```
  import React, { useEffect } from 'react';

  const Favorites = () => {
    useEffect(() => {
      // 문서 제목 업데이트
      document.title = 'Favorites - Notedly';
    });

    return (
      <div>
        <h1>Notedly</h1>
        <p>These are my favorites</p>
      </div>
    );
  };
```

```
export default Favorites;
```

NOTE_ useEffect

앞의 예에서는 리액트의 useEffect 훅을 사용하여 페이지 제목을 설정한다. Effect 훅을 사용하면 컴포넌트 자체와는 관련이 없는 것도 업데이트함으로써 컴포넌트에 부작용을 일으킬 수도 있다. 여기에 관심이 있다면 리액트 문서 중 Effect 훅에 대한 자세한 내용(*https://oreil.ly/VkpTZ*)을 살펴보자.

이제 src/pages/index.js에서 리액트 라우터 및 react-router-dom 패키지를 사용하여 웹 브라우저 라우팅에 필요한 메서드를 가져오자.

```
import React from 'react';
import { BrowserRouter as Router, Route } from 'react-router-dom';
```

다음으로 방금 만든 페이지 컴포넌트를 가져오자.

```
import Home from './home';
import MyNotes from './mynotes';
import Favorites from './favorites';
```

마지막으로, 생성한 각 페이지 컴포넌트를 특정 URL이 있는 경로로 지정하자. 'Home' 경로에 exact를 사용하면 home 컴포넌트가 루트 URL에 대해서만 렌더링된다.

```
const Pages = () => {
  return (
    <Router>
      <Route exact path="/" component={Home} />
      <Route path="/mynotes" component={MyNotes} />
      <Route path="/favorites" component={Favorites} />
    </Router>
  );
};

export default Pages;
```

완성된 src/pages/index.js 파일은 다음과 같은 형태를 가질 것이다.

```javascript
// 리액트 및 라우팅 의존성 임포트
import React from 'react';
import { BrowserRouter as Router, Route } from 'react-router-dom';

// 라우팅 임포트
import Home from './home';
import MyNotes from './mynotes';
import Favorites from './favorites';

// 라우팅 정의
const Pages = () => {
  return (
    <Router>
      <Route exact path="/" component={Home} />
      <Route path="/mynotes" component={MyNotes} />
      <Route path="/favorites" component={Favorites} />
    </Router>
  );
};

export default Pages;
```

마지막으로, 경로를 사용하기 위해 임포트하고 컴포넌트를 렌더링하도록 src/App.js 파일을 업데이트하자.

```javascript
import React from 'react';
import ReactDOM from 'react-dom';

// 라우팅 임포트
import Pages from '/pages';

const App = () => {
  return (
    <div>
      <Pages />
    </div>
  );
};

ReactDOM.render(<App />, document.getElementById('root'));
```

이제 웹 브라우저에서 URL을 수동으로 업데이트하면 각 컴포넌트를 볼 수 있다. 예를 들어 *http://localhost:1234/favorites*를 입력하여 'favorites' 페이지를 렌더링할 수 있다.

12.5.1 링크하기

페이지를 만들었지만 페이지를 서로 연결하는 핵심 컴포넌트가 누락되어 있으므로, 홈페이지에서 다른 페이지로 연결되는 링크를 추가해야 한다. 이를 위해 리액트 라우터의 Link 컴포넌트를 사용할 것이다.

src/pages/home.js를 다음과 같이 편집하자.

```
import React from 'react';
// react-router로부터 Link 컴포넌트 임포트
import { Link } from 'react-router-dom';

const Home = () => {
  return (
    <div>
      <h1>Notedly</h1>
      <p>This is the home page</p>
      { /* add a list of links */ }
      <ul>
        <li>
          <Link to="/mynotes">My Notes</Link>
        </li>
        <li>
          <Link to="/favorites">Favorites</Link>
        </li>
      </ul>
    </div>
  );
};

export default Home;
```

이를 통해 애플리케이션을 탐색할 수 있다. 홈페이지에서 링크 중 하나를 클릭하면 해당 페이지 컴포넌트로 이동한다. [뒤로], [앞으로] 버튼과 같은 핵심 브라우저 탐색 기능도 계속 작동할 것이다.

12.6 UI 컴포넌트

개별 페이지 컴포넌트를 성공적으로 만들었으면 해당 페이지 컴포넌트를 탐색할 수 있다. 페이지를 작성할 때 헤더 및 사이트 전체 탐색과 같은 몇 가지 공유 사용자 인터페이스 요소가 있다. 이 요소들이 사용될 때마다 이 요소들을 다시 쓰는 것은 그리 효율적이지 않으며 상당히 성가실 것이다. 대신 재사용 가능한 인터페이스 구성 요소를 작성하여 필요할 때마다 인터페이스로 가져올 수 있다. 실제로 UI를 작은 구성 요소로 구성한 것으로 생각하는 것은 리액트의 핵심 테넌트 중 하나이며 프레임워크를 파악하는 데 있어 획기적인 일이다.

애플리케이션의 헤더 및 탐색 컴포넌트를 만들자. 먼저 src 디렉터리 내에 components라는 새 디렉터리를 만들어보자. src/components 디렉터리 내에 Header.js와 Navigation.js라는 두 개의 새로운 파일을 만든다. 리액트 컴포넌트는 대문자로 표기해야 하므로 파일 이름을 대문자로 표기하는 일반적인 규칙을 따른다.

src/components/Header.js에 헤더 컴포넌트를 작성하는 것으로 시작하겠다. 이를 위해 logo.svg 파일을 가져와서 해당 구성 요소에 해당하는 마크업을 추가한다.

```
import React from 'react';
import logo from '../img/logo.svg';

const Header = () => {
  return (
    <header>
      <img src={logo} alt="Notedly Logo" height="40" />
      <h1>Notedly</h1>
    </header>
  );
};

export default Header;
```

탐색 컴포넌트의 경우 리액트 라우터의 링크 기능을 가져와서 정렬되지 않은 링크 목록을 표시한다. src/components/Navigation.js를 다음과 같이 편집하자.

```
import React from 'react';
import { Link } from 'react-router-dom';
```

```
const Navigation = () => {
  return (
    <nav>
      <ul>
        <li>
          <Link to="/">Home</Link>
        </li>
        <li>
          <Link to="/mynotes">My Notes</Link>
        </li>
        <li>
          <Link to="/favorites">Favorites</Link>
        </li>
      </ul>
    </nav>
  );
};

export default Navigation;
```

스크린샷에는 이모티콘 아이콘이 탐색 아이콘으로 포함되어 있음을 알 수 있다. 동일한 방식으로 이모티콘 문자를 포함하기 위한 접근 가능한 마크업은 다음과 같다.

```
<span aria-hidden="true" role="img">
  <!-- emoji character -->
</span>
```

헤더 및 탐색 구성 요소가 완성되면 이제 애플리케이션 내에서 사용할 수 있다. 컴포넌트를 포함하도록 src/pages/home.js 파일을 업데이트하자. 먼저 가져와서 JSX 마크업에 컴포넌트를 포함시키자.

src/pages/home.js는 이제 다음과 같이 보일 것이다(그림 12-2).

```
import React from 'react';

import Header from '../components/Header';
import Navigation from '../components/Navigation';

const Home = () => {
  return (
```

```
    <div>
      <Header />
      <Navigation />
      <p>This is the home page</p>
    </div>
  );
};


export default Home;
```

그림 12-1 리액트 컴포넌트를 통해 공유 가능한 UI 기능을 쉽게 작성할 수 있다

애플리케이션 전체에서 공유 가능한 컴포넌트를 만들려면 이것이 전부이다. UI 내에서 구성 요소를 사용하는 방법에 대한 자세한 내용은 리액트 문서 중 「Thinking in React」를 읽어보기를 권장한다(*https://oreil.ly/n6o1Z*).

12.7 결론

웹은 애플리케이션 배포를 위한 최고의 매체이다. 실시간 접근을 배포할 수 있는 개발자의 기능과 범용 접근을 결합한다. 이 장에서는 리액트에서 자바스크립트 웹 애플리케이션의 기초를 구축했다. 다음 장에서는 리액트 컴포넌트와 CSS-in-JS를 사용하여 앱에 레이아웃과 스타일을 추가할 것이다.

## CHAPTER 13

애플리케이션에 스타일 입히기

엘비스 코스텔로Elvis Costello는 1978년 발표곡 〈Lip Service〉에서 "나보다 우월한 척 굴지 말고 네 신발이나 봐(don't act like you're above me, just look at your shoes.)"라고 경고 했다. 이 가사는 화자가 옷을 얼마나 세련되게 입었는지에 상관없이 누군가의 신발만 보고서 도 사회적 지위가 높아지는 것을 감지할 수 있음을 의미한다. 스타일은 인간 문화의 중요한 일 부이며, 우리는 모두 이러한 유형의 사회적 신호를 선택하는 데 익숙하다. 고고학자들은 심지 어 구석기 시대의 인간이 뼈, 치아, 열매, 돌을 가지고 목걸이와 팔찌를 만들었다는 것을 발견 했다. 우리의 옷은 신체를 보호하는 기능적 목적을 제공할 뿐만 아니라 우리의 문화, 사회적 지 위, 관심사 등에 대한 정보를 다른 사람들에게 전달할 수도 있다.

웹 애플리케이션 자체에는 웹의 기본 스타일을 넘어서는 기능이 없지만, CSS를 적용하면 사용 자와 보다 명확하게 통신할 수 있다. 이 장에서는 CSS-in-JS 스타일드 컴포넌트 라이브러리 를 사용하여 애플리케이션에 레이아웃과 스타일을 입히는 방법을 살펴볼 것이다. 이를 통해 유 지 관리 가능한 컴포넌트 기반의 코드 구조 내에서 보다 유용하고, 심미적으로 즐거운 애플리 케이션을 만들 수 있다.

13.1 레이아웃 컴포넌트 생성하기

애플리케이션의 페이지는 대부분 공통 레이아웃을 공유한다. 예를 들어, 애플리케이션의 모든 페이지에는 헤더, 사이드 바, 콘텐츠 영역이 있다(그림 13-1). 각 페이지 컴포넌트 내에서 공유 레이아웃 요소를 가져오는 대신 레이아웃 전용 컴포넌트를 만들어 그 안에 각 페이지 컴포넌트를 넣을 수 있다.

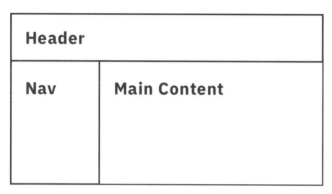

그림 13-1 페이지 레이아웃의 와이어프레임

컴포넌트를 만들려면 먼저 src/components/Layout.js에 새 파일을 만들자. 이 파일 내에서 공유 컴포넌트를 가져와 콘텐츠를 배치한다. 리액트의 컴포넌트 함수는 children 속성을 받게 되며, 레이아웃에서 자식 콘텐츠가 나타날 위치를 지정할 수 있다. 또한 빈 <React.Fragment> JSX 요소를 사용하여 불필요한 마크업을 피할 수 있다.

src/components/Layout.js에서 컴포넌트를 만들어보자.

```
import React from 'react';

import Header from './Header';
import Navigation from './Navigation';

const Layout = ({ children }) => {
  return (
    <React.Fragment>
      <Header />
      <div className="wrapper">
        <Navigation />
        <main>{children}</main>
      </div>
    </React.Fragment>
  );
```

```
};

export default Layout;
```

이제 `src/pages/index.js` 파일 내에서 새로 작성된 Layout 컴포넌트로 페이지 컴포넌트를 래핑하여 공유 레이아웃을 각 페이지에 적용할 수 있다.

```
// 리액트 및 라우팅 의존성 임포트
import React from 'react';
import { BrowserRouter as Router, Route } from 'react-router-dom';

// 공유 레이아웃 컴포넌트 임포트
import Layout from '../components/Layout';

// 라우팅 임포트
import Home from './home';
import MyNotes from './mynotes';
import Favorites from './favorites';

// 라우팅 정의
const Pages = () => {
  return (
    <Router>
      {/* Wrap our routes within the Layout component */}
      <Layout>
        <Route exact path="/" component={Home} />
        <Route path="/mynotes" component={MyNotes} />
        <Route path="/favorites" component={Favorites} />
      </Layout>
    </Router>
  );
};

export default Pages;
```

마지막 단계는 페이지 컴포넌트에서 `<Header>` 또는 `<Navigation>`의 인스턴스를 제거하는 것이다. 예를 들어, `src/pages/Home.js` 파일의 코드는 다음과 같다.

```
import React from 'react';

const Home = () => {
```

```
  return (
    <div>
      <p>This is the home page</p>
    </div>
  );
};

export default Home;
```

이 작업을 완료하면 브라우저에서 애플리케이션을 볼 수 있다. 경로를 탐색하면 각 페이지에 헤더 및 탐색 링크가 표시된다. 현재는 스타일이 지정되지 않았으며 페이지에 시각적 레이아웃이 없다. 다음 절에서 스타일 추가에 대해 살펴보자.

13.2 CSS

CSS(캐스케이딩 스타일 시트^{Cascading Style Sheet})는 그 이름이 설명하는 그대로, 웹 스타일을 작성할 수 있는 규칙의 세트이다. '캐스케이드' 스타일은 마지막, 또는 가장 구체적으로 정의된 스타일이 렌더링됨을 의미한다. 예를 들면 다음과 같다.

```
p {
  color: green
}

p {
  color: red
}
```

이 CSS는 모든 단락을 빨간색으로 렌더링하여 `color: green` 규칙을 더 이상 사용하지 않는다. 이것은 간단한 아이디어지만, 함정을 피하는 데 도움이 되는 수십 가지 패턴과 기술을 진화시켰다. BEM[block element modifier], OOCSS[object-oriented CSS], Atomic CSS와 같은 CSS 구조 기술은 규범 스타일을 돕기 위해 규범적 클래스 명명을 사용한다. SASS[syntaxtically awesome stylesheets], Less[lean stylesheets]와 같은 전처리기는 CSS 구문을 단순화하고 모듈 파일을 가능하게 한다. 각각의 장점이 있지만 CSS-in-JS는 리액트나 기타 자바스크립트 기반 애플리케이션 개발을 위한 훌륭한 사용 사례를 보여준다.

13.2.1 CSS-in-JS

CSS-in-JS를 처음 접했을 때 필자의 초기 반응은 '공포'에 가까웠다. 필자는 웹 표준 시대에 웹 개발 경력을 쌓아왔고, 웹 개발을 위한 접근성과 실용적, 점진적 향상을 계속 옹호한다. '문제의 분리Separation of concerns'는 10년 넘게 웹 개발 업계의 핵심적인 사상이었다. 필자와 같이 'CSS-in-JS'를 읽는 것만으로 지저분한 느낌을 받는다면, 여러분은 혼자가 아니다. 그러나 필자는 CSS-in-JS를 조금 써보고 나서 곧바로 두 손을 들었다. CSS-in-JS를 사용하면 사용자 인터페이스를 일련의 컴포넌트로 쉽게 생각할 수 있다. 몇 년 동안 구조 기술과 CSS 전처리기의 조합으로 시도했던 것이 손쉽게 해결된 것이다.

이 책에서는 CSS-in-JS 라이브러리로 스타일드 컴포넌트Styled Components(*https://www.styled-components.com*)를 사용한다. 스타일드 컴포넌트는 빠르고 유연하며, 활발한 개발이 이루어지는 동시에, 가장 인기 있는 CSS-in-JS 라이브러리이다. 에어비앤비, 레딧, 패트리온, 레고, BBC 뉴스, 아틀라시안과 같은 회사에서도 널리 쓰이고 있다.

스타일드 컴포넌트 라이브러리는 자바스크립트의 템플릿 리터럴 문법을 사용하여 요소의 스타일을 정의할 수 있게 한다. HTML 요소와 관련 스타일을 참조하는 자바스크립트 변수를 생성할 수 있는 것이다. 상당히 추상적으로 느껴질 수 있으므로, 간단한 예를 살펴보자.

```
import React from 'react';
import styled from 'styled-components'

const AlertParagraph = styled.p`
```

```
    color: green;
';

const ErrorParagraph = styled.p'
  color: red;
';

const Example = () => {
  return (
    <div>
      <AlertParagraph>This is green.</AlertParagraph>
      <ErrorParagraph>This is red.</ErrorParagraph>
    </div>
  );
};

export default Example;
```

보다시피 쉽게 스타일의 범위를 지정할 수 있다. 또한 스타일을 특정 컴포넌트에 적용할 수도 있다. 이를 통해 애플리케이션의 다른 부분에서 클래스 이름 충돌을 피할 수 있다.

13.2.2 버튼 컴포넌트 생성하기

스타일이 지정된 컴포넌트에 대한 기본 지식을 갖추었으므로, 이제 이를 애플리케이션에 통합해보자. 먼저 <button> 요소에 몇 가지 스타일을 작성하여 애플리케이션 전체에서 컴포넌트를 재사용할 수 있게 해보자. 이전 예제에서는 스타일을 React/JSX 코드와 함께 통합했지만 독립형 스타일드 컴포넌트를 작성할 수도 있다. 이를 시작하려면 src/components/Button.js에 새 파일을 만들고, styled-components에서 스타일 라이브러리를 임포트하고, 익스포트할 수 있는 컴포넌트를 템플릿 리터럴로 설정하자.

```
import styled from 'styled-components';

const Button = styled.button'
  /* 스타일은 이곳에 */
';

export default Button;
```

컴포넌트가 자리를 잡으면 스타일을 채울 수 있다. 다음과 같이 몇 가지 기준 버튼 스타일과 호버 상태, 활성 상태 스타일을 추가하자.

```
import styled from 'styled-components';

const Button = styled.button`
  display: block;
  padding: 10px;
  border: none;
  border-radius: 5px;
  font-size: 18px;
  color: #fff;
  background-color: #0077cc;
  cursor: pointer;

  :hover {
    opacity: 0.8;
  }

  :active {
    background-color: #005fa3;
  }
`;

export default Button;
```

이제 애플리케이션 전체에서 버튼을 사용할 수 있다. 예를 들어, 애플리케이션의 홈페이지에서 사용하기 위해 컴포넌트를 임포트하면 일반적으로 `<button>`을 사용하는 위치에서 `<Button>` 요소를 사용할 수 있다.

src/pages/home.js을 다음과 같이 편집하자.

```
import React from 'react';

import Button from '../components/Button';

const Home = () => {
  return (
    <div>
      <p>This is the home page</p>
```

```
      <Button>Click me!</Button>
    </div>
  );
};


export default Home;
```

이렇게 애플리케이션의 어느 곳에서나 사용할 수 있는 스타일드 컴포넌트를 작성했다. 이를 사용하면 스타일을 쉽게 찾고, 코드베이스에서 스타일을 변경할 수 있기 때문에 유지 관리에 좋다. 또한 스타일드 컴포넌트를 마크업과 결합하면, 작고 재사용 가능하며 유지 관리 가능한 컴포넌트를 만들 수 있다.

13.2.3 글로벌 스타일 추가하기

많은 스타일이 개별 컴포넌트에 포함되어 있지만 모든 사이트나 애플리케이션에는 CSS 재설정, 글꼴 및 기본 색상과 같은 글로벌 스타일 세트가 있다. 이러한 스타일을 수용하기 위해 GlobalStyle.js 컴포넌트를 만들 수 있다.

특정 HTML 요소에 첨부된 스타일이 아닌 스타일 시트를 작성하므로 이전 예제와 약간 다르게 보일 것이다. 이를 위해 styled-components에서 createGlobalStyle 모듈을 임포트한다. 또한 브라우저에서 HTML 요소를 일관되게 렌더링하기 위해 normalize.css 라이브러리를 임포트한다. 마지막으로 애플리케이션의 HTML body와 기본 링크 스타일에 대한 글로벌 규칙을 추가한다.

src/components/GlobalStyle.js을 다음과 같이 편집하자.

```
// createGlobalStyle 및 normalize 임포트
import { createGlobalStyle } from 'styled-components';
import normalize from 'normalize.css';

// CSS를 JS 템플릿 리터럴로 작성 가능
export default createGlobalStyle'
  ${normalize}

  *, *:before, *:after {
    box-sizing: border-box;
```

```
      }

  body,
  html {
    height: 100%;
    margin: 0;
  }

  body {
    font-family: -apple-system, BlinkMacSystemFont, 'Segoe UI', Roboto,
      Oxygen-Sans, Ubuntu, Cantarell, 'Helvetica Neue', sans-serif;
    background-color: #fff;
    line-height: 1.4;
  }

  a:link,
  a:visited {
    color: #0077cc;
  }

  a:hover,
  a:focus {
    color: #004499;
  }

  code,
  pre {
    max-width: 100%;
  }
';
```

이러한 스타일을 적용하려면 App.js 파일로 가져와서 <GlobalStyle/> 요소를 애플리케이션에 추가해야 한다.

```
import React from 'react';
import ReactDOM from 'react-dom';

// 글로벌 스타일 임포트
import GlobalStyle from '/components/GlobalStyle';
// 라우팅 임포트
import Pages from '/pages';
```

```
const App = () => {
  return (
    <div>
      <GlobalStyle />
      <Pages />
    </div>
  );
};


ReactDOM.render(<App />, document.getElementById('root'));
```

이를 통해 애플리케이션에 글로벌 스타일이 적용된다. 브라우저에서 앱을 미리 보면 서체가 변경되고, 링크의 스타일이 바뀌며 여백이 제거된 것을 볼 수 있다(그림 13-2).

그림 13-2 글로벌 스타일을 적용한 애플리케이션

13.2.4 컴포넌트 스타일

애플리케이션에 글로벌 스타일을 일부 적용했으니, 다음으로 개별 컴포넌트의 스타일 작업을 시작할 수 있다. 이를 위해 애플리케이션의 전체 레이아웃을 알아보자. 스타일이 지정된 각 컴포넌트에 대해 먼저 styled-components에서 styled 라이브러리를 가져온다. 그런 다음 일부 요소 스타일을 변수로 정의한다. 마지막으로 리액트 컴포넌트의 JSX 내에서 해당 요소를 사용한다.

> **NOTE_ 스타일드 컴포넌트 명명법**
> HTML 요소와의 충돌을 피하려면 스타일드 컴포넌트의 이름에 대문자를 사용해야 한다.

src/components/Layout.js부터 시작해보자. 여기서 애플리케이션 레이아웃을 위해 <div>
및 <main> 태그에 스타일을 추가한다.

```javascript
import React from 'react';
import styled from 'styled-components';

import Header from './Header';
import Navigation from './Navigation';

// 컴포넌트 스타일
const Wrapper = styled.div`
  /* 스타일드 컴포넌트 내에 media 쿼리 스타일 적용 가능 */
  /* 700px 이상 스크린 레이아웃에만 적용 */
  @media (min-width: 700px) {
    display: flex;
    top: 64px;
    position: relative;
    height: calc(100% - 64px);
    width: 100%;
    flex: auto;
    flex-direction: column;
  }
`;

const Main = styled.main`
  position: fixed;
  height: calc(100% - 185px);
  width: 100%;
  padding: 1em;
  overflow-y: scroll;
  /* 이번에도 700px 이상 화면에 media 쿼리 스타일 적용 */
  @media (min-width: 700px) {
    flex: 1;
    margin-left: 220px;
    height: calc(100% - 64px);
    width: calc(100% - 220px);
  }
`;

const Layout = ({ children }) => {
  return (
    <React.Fragment>
      <Header />
```

```
      <Wrapper>
        <Navigation />
        <Main>{children}</Main>
      </Wrapper>
    </React.Fragment>
  );
};

export default Layout;
```

Layout.js 컴포넌트가 완성되면 Header.js 및 Navigation.js 파일에 몇 가지 스타일을 추가할 수 있다.

src/components/Header.js를 다음과 같이 업데이트하자.

```
import React from 'react';
import styled from 'styled-components';
import logo from '../img/logo.svg';

const HeaderBar = styled.header`
  width: 100%;
  padding: 0.5em 1em;
  display: flex;
  height: 64px;
  position: fixed;
  align-items: center;
  background-color: #fff;
  box-shadow: 0 0 5px 0 rgba(0, 0, 0, 0.25);
  z-index: 1;
`;

const LogoText = styled.h1`
  margin: 0;
  padding: 0;
  display: inline;
`;

const Header = () => {
  return (
    <HeaderBar>
      <img src={logo} alt="Notedly Logo" height="40" />
      <LogoText>Notedly</LogoText>
```

```
    </HeaderBar>
  );
};


export default Header;
```

마지막으로 src/components/Navigation.js를 다음과 같이 업데이트하자.

```
import React from 'react';
import { Link } from 'react-router-dom';
import styled from 'styled-components';

const Nav = styled.nav`
  padding: 1em;
  background: #f5f4f0;

  @media (max-width: 700px) {
    padding-top: 64px;
  }

  @media (min-width: 700px) {
    position: fixed;
    width: 220px;
    height: calc(100% - 64px);
    overflow-y: scroll;
  }
`;

const NavList = styled.ul`
  margin: 0;
  padding: 0;
  list-style: none;
  line-height: 2;

  /* 스타일드 컴포넌트 내에 스타일 중첩 가능 */
  /* 다음 스타일은 NavList 컴포넌트 내의 Links에 적용 */
  a {
    text-decoration: none;
    font-weight: bold;
    font-size: 1.1em;
    color: #333;
  }
```

```
    a:visited {
      color: #333;
    }

    a:hover,
    a:focus {
      color: #0077cc;
    }
  ';

  const Navigation = () => {
    return (
      <Nav>
        <NavList>
          <li>
            <Link to="/">Home</Link>
          </li>
          <li>
            <Link to="/mynotes">My Notes</Link>
          </li>
          <li>
            <Link to="/favorites">Favorites</Link>
          </li>
        </NavList>
      </Nav>
    );
  };

  export default Navigation;
```

이러한 스타일을 적용하면 이제 완전한 스타일을 갖춘 애플리케이션을 갖게 된다(그림 13-3). 앞으로 개별 컴포넌트를 만들 때도 스타일을 적용할 수 있다.

그림 13-3 스타일을 적용한 애플리케이션

13.3 결론

이 장에서는 애플리케이션에 레이아웃과 스타일을 도입해보았다. CSS-in-JS 라이브러리의 스타일드 컴포넌트를 사용하면 간결하고 범위가 지정된 CSS 스타일을 작성할 수 있다. 그런 다음 이러한 스타일을 개별 컴포넌트나 전체 애플리케이션에 적용할 수 있다. 다음 장에서는 그래프QL 클라이언트를 구현하고 API를 호출하여 완전한 기능을 갖춘 애플리케이션을 향해 한 걸음 더 내디딜 것이다.

## CHAPTER 14

아폴로 클라이언트로 작업하기

처음으로 인터넷에 접속하던 순간을 아직도 생생하게 기억한다. 컴퓨터의 모뎀이 인터넷 서비스 제공업체(ISP)에 연결된 지역번호로 전화를 걸면, 전화가 연결되고 웹이 펼쳐졌다. 당시에는 마법 같은 경험이었지만, 오늘날 우리가 사용하는 즉각적인 상시 연결과는 거리가 멀었다. 그 당시 인터넷 연결의 절차는 다음과 같았다.

1. 컴퓨터에 앉아 ISP 소프트웨어를 실행한다.
2. 연결을 클릭하고, 모뎀이 번호를 누를 때까지 기다린다.
3. 연결에 성공하면 영광의 '모뎀 소리'를 감상한다. 모종의 이유로 실패한다면(회선에 과부하가 걸리거나 사용량이 많은 피크 시간이거나) 다시 시도하자.
4. 연결되면 성공 알림을 받고, GIF로 가득 찬 90년대 영광의 웹을 탐색한다.

돌이켜 보면 아주 고된 절차인 것 같다. 하지만 서비스가 서로 통신하는 방식의 근본은 지금도 유효하다. 연결을 요청하고, 연결을 맺고, 요청을 보내고, 무언가를 반환받는 것이다. 우리의 클라이언트 애플리케이션도 같은 방식으로 작동한다. 먼저 서버 API 애플리케이션에 연결하고, 연결에 성공하면 해당 서버에 무엇인가를 요청하는 것이다.

이번 장에서는 아폴로 클라이언트를 사용하여 API에 연결할 것이다. 연결되면 그래프QL 쿼리를 작성하여 페이지에 데이터를 표시할 것이다. 또한 API 쿼리와 인터페이스 컴포넌트에서 페이지네이션을 소개할 것이다.

14.1 아폴로 클라이언트 셋업

아폴로 클라이언트도 아폴로 서버와 마찬가지로 자바스크립트 UI 애플리케이션 내에서 그래프QL 작업을 단순화하는 유용한 여러 기능을 제공한다. 아폴로 클라이언트는 웹 클라이언트를 API, 로컬 캐싱, 그래프QL 구문, 로컬 상태 관리 등에 연결하기 위한 라이브러리를 제공한다. 또한 리액트 외에도 Vue, Angular, Meteor, Ember, 웹 컴포넌트용 라이브러리를 제공한다.

아폴로 클라이언트를 셋업하려면 먼저 `.env` 파일에 로컬 API URI에 대한 참조가 포함되도록 해야 한다. 이를 통해 개발 시 로컬 API 인스턴스를 사용할 수 있으며 애플리케이션을 퍼블릭 웹 서버에 배포할 때 제품 API를 가리킬 수 있다. `.env` 파일에는 로컬 API 서버 주소와 함께 `API_URI` 변수가 있어야 한다.

```
API_URI=http://localhost:4000/api
```

우리가 사용하는 코드 번들러인 파셀은 `.env` 파일과 자동으로 작동하도록 설정되어 있다. 코드에서 `.env` 변수를 참조하려는 경우 언제든지 `process.env.VARIABLE_NAME`을 사용할 수 있다. 이를 통해 로컬 개발 환경, 프로덕션 환경, 그리고 그 외의 필요한 환경(스테이징 또는 CI 환경)에서 고유한 값을 사용할 수 있다.

주소가 환경 변수에 저장되면 웹 클라이언트를 API 서버에 연결할 준비가 된 것이다. `src/App.js` 파일에서 작업하려면 먼저 사용할 아폴로 패키지를 임포트해야 한다.

```
// 아폴로 클라이언트 라이브러리 임포트
import { ApolloClient, ApolloProvider, InMemoryCache } from '@apollo/client';
```

이제 새 아폴로 클라이언트 인스턴스를 설정하고, 여기에 API URI를 전달하고, 캐시를 시작하고, 로컬 아폴로 개발자 도구를 사용할 수 있다.

```
// API URI 및 캐시 설정
const uri = process.env.API_URI;
const cache = new InMemoryCache();

// 아폴로 클라이언트 설정
const client = new ApolloClient({
  uri,
  cache,
  connectToDevTools: true
});
```

마지막으로, 리액트 애플리케이션을 ApolloProvider로 래핑해서 아폴로 클라이언트에 연결할 수 있다. 비어 있는 <div> 태그를 <ApolloProvider>로 바꾸고 클라이언트를 연결하자.

```
const App = () => {
  return (
    <ApolloProvider client={client}>
      <GlobalStyle />
      <Pages />
    </ApolloProvider>
  );
};
```

전체 src/App.js 파일은 다음과 같다.

```
import React from 'react';
import ReactDOM from 'react-dom';

// 아폴로 클라이언트 라이브러리 임포트
import { ApolloClient, ApolloProvider, InMemoryCache } from '@apollo/client';

// 글로벌 스타일
import GlobalStyle from '/components/GlobalStyle';
// 라우팅 임포트
import Pages from '/pages';

// API URI 및 캐시 설정
```

```
const uri = process.env.API_URI;
const cache = new InMemoryCache();

// 아폴로 클라이언트 설정
const client = new ApolloClient({
  uri,
  cache,
  connectToDevTools: true
});

const App = () => (
  <ApolloProvider client={client}>
    <GlobalStyle />
    <Pages />
  </ApolloProvider>
);

ReactDOM.render(<App />, document.getElementById('root'));
```

클라이언트가 API 서버에 연결되면 그래프QL 쿼리와 뮤테이션을 애플리케이션에 통합할 수 있다.

14.2 API에 쿼리하기

API에 대한 쿼리는 곧 데이터를 요청하는 행위이다. UI 클라이언트에서는 쿼리를 통해 받은 데이터를 사용자에게 표시해야 한다. 아폴로를 사용하면 데이터를 가져오는 쿼리를 작성할 수 있고, 여기에 리액트 컴포넌트를 업데이트하면 사용자에게 데이터를 표시할 수 있다. 이제부터 noteFeed 쿼리를 함께 만들어보면서 쿼리의 사용법을 알아보자. noteFeed 쿼리는 최신 노트의 피드를 사용자에게 반환하고 애플리케이션의 홈페이지에 표시하는 쿼리이다.

쿼리를 처음 작성할 때는 다음과 같은 절차를 따르는 것이 좋다.

1. 쿼리가 반환해야 하는 데이터를 고려하자.
2. 그래프QL 플레이그라운드에 쿼리를 작성하자.
3. 클라이언트 애플리케이션에 쿼리를 통합하자.

noteFeed 쿼리 역시 이러한 절차를 따라 작성해보자. 책의 앞부분에서도 다루었다시피 noteFeed 쿼리는 마지막으로 반환된 노트의 위치를 나타내는 cursor와 함께 10개의 노트 목록과 불러올 노트가 더 있는지를 나타내는 불리언 값 hasNextPage를 반환한다. 그래프QL 플레이그라운드 내에서 스키마와 사용 가능한 모든 데이터 옵션을 볼 수 있다. 쿼리에는 다음과 같은 정보가 필요할 것이다.

```
{
  cursor
  hasNextPage
  notes {
    id
    createdAt
    content
    favoriteCount
    author {
      id
      username
      avatar
    }
  }
}
```

이제 그래프QL 플레이그라운드에서 이를 그래프QL 쿼리로 구체화할 수 있다. 쿼리 이름을 지정하고 cursor라는 선택적 변수를 제공하여 이전 장에서 만든 쿼리보다 조금 더 자세하게 작성해보자. 그래프QL 플레이그라운드를 사용하려면 먼저 API 서버가 실행 중인지 확인한 다음 *http://localhost:4000/api*를 열자. 그래프QL 플레이그라운드에서 다음 쿼리를 추가하자.

```
query noteFeed($cursor: String) {
    noteFeed(cursor: $cursor) {
      cursor
      hasNextPage
      notes {
        id
        createdAt
        content
        favoriteCount
        author {
          username
```

```
              id
              avatar
          }
        }
      }
    }
```

그래프QL 플레이그라운드에서 'quary variable(쿼리 변수)'를 추가하여 변수 사용을 테스트하자.

```
{
  "cursor": ""
}
```

이 변수를 테스트하려면 비어 있는 문자열을 데이터베이스에 있는 노트의 ID 값으로 바꾸자(그림 14-1).

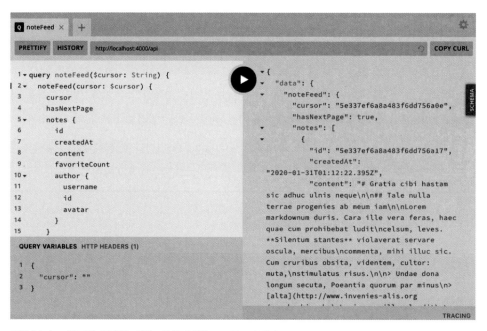

그림 14-1 그래프QL 플레이그라운드에서 작성한 noteFeed 쿼리

쿼리를 올바르게 작성했으니, 웹 애플리케이션에 쿼리를 통합할 수 있다. `src/pages/home.js`

파일에서 @apollo/client의 gql 라이브러리(그래프QL 문법을 담고 있다)와 useQuery 라이브러리를 임포트하자.

```
// 필요한 라이브러리 임포트
import { useQuery, gql } from '@apollo/client';

// 변수로 저장한 그래프QL 쿼리
const GET_NOTES = gql'
  query NoteFeed($cursor: String) {
    noteFeed(cursor: $cursor) {
      cursor
      hasNextPage
      notes {
        id
        createdAt
        content
        favoriteCount
        author {
          username
          id
          avatar
        }
      }
    }
  }
';
```

이제 쿼리를 리액트 애플리케이션에 통합할 수 있다. 이를 위해 그래프QL 쿼리 문자열을 아폴로의 useQuery 리액트 훅에 전달한다. 혹은 다음 값 중 하나를 포함하는 객체를 반환한다.

data
쿼리에 성공했을 때 반환하는 데이터.

loading
로딩 상태로, 데이터를 불러오는 동안 true 값을 가지며 사용자에게 로딩 인디케이터를 보여주기 위해 쓰임.

error

데이터 불러오기가 실패하면 에러를 반환.

쿼리를 포함하도록 Home 컴포넌트를 업데이트하자.

```
const Home = () => {
  // 훅 쿼리
  const { data, loading, error, fetchMore } = useQuery(GET_NOTES);

  // 데이터 로딩 중이면 로딩 메시지 표시
  if (loading) return <p>Loading...</p>;
  // 데이터 로딩 중 에러 발생하면 에러 메시지 표시
  if (error) return <p>Error!</p>;

  // 데이터 로딩에 성공하면 UI에 데이터 표시
  return (
    <div>
      {console.log(data)}
      The data loaded!
    </div>
  );
};

export default Home;
```

모든 것이 성공적으로 완료되면 "The data loaded!"라는 메시지가 애플리케이션의 홈페이지에 표시된다(그림 14-2). 컴포넌트에는 console.log 문도 포함되어 있는데, 이것은 데이터를 브라우저 콘솔에 출력할 것이다. 데이터 결과의 구조를 살펴보면 데이터를 애플리케이션에 통합할 때 유용한 가이드가 될 것이다.

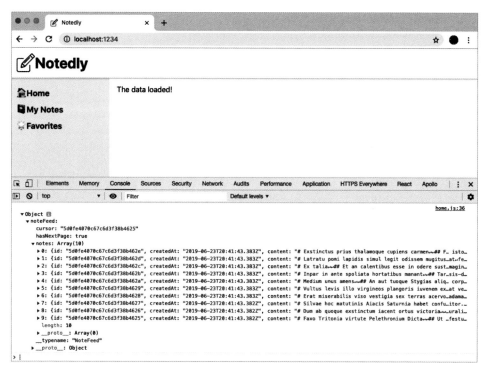

그림 14-2 데이터를 성공적으로 불러오면 컴포넌트가 "The data loaded!"라는 메시지를 출력하고 콘솔에 데이터를 출력한다

이제 수신한 데이터를 애플리케이션에 통합할 차례이다. 이를 위해 데이터 내에서 반환된 노트 배열을 map 메서드를 통해 매핑할 것이다. 리액트는 각 결과에 고유한 키를 할당해야 하며, 개별 키의 ID를 사용한다. 먼저 각 노트마다 작성자의 이름을 표시한다.

```
const Home = () => {
  // 훅 쿼리
  const { data, loading, error, fetchMore } = useQuery(GET_NOTES);

  // 데이터 로딩 중이면 로딩 메시지 표시
  if (loading) return <p>Loading...</p>;
  // 데이터 로딩 중 에러 발생하면 에러 메시지 표시
  if (error) return <p>Error!</p>;

  // 데이터 로딩에 성공하면 UI에 데이터 표시
  return (
    <div>
```

```
        {data.noteFeed.notes.map(note => (
          <div key={note.id}>{note.author.username}</div>
        ))}
      </div>
    );
  };
```

데이터베이스에 데이터가 있으면 페이지에 사용자 이름의 목록이 표시된다(그림 14-3).

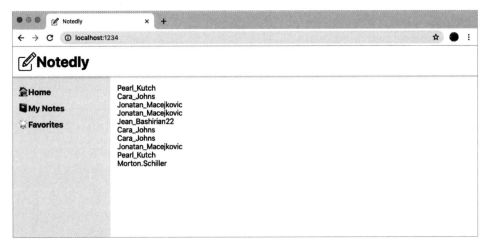

그림 14-3 데이터에서 추출한 사용자 이름을 화면에 출력한 모습

데이터를 성공적으로 매핑했으므로 나머지 컴포넌트를 작성할 수 있다. 노트는 마크다운으로 작성되어 있으므로, 마크다운을 페이지에 렌더링할 수 있는 라이브러리를 임포트해야 한다.

src/pages/home.js에 다음을 추가하자.

```
import ReactMarkdown from 'react-markdown';
```

이제 작성자의 아바타, 작성자의 사용자 이름, 노트가 작성된 날짜, 노트의 즐겨찾기 수, 노트 자체의 내용을 포함하도록 UI를 업데이트할 수 있다. src/pages/home.js에 다음 코드를 추가하자.

```
// 데이터 로딩에 성공하면 UI에 데이터 표시
return (
  <div>
    {data.noteFeed.notes.map(note => (
      <article key={note.id}>
        <img
          src={note.author.avatar}
          alt={'${note.author.username} avatar'}
          height="50px"
        />{' '}
        {note.author.username} {note.createdAt} {note.favoriteCount}{' '}
        <ReactMarkdown source={note.content} />
      </article>
    ))}
  </div>
);
```

> **NOTE_ 리액트의 공백 처리**
> 리액트는 새 줄의 요소 사이에 있는 공백을 자동으로 제거한다. 하지만 마크업에서 { ' ' }를 사용하면 공백을 수동으로 추가할 수 있다.

이제 브라우저에 전체 노트 목록이 표시될 것이다. 스타일링으로 넘어가기 전에 리팩터링을 할 수 있는 기회가 있다. 이 페이지는 노트를 표시하는 첫 번째 페이지이지만, 앞으로 페이지가 더 많이 생길 것은 자명하다. 다른 페이지에서는 개별 노트와 다른 노트 유형의 피트(이를테면 '내 노트'나 '즐겨찾기')를 표시해야 한다. 그러므로 src/components/Note.js와 src/components/NoteFeed.js라는 두 가지 새로운 컴포넌트를 만들어보자.

src/components/Note.js에는 개별 노트에 대한 마크업이 포함된다. 이를 위해 각 컴포넌트 함수에 적절한 콘텐츠가 포함된 속성을 전달한다.

```
import React from 'react';
import ReactMarkdown from 'react-markdown';
```

```
const Note = ({ note }) => {
  return (
    <article>
      <img
        src={note.author.avatar}
        alt="{note.author.username} avatar"
        height="50px"
      />{' '}
      {note.author.username} {note.createdAt} {note.favoriteCount}{' '}
      <ReactMarkdown source={note.content} />
    </article>
  );
};

export default Note;
```

이제 src/components/NoteFeed.js 컴포넌트는 다음과 같다.

```
import React from 'react';
import Note from './Note';

const NoteFeed = ({ notes }) => {
  return (
    <div>
      {notes.map(note => (
        <div key={note.id}>
          <Note note={note} />
        </div>
      ))}
    </div>
  );
};

export default NoteFeed;
```

마지막으로, NoteFeed를 참조하도록 src/pages/home.js 컴포넌트를 업데이트하자.

```
import React from 'react';
import { useQuery, gql } from '@apollo/client';

import Button from '../components/Button';
```

```
import NoteFeed from '../components/NoteFeed';

const GET_NOTES = gql`
  query NoteFeed($cursor: String) {
    noteFeed(cursor: $cursor) {
      cursor
      hasNextPage
      notes {
        id
        createdAt
        content
        favoriteCount
        author {
          username
          id
          avatar
        }
      }
    }
  }
`;

const Home = () => {
  // 훅 쿼리
  const { data, loading, error, fetchMore } = useQuery(GET_NOTES);

  // 데이터 로딩 중이면 로딩 메시지 표시
  if (loading) return <p>Loading...</p>;
  // 데이터 로딩 중 에러 발생하면 에러 메시지 표시
  if (error) return <p>Error!</p>;

  // 데이터 로딩에 성공하면 UI에 데이터 표시
  return <NoteFeed notes={data.noteFeed.notes} />;
};

export default Home;
```

이러한 리팩터링을 적용하고 나면 애플리케이션 전체에서 노트 및 노트 피드 인스턴스를 쉽게
다시 생성할 수 있다.

14.2.1 스타일링

이제 컴포넌트를 작성하고 데이터를 볼 수 있으므로 스타일링을 추가할 수 있다. 스타일링을 통해 가장 확실하게 개선할 만한 요소 중 하나는 '만든 날짜'가 표시되는 방식이다. date-fns 라이브러리(*https://date-fns.org*)를 통해 이를 개선할 수 있다. 이 라이브러리는 자바스크립트에서 날짜를 다루기 위한 작은 컴포넌트를 제공한다. src/components/Note.js에서 라이브러리를 가져오고 날짜 마크업을 업데이트하여 다음과 같이 변환을 적용하자.

```
// 'date-fns'에서 format 유틸리티 임포트
import { format } from 'date-fns';

// 날짜 마크업 형식을 '월 일 년'으로 지정
{format(note.createdAt, 'MMM Do YYYY')} Favorites:{' '}
```

날짜 형식을 지정하고 나면 styled-components 라이브러리를 사용하여 노트 레이아웃을 업데이트할 수 있다.

```
import React from 'react';
import ReactMarkdown from 'react-markdown';
import { format } from 'date-fns';
import styled from 'styled-components';

// 노트 행 표시 길이를 800px 이내로 유지
const StyledNote = styled.article`
  max-width: 800px;
  margin: 0 auto;
`;

// 노트 메타데이터 스타일 지정
const MetaData = styled.div`
  @media (min-width: 500px) {
    display: flex;
    align-items: top;
  }
`;

// avatar와 meta 정보 사이에 공간 추가
const MetaInfo = styled.div`
  padding-right: 1em;
`;
```

```
// 'UserActions'를 화면 우측 정렬
const UserActions = styled.div`
  margin-left: auto;
`;

const Note = ({ note }) => {
  return (
    <StyledNote>
      <MetaData>
        <MetaInfo>
          <img
            src={note.author.avatar}
            alt="{note.author.username} avatar"
            height="50px"
          />
        </MetaInfo>
        <MetaInfo>
          <em>by</em> {note.author.username} <br />
          {format(note.createdAt, 'MMM Do YYYY')}
        </MetaInfo>
        <UserActions>
          <em>Favorites:</em> {note.favoriteCount}
        </UserActions>
      </MetaData>
      <ReactMarkdown source={note.content} />
    </StyledNote>
  );
};

export default Note;
```

다음으로, **NoteFeed.js** 컴포넌트의 노트 사이에 약간의 공간과 밝은 테두리를 추가해보자.

```
import React from 'react';
import styled from 'styled-components';

const NoteWrapper = styled.div`
  max-width: 800px;
  margin: 0 auto;
  margin-bottom: 2em;
  padding-bottom: 2em;
  border-bottom: 1px solid #f5f4f0;
`;
```

```
import Note from './Note';

const NoteFeed = ({ notes }) => {
  return (
    <div>
      {notes.map(note => (
        <NoteWrapper key={note.id}>
          <Note note={note} />
        </NoteWrapper>
      ))}
    </div>
  );
};

export default NoteFeed;
```

이러한 업데이트를 통해 애플리케이션에 레이아웃 스타일을 적용할 수 있다.

14.3 동적 쿼리

현재 우리의 애플리케이션은 3개의 경로로 구성되어 있으며, 각 경로는 정적이다. 이 경로는 정적 URL에 있으며 항상 동일한 데이터 요청을 수행한다. 그러나 일반적인 애플리케이션에는 이러한 경로를 기반으로 하는 동적 경로와 쿼리가 필요하다. 예를 들어, 트위터의 모든 트윗에는 twitter.com/<username>/status/<tweet_id>와 같은 형태의 고유한 URL이 할당된다. 이를 통해 사용자는 트위터 내에서뿐만 아니라 웹상의 어느 곳에서나 개별 트윗을 링크하고 공유할 수 있다.

현재 우리의 애플리케이션에서는 피드를 통에서만 노트에 접근할 수 있지만, 사용자가 개별 노트를 보고 링크할 수 있게 하는 기능도 필요하다. 이를 위해 개별 노트 그래프QL 쿼리뿐만 아니라 리액트 애플리케이션에서도 동적 라우팅을 설정해보자. 우리의 목표는 사용자가 /note/<note_id>의 경로를 통해 노트에 접근할 수 있도록 하는 것이다.

먼저 src/pages/note.js에 새 페이지 컴포넌트를 만들자. props(속성) 객체를 컴포넌트에 전달해야 하는데, 여기에는 리액트 라우터를 통한 match 속성이 포함된다. 이 속성에는 경로를 URL에 일치시키는 방법에 대한 정보가 포함되기 때문에, 이 속성을 전달하면 match.params

를 통해 URL 파라미터에 접근할 수 있다.

```
import React from 'react';

const NotePage = props => {
  return (
    <div>
      <p>ID: {props.match.params.id}</p>
    </div>
  );
};


export default NotePage;
```

이제 src/pages/index.js 파일에 해당 경로를 추가할 수 있다. 이 경로에는 :id: 형식의 ID
파라미터가 포함된다.

```
// 리액트 및 라우팅 의존성 임포트
import React from 'react';
import { BrowserRouter as Router, Route } from 'react-router-dom';

// 공유 레이아웃 컴포넌트 임포트
import Layout from '../components/Layout';

// 라우팅 임포트
import Home from './home';
import MyNotes from './mynotes';
import Favorites from './favorites';
import NotePage from './note';

// 라우팅 정의
const Pages = () => {
  return (
    <Router>
      <Layout>
        <Route exact path="/" component={Home} />
        <Route path="/mynotes" component={MyNotes} />
        <Route path="/favorites" component={Favorites} />
        <Route path="/note/:id" component={NotePage} />
      </Layout>
    </Router>
  );
```

```
};

export default Pages;
```

이제 *http://localhost:1234/note/123*을 방문하면 페이지에 ID: 123이 출력된다. 테스트하려면 ID 파라미터를 /note/pizza 또는 /note/GONNAPARTYLIKE1999와 같이 원하는 것으로 바꾸자. 테스트 결과는 멋지긴 하지만 아직 유용하지는 않다. 그러므로 src/pages/note.js 컴포넌트를 업데이트하여 URL에서 찾은 ID로 노트에 대한 그래프QL 쿼리를 작성하자. API의 note 쿼리와 리액트 컴포넌트 Note를 사용하면 된다.

```
import React from 'react';
// 그래프QL 의존성 임포트
import { useQuery, gql } from '@apollo/client';

// Note 컴포넌트 임포트
import Note from '../components/Note';

// ID 변수를 받는 note 쿼리
const GET_NOTE = gql'
  query note($id: ID!) {
    note(id: $id) {
      id
      createdAt
      content
      favoriteCount
      author {
        username
        id
        avatar
      }
    }
  }
';

const NotePage = props => {
  // URL의 ID를 변수로 저장
  const id = props.match.params.id;

  // 훅을 쿼리하며 ID 값을 변수로 전달
  const { loading, error, data } = useQuery(GET_NOTE, { variables: { id } });
```

```
    // 데이터 로딩 중이면 로딩 메시지 표시
    if (loading) return <p>Loading...</p>;
    // 데이터 로딩 중 에러 발생하면 에러 메시지 표시
    if (error) return <p>Error! Note not found</p>;

    // 데이터 로딩에 성공하면 UI에 데이터 표시
    return <Note note={data.note} />;
};


export default NotePage;
```

이제 ID 파라미터를 사용하여 URL을 탐색하면 해당 노트 또는 오류 메시지가 렌더링된다. 마지막으로 src/components/NoteFeed.js 컴포넌트를 업데이트하여 UI의 개별 노트에 대한 링크를 표시하자.

먼저 파일 상단에 리액트 라우터의 {Link}를 임포트하자.

```
import { Link } from 'react-router-dom';
```

그런 다음 JSX를 업데이트하여 다음과 같이 노트 페이지에 대한 링크를 포함하자.

```
<NoteWrapper key={note.id}>
  <Note note={note} />
  <Link to={'note/${note.id}'}>Permalink</Link>
</NoteWrapper>
```

이제 애플리케이션에서 동적 경로를 사용할 수 있게 되었고, 사용자는 개별 노트를 볼 수 있게 되었다.

14.4 페이지네이션

현재 애플리케이션의 홈페이지에서는 최근 10개의 노트만 검색하고 있다. 추가 노트를 표시하려면 페이지네이션을 활성화해야 한다. 우리의 API가 결과 페이지에 반환된 마지막 노트의 ID인 cursor를 반환한다는 점을 상기하자. 또한 API는 불리언 값 hasNextPage를 반환하며, 데이터베이스에 추가 노트가 있으면 이 값은 **true**가 된다. API에 요청할 때 커서^{cursor} 인수를 전달하면 다음 10개 항목이 반환된다.

다시 말해, 25개의 객체 목록(ID가 1~25인)이 있을 때 처음 노트를 요청하면 ID 1~10에 해당하는 노트와 cursor 값 **10**, 그리고 hasNextPagevalue 값 **true**를 반환한다. cursor 값으로 10을 전달하면서 노트를 요청한다면, ID 11~20에 해당하는 노트와 cursor 값 **20**, hasNextPage 값 **true**를 반환한다. 마지막으로, cursor 값으로 20을 전달하면서 노트를 요청하면 ID 21~25에 해당하는 노트와 cursor 값 **25**, hasNextPage 값이 **false**를 반환한다. 이것이 바로 noteFeed 쿼리 내에 구현할 논리이다.

이를 위해 `src/pages/home.js` 파일을 업데이트하여 페이지네이션 쿼리를 작성해보자. UI에서 사용자가 [See More(더 보기)] 버튼을 클릭하면 다음 10개의 노트가 페이지에 로드된다. 페이지를 새로 고치지 않고 이 작업을 수행하려면 어떻게 해야 할까? 이렇게 하려면 쿼리 컴포넌트 내에 fetchMore 인수를 포함시키고 hasNextPage가 true일 때만 Button 컴포넌트를 표시해야 한다. 지금은 이를 홈페이지 컴포넌트에 직접 작성하지만, 별도의 컴포넌트로 분리하거나 NoteFeed 컴포넌트의 일부로 만드는 것도 어렵지 않다.

```
// 데이터 로딩에 성공하면 UI에 데이터 표시
return (
  // 부모 원소 제공을 위해 <React.Fragment> 추가
  <React.Fragment>
    <NoteFeed notes={data.noteFeed.notes} />
    {/* hasNextPage가 true면 Load More 표시 */}
    {data.noteFeed.hasNextPage && (
      <Button>Load more</Button>
    )}
  </React.Fragment>
);
```

> **NOTE_ 리액트의 조건문**
> 앞의 예에서 **&&** 연산자와 함께 인라인 **if** 문을 사용하여 [Load more(더 불러오기)] 버튼을 조건부로 표시했다. hasNextPage가 true이면 버튼이 표시된다. 리액트 문서(*https://oreil.ly/a_F5s*)에서 조건부 렌더링에 대한 자세한 내용을 확인할 수 있다.

이제 <Button> 컴포넌트를 업데이트하여 onClick 핸들러를 사용할 수 있다. 사용자가 버튼을 클릭하면 fetchMore 메서드를 사용하여 추가 쿼리를 수행하고, 반환된 데이터를 페이지에 추가하게 할 것이다.

```
{data.noteFeed.hasNextPage && (
  // onClick은 현재 커서를 변수로 전달하며 쿼리를 수행한다
  <Button
    onClick={() =>
      fetchMore({
        variables: {
          cursor: data.noteFeed.cursor
        },
        updateQuery: (previousResult, { fetchMoreResult }) => {
          return {
            noteFeed: {
              cursor: fetchMoreResult.noteFeed.cursor,
              hasNextPage: fetchMoreResult.noteFeed.hasNextPage,
              // 새 결과를 기존 결과와 결합
              notes: [
                ...previousResult.noteFeed.notes,
                ...fetchMoreResult.noteFeed.notes
              ],
              __typename: 'noteFeed'
            }
          };
        }
      })
    }
  >
    Load more
  </Button>
)}
```

이 코드는 조금 난해하게 느껴질 수 있으므로 함께 분석해보자. <Button> 컴포넌트는 onClick 핸들러를 포함한다. 버튼을 클릭하면 fetchMore 메서드를 사용하여 새 쿼리를 실행하고, 그 과정에서 이전 쿼리에서 반환된 cursor 값을 전달한다. 반환 값을 받으면 updateQuery를 실행해서 cursor와 hasNextPage 값을 업데이트하고 결과를 단일 배열로 결합한다. __typename은 쿼리의 이름이며 아폴로의 결과에 포함된다.

이 변경을 통해 노트 피드에서 모든 노트를 볼 수 있게 되었다. 노트 피드 하단으로 스크롤하

여 직접 사용해보자. 데이터베이스가 10개가 넘는 노트를 포함하면 버튼이 표시된다. [Load more]를 클릭하면 다음 noteFeed 결과가 페이지에 추가된다.

14.5 결론

이번 장에서는 많은 내용을 다뤘다. 아폴로 클라이언트를 셋업해서 리액트 애플리케이션과 함께 작동하고 여러 그래프QL 쿼리를 UI에 통합하게 했다. 그리고 UI에 필요한 데이터를 정확하게 반환하는 단일 쿼리를 작성하는 능력을 통해 그래프QL의 힘을 느낄 수 있었다. 다음 장에서는 사용자 인증을 애플리케이션에 통합해서, 사용자가 로그인하여 노트와 즐겨찾기를 볼 수 있게 할 것이다.

## CHAPTER 15

웹 인증과 상태

우리 가족은 최근에 이사했다. 수많은 양식을 작성하고 서명한 후에야(아직도 손이 부들거린다) 현관 열쇠를 건네받을 수 있었다. 이제 집에 돌아올 때마다 그 열쇠를 사용하여 문을 열고 출입할 수 있다. 집에 돌아올 때마다 양식을 작성하지 않아도 되니 좋고, 원치 않는 손님을 막을 수 있는 자물쇠가 있다는 점도 좋다.

클라이언트 측의 웹 인증도 거의 같은 방식으로 작동한다. 사용자는 양식을 작성하고 브라우저에 저장된 토큰과 함께 비밀번호 형식으로 웹 사이트에 키를 전달한다. 사이트로 돌아오면 토큰으로 자동 인증되거나 비밀번호를 사용하여 다시 로그인할 수 있다.

이 장에서는 그래프QL API를 사용하여 웹 인증 시스템을 구축할 것이다. 이를 위해 양식을 작성하고, 브라우저에 JWT를 저장하고, 요청마다 토큰을 전송하며, 애플리케이션 상태를 추적할 것이다.

15.1 회원가입 양식 만들기

애플리케이션의 클라이언트 인증을 시작하기 위해, 사용자 가입을 위한 리액트 컴포넌트를 만들 수 있다. 그 전에 먼저 컴포넌트의 작동 방식을 살펴보자.

먼저, 사용자는 애플리케이션 내에서 /signup 경로로 이동한다. 이 페이지에는 이메일 주소,

원하는 사용자 이름, 비밀번호를 입력할 수 있는 양식이 제공된다. 양식을 제출하면 API의 가입 뮤테이션이 이루어진다. 뮤테이션이 성공하면 새로운 사용자 계정이 생성되고, API는 JWT를 반환한다. 오류가 있으면 사용자에게 알릴 수 있다. 일반적인 오류 메시지가 표시되지만, 기존 사용자 이름이나 중복 이메일 주소와 같은 특정 오류 메시지를 반환하도록 API를 업데이트할 수 있다.

먼저 새로운 경로를 만들자. `src/pages/signup.js`에 새로운 리액트 컴포넌트를 생성한다.

```javascript
import React, { useEffect } from 'react';

// 나중에 쓰기 위해 props를 포함한 후 컴포넌트에 전달
const SignUp = props => {
  useEffect(() => {
    // 문서 제목 업데이트
    document.title = 'Sign Up - Notedly';
  });

  return (
    <div>
      <p>Sign Up</p>
    </div>
  );
};

export default SignUp;
```

이제 `src/pages/index.js`의 경로 목록을 업데이트하여 signup 경로를 포함하자.

```javascript
// signup 경로 임포트
import SignUp from './signup';

// Pages 컴포넌트에 경로 추가
<Route path="/signup" component={SignUp} />
```

경로를 추가하고 *http://localhost:1234/signup*으로 이동하면 가입 페이지(거의 비어 있다)를 볼 수 있다. 이제 양식에 마크업을 추가해보자.

```javascript
import React, { useEffect } from 'react';
```

```
const SignUp = props => {
  useEffect(() => {
    // 문서 제목 업데이트
    document.title = 'Sign Up - Notedly';
  });

  return (
    <div>
      <form>
        <label htmlFor="username">Username:</label>
        <input
          required
          type="text"
          id="username"
          name="username"
          placeholder="username"
        />
        <label htmlFor="email">Email:</label>
        <input
          required
          type="email"
          id="email"
          name="email"
          placeholder="Email"
        />
        <label htmlFor="password">Password:</label>
        <input
          required
          type="password"
          id="password"
          name="password"
          placeholder="Password"
        />
        <button type="submit">Submit</button>
      </form>
    </div>
  );
};

export default SignUp;
```

이제 Button 컴포넌트를 가져와서 스타일드 컴포넌트로 양식 스타일을 지정하면 스타일을 추가할 수 있다.

```
import React, { useEffect } from 'react';
import styled from 'styled-components';

import Button from '../components/Button';

const Wrapper = styled.div`
  border: 1px solid #f5f4f0;
  max-width: 500px;
  padding: 1em;
  margin: 0 auto;
`;

const Form = styled.form`
  label,
  input {
    display: block;
    line-height: 2em;
  }

  input {
    width: 100%;
    margin-bottom: 1em;
  }
`;

const SignUp = props => {
  useEffect(() => {
    // 문서 제목 업데이트
    document.title = 'Sign Up — Notedly';
  });

  return (
    <Wrapper>
```

```
    <h2>Sign Up</h2>
    <Form>
      <label htmlFor="username">Username:</label>
      <input
        required
        type="text"
        id="username"
        name="username"
        placeholder="username"
      />
      <label htmlFor="email">Email:</label>
      <input
        required
        type="email"
        id="email"
        name="email"
        placeholder="Email"
      />
      <label htmlFor="password">Password:</label>
      <input
        required
        type="password"
        id="password"
        name="password"
        placeholder="Password"
      />
      <Button type="submit">Submit</Button>
    </Form>
  </Wrapper>
  );
};

export default SignUp;
```

15.1.1 리액트 양식과 상태

애플리케이션의 모든 것은 계속 변화할 수 있다. 사용자가 데이터를 양식에 입력한 후 슬라이더를 열면 메시지가 전송된다. 리액트에서는 상태를 지정하여 컴포넌트 수준에서 이러한 변경 사항을 추적할 수 있다. 양식에서 각 양식 요소의 상태를 추적해야 사용자가 제출할 때 이를 인지할 수 있다.

상태를 다루기 시작하기 위해 먼저 **src/pages/signup.js** 파일 맨 위에서 import React를 업데이트하여 useState를 포함해야 한다.

```
import React, { useEffect, useState } from 'react';
```

다음으로 **SignUp** 컴포넌트 내에서 기본 양식 값 상태를 설정한다.

```
const SignUp = props => {
  // 기본 양식 상태 설정
  const [values, setValues] = useState();

  // 나머지 컴포넌트의 자리
};
```

이제 양식 필드를 입력할 때 상태를 변경하고, 사용자가 양식을 제출할 때 작업을 수행하도록 컴포넌트를 업데이트할 것이다. 먼저 **onChange** 함수를 만들어 양식이 업데이트될 때마다 컴포넌트의 상태를 업데이트하게 한다. 또한 **onChange** 속성을 사용하여 사용자가 변경할 때 이 함수를 호출하도록 각 양식 요소의 마크업을 업데이트한다. 그런 다음 **onSubmit** 핸들러를 포함하도록 **form** 요소를 업데이트한다. 지금은 양식 데이터를 콘솔에 간단히 기록하기만 할 것이다.

/src/pages/sigunp.js를 다음과 같이 편집하자.

```
const SignUp = () => {
  // 기본 양식 상태 설정
  const [values, setValues] = useState();

  // 사용자가 양식을 채우면 상태 업데이트
  const onChange = event => {
    setValues({
      ...values,
```

```jsx
      [event.target.name]: event.target.value
    });
  };

  useEffect(() => {
    // 문서 제목 업데이트
    document.title = 'Sign Up - Notedly';
  });

  return (
    <Wrapper>
      <h2>Sign Up</h2>
      <Form
        onSubmit={event => {
          event.preventDefault();
          console.log(values);
        }}
      >
        <label htmlFor="username">Username:</label>
        <input
          required
          type="text"
          name="username"
          placeholder="username"
          onChange={onChange}
        />
        <label htmlFor="email">Email:</label>
        <input
          required
          type="email"
          name="email"
          placeholder="Email"
          onChange={onChange}
        />
        <label htmlFor="password">Password:</label>
        <input
          required
          type="password"
          name="password"
          placeholder="Password"
          onChange={onChange}
        />
        <Button type="submit">Submit</Button>
      </Form>
```

```
        </Wrapper>
    );
};
```

양식 마크업이 완료되었고, 그래프QL 뮤테이션이 있는 데이터를 요청할 준비가 되었다.

15.1.2 signUp 뮤테이션

사용자를 가입시키기 위해 API의 **signUp** 뮤테이션을 사용하자. 이 뮤테이션은 이메일, 사용자 이름, 비밀번호를 변수로 받아서 가입이 성공하면 JWT를 반환한다. 뮤테이션을 작성하고 가입 양식에 통합해보자.

먼저 아폴로 라이브러리를 가져와야 한다. 아폴로 클라이언트의 **useMutation**, **useApolloClient** 훅과 **gql** 문법을 사용할 것이다. **src/pages/signUp**에 다른 라이브러리 import 문과 함께 다음을 추가하자.

```
import { useMutation, useApolloClient, gql } from '@apollo/client';
```

이제 다음과 같이 그래프QL 뮤테이션을 작성하자.

```
const SIGNUP_USER = gql'
  mutation signUp($email: String!, $username: String!, $password: String!) {
    signUp(email: $email, username: $username, password: $password)
  }
';
```

뮤테이션을 작성한 후, 사용자가 양식을 제출할 때 양식 요소를 변수로 전달하면서 뮤테이션을 수행하도록 리액트 컴포넌트 마크업을 업데이트하자. 지금은 응답을 콘솔에 기록한다(성공한 경우 JWT가 기록된다).

```
const SignUp = props => {
  // useState, onChange, useEffect는 동일하게 유지

  // 뮤테이션 훅 추가
  const [signUp, { loading, error }] = useMutation(SIGNUP_USER, {
```

```
  onCompleted: data => {
    // 뮤테이션이 완료되면 JWT를 로깅
    console.log(data.signUp);
  }
});

  // 양식 렌더링
  return (
    <Wrapper>
      <h2>Sign Up</h2>
      {/* 사용자가 양식을 제출하면 데이터를 뮤테이션으로 전달 */}
      <Form
        onSubmit={event => {
          event.preventDefault();
          signUp({
            variables: {
              ...values
            }
          });
        }}
      >
        {/* ... 양식 나머지는 변경 없이 유지 ... */}
      </Form>
    </Wrapper>
  );
};
```

이제 양식을 작성하여 제출하면 콘솔에 JWT가 기록된다(그림 15-1). 또한 그래프QL 플레이
그라운드(*http://localhost:4000/api*)에서 사용자 쿼리를 수행하면 새 계정이 표시된다(그
림 15-2).

그림 15-1 성공하면 양식을 제출하고 나서 JSON 웹 토큰이 콘솔에 출력된다

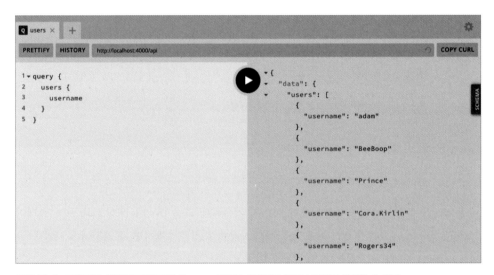

그림 15-2 그래프QL 플레이그라운드에서 users 쿼리를 수행하면 사용자 목록도 확인할 수 있다

원하는 데이터를 반환하는 뮤테이션이 준비되었으니 응답을 저장할 차례다.

15.1.3 JSON 웹 토큰과 로컬 저장소

signUp 뮤테이션이 성공하면 JSON 웹 토큰, JWT(*https://jwt.io*)를 반환한다. 앞에서 다룬 바와 같이, JWT를 사용하면 사용자의 기기에 사용자 ID를 안전하게 저장할 수 있다. 사용자의 웹 브라우저에서 이를 달성하기 위해서는 토큰을 브라우저의 localStorage에 저장한다. localStorage는 저장소가 업데이트되거나 지워질 때까지 브라우저 세션 간에 유지되는 간단한 키-값 저장소이다. localStorage에 토큰을 저장하도록 뮤테이션을 업데이트해보자.

src/pages/signup.js에서 useMutation 훅을 업데이트하여 토큰을 localStorage에 저장하자(그림 15-3).

```
const [signUp, { loading, error }] = useMutation(SIGNUP_USER, {
  onCompleted: data => {
    // JWT를 localStorage에 저장
    localStorage.setItem('token', data.signUp);
  }
});
```

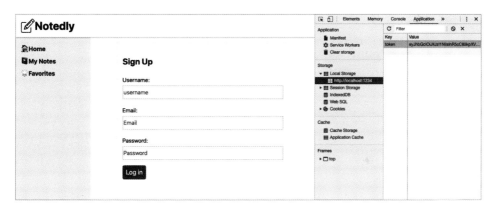

그림 15-3 이제 웹 토큰이 브라우저의 localStorage에 저장되었다

CAUTION_ JWT와 보안
토큰이 localStorage에 저장되면 페이지에서 실행할 수 있는 모든 자바스크립트가 토큰에 접근할 수 있으므로 XSS(Cross-Site Scripting) 공격에 취약해진다. 그러므로 localStorage를 사용하여 토큰 신뢰 정보를 저장할 때는 CDN 호스트 스크립트를 제한하거나 피하는 등, 주의를 기울여야 한다. 서드 파티 스크립트가 손상되면 JWT에 접근할 수 있다.

이제 JWT를 로컬에 저장했으므로 그래프QL 뮤테이션 및 쿼리에 사용할 준비가 끝났다.

15.2 리디렉션

지금은 사용자가 가입 양식을 작성하면 양식이 빈 양식으로 다시 렌더링된다. 즉, 계정 등록에 성공했다는 시각적인 신호를 사용자에게 주지 못하고 있다. 이를 해결하기 위해 사용자를 애플리케이션의 홈페이지로 리디렉션해보자. 혹은, '성공' 페이지를 작성하여 사용자에게 애플리케이션 등록 감사 메시지를 보여줄 수도 있다.

이 장의 앞부분에서 다룬 바와 같이 속성을 컴포넌트에 전달하는 방식을 쓸 것이다. `props.history.push`를 통해 사용할 수 있는 리액트 라우터의 `history`를 사용하면 경로를 리디렉션할 수 있다. 이를 구현하기 위해 다음과 같이 뮤테이션의 `onCompleted` 이벤트를 업데이트해서 리디렉션을 포함하게 하자.

```
const [signUp, { loading, error }] = useMutation(SIGNUP_USER, {
    onCompleted: data => {
      // 토큰을 저장
      localStorage.setItem('token', data.signUp);
      // 사용자를 홈페이지로 리디렉션
      props.history.push('/');
    }
});
```

이렇게 하면 사용자는 계정을 등록한 후 애플리케이션의 홈페이지로 리디렉션된다.

15.3 요청에 헤더 붙이기

`localStorage`에 토큰을 저장하고 있지만, API에는 아직 접근 권한이 없다. 즉, 사용자가 계정을 만들었더라도 API는 사용자를 식별할 수 있는 방법이 없다. 앞에서 다루었다시피, 각 API 호출은 요청 헤더에 토큰을 받는다. 이제 각 요청마다 JWT를 헤더로 보내도록 클라이언트를 수정할 것이다.

`src/App.js`에서는 아폴로 클라이언트의 `createHttpLink`와 아폴로의 Link Context 패키지의 `setContext`를 포함하도록 종속성을 업데이트한다. 그런 다음 각 요청의 헤더에 토큰을 보내도록 아폴로의 설정을 업데이트한다.

```
// 아폴로 의존성 임포트
import {
  ApolloClient,
  ApolloProvider,
  createHttpLink,
  InMemoryCache
} from '@apollo/client';
import { setContext } from 'apollo-link-context';

// API URI 및 캐시 설정
const uri = process.env.API_URI;
const httpLink = createHttpLink({ uri });
const cache = new InMemoryCache();

// 토큰을 확인하고 콘텍스트에 대한 헤더 반환
const authLink = setContext((_, { headers }) => {
  return {
    headers: {
      ...headers,
      authorization: localStorage.getItem('token') || ''
    }
  };
});

// 아폴로 클라이언트 생성
const client = new ApolloClient({
  link: authLink.concat(httpLink),
  cache,
  resolvers: {},
  connectToDevTools: true
});
```

이번 변경을 통해 로그인한 사용자의 정보를 API로 전달할 수 있게 되었다.

15.4 로컬 상태 관리

컴포넌트 내에서 상태를 관리하는 방법은 알았다. 그럼 애플리케이션 전체에 대해서라면 어떨까? 여러 컴포넌트 간에 정보를 공유하는 것이 유용할 때가 있다. 애플리케이션 전체에서 기본 컴포넌트의 props를 전달할 수도 있지만, 몇 가지 수준의 하위 컴포넌트를 지나면 지저분해질 수 있다. Redux(*https://redux.js.org*), MobX(*https://mobx.js.org*)와 같은 라이브러리는 상태 관리 문제를 해결하려고 노력했으며 많은 개발자에게 유용하다는 것이 입증되었다. 우리는 이미 로컬 상태 관리를 위해 그래프QL 쿼리를 사용하는 기능을 포함하여 아폴로 클라이언트 라이브러리를 사용하고 있다. 이번에는 다른 종속성을 도입하지 않고 사용자의 로그인 여부를 저장하는 로컬 상태 속성을 구현해보자.

아폴로 리액트 라이브러리를 통해 리액트 내에서 ApolloClient 인스턴스를 쓸 수 있지만, 때로는 직접 접근해야 할 수도 있다. useApolloClient 훅을 사용하면 캐시 저장소를 직접 업데이트하거나, 재설정하거나, 로컬 데이터를 작성하는 등의 작업이 가능하다.

현재 사용자가 애플리케이션에 로그인했는지 상태를 확인하기 위한 방법에는 두 가지가 있다. 먼저 가입 양식을 제출하면 현재 사용자임을 알 수 있다. 둘째, 방문자가 localStorage에 저장된 토큰을 사용하여 사이트에 접근하는 경우 이미 로그인 상태임을 알 수 있다. 사용자가 가입 양식을 다 채우면 상태에 추가하는 부분부터 구현하자. 이를 위해 client.writeData 및 useApolloClient 훅을 사용하여 아폴로 클라이언트의 로컬 저장소에 직접 상태를 쓸 것이다.

src/pages/signup.js에서 먼저 @Apollo/client 라이브러리 임포트를 업데이트하여 useApolloClient를 포함해야 한다.

```
import { useMutation, useApolloClient } from '@apollo/client';
```

src/pages/signup.js에서는 useApolloClient 함수를 호출하고, 완료 시 writeData를 사용하여 로컬 저장소에 추가하도록 뮤테이션을 업데이트한다.

```
// 아폴로 클라이언트
const client = useApolloClient();
// 뮤테이션 훅
const [signUp, { loading, error }] = useMutation(SIGNUP_USER, {
  onCompleted: data => {
    // 토큰 저장
    localStorage.setItem('token', data.signUp);
    // 로컬 캐시 업데이트
    client.writeData({ data: { isLoggedIn: true } });
    // 사용자를 홈페이지로 리디렉션
    props.history.push('/');
```

```
  }
});
```

이제 페이지가 로드될 때 기존 토큰을 확인하고, 토큰이 발견되면 상태를 업데이트하도록 애플리케이션을 업데이트하자. 먼저 src/App.js에서 ApolloClient 설정을 빈 resolvers 객체로 업데이트하자. 이를 통해 로컬 캐시에서 그래프QL 쿼리를 수행할 수 있다.

```
// 아폴로 클라이언트 생성
const client = new ApolloClient({
  link: authLink.concat(httpLink),
  cache,
  resolvers: {},
  connectToDevTools: true
});
```

다음으로, 애플리케이션의 초기 페이지 로드 과정에서 점검을 수행할 수 있다.

```
// 로컬 토큰 확인
const data = {
  isLoggedIn: !!localStorage.getItem('token')
};

// 초기 로드에 캐시 데이터 쓰기
cache.writeData({ data });
```

이제부터가 재미있다. @client 지시문을 사용하여 애플리케이션 내 어디에서나 그래프QL 쿼리로 isLoggedIn에 접근할 수 있다. 이를 증명하기 위해, isLoggedIn이 false인 경우 'Sign Up' 및 'Sign In' 링크를 표시하고 isLoggedIn이 true인 경우 'Log Out' 링크를 표시하도록 애플리케이션 헤더를 업데이트하겠다.

src/components/Header.js에서 필요한 종속성을 임포트하고 다음과 같이 쿼리를 작성하자.

```
// 새 의존성
import { useQuery, gql } from '@apollo/client';
import { Link } from 'react-router-dom';

// 로컬 쿼리
```

```
const IS_LOGGED_IN = gql'
  {
    isLoggedIn @client
  }
';
```

이제 리액트 컴포넌트 내에 상태를 검색하는 간단한 쿼리를 포함할 수 있다. 이 쿼리를 통해 반환받는 상태는 로그아웃이나 로그인 옵션을 표시하는 3차 연산자를 포함할 수 있다.

```
const UserState = styled.div'
  margin-left: auto;
';

const Header = props => {
  // 로그인 상태인 사용자에 대해 훅 쿼리
  const { data } = useQuery(IS_LOGGED_IN);

  return (
    <HeaderBar>
      <img src={logo} alt="Notedly Logo" height="40" />
      <LogoText>Notedly</LogoText>
      {/* 로그인 중이면 로그아웃 링크, 로그아웃 상태면 로그인 링크로 */}
      <UserState>
        {data.isLoggedIn ? (
          <p>Log Out</p>
        ) : (
          <p>
            <Link to={'/signin'}>Sign In</Link> or{' '}
            <Link to={'/signup'}>Sign Up</Link>
          </p>
        )}
      </UserState>
    </HeaderBar>
  );
};
```

이제 사용자가 로그인하면 'Log Out' 옵션이 표시된다. 로그인 상태가 아니라면 로컬 상태 덕분에 가입하거나 로그인할 수 있는 옵션이 표시된다. 이러한 활용은 부울 자료형에만 국한되지 않는다. 아폴로를 사용하면 로컬 리졸버 및 자료형 정의를 작성할 수 있으므로, 그래프QL이 로컬 상태 내에서 제공하는 모든 것을 활용할 수 있다.

15.5 로그아웃하기

지금은 사용자가 로그인하면 애플리케이션에서 로그아웃할 수 없다. 그러므로 지금부터 헤더의 [Log Out]을 클릭하면 로그아웃할 수 있는 버튼으로 바꿔보자. 이를 위해서는 버튼을 클릭할 때 localStorage에 저장된 토큰을 제거해야 한다. <button> 요소가 접근성을 내장하고 있으므로 이를 사용할 것이다. 이 <button> 요소는 사용자 접근을 표현하는 의미를 담고 있기도 하고, 애플리케이션을 사용하는 사용자의 주목을 끌기도 하기 때문이다.

코드를 작성하기 전에 버튼을 링크처럼 렌더링하는 스타일드 컴포넌트를 작성해보자. src/Components/ButtonAsLink.js를 생성하고 다음을 추가하자.

```
import styled from 'styled-components';

const ButtonAsLink = styled.button`
  background: none;
  color: #0077cc;
  border: none;
  padding: 0;
  font: inherit;
  text-decoration: underline;
  cursor: pointer;

  :hover,
  :active {
    color: #004499;
  }
`;

export default ButtonAsLink;
```

이제 src/components/Header.js에서 로그아웃 기능을 구현할 수 있다. Header.js 파일은 정의된 경로가 아닌 UI 컴포넌트이므로, 리액트 라우터의 상위 컴포넌트인 withRouter를 사용하여 리디렉션을 처리해야 한다. withRouter와 함께 ButtonAsLink 컴포넌트를 임포트하는 것으로 시작해보자.

```
// 리액트 라우터에서 Link와 withRouter 임포트
import { Link, withRouter } from 'react-router-dom';
// ButtonAsLink 컴포넌트 임포트
```

```
import ButtonAsLink from './ButtonAsLink';
```

이제 JSX 내에서 props 파라미터를 포함하도록 컴포넌트를 업데이트하고, 로그아웃 마크업을
버튼으로 업데이트하자.

```jsx
const Header = props => {
  // 로그인 상태 사용자를 훅 쿼리
  // 아폴로 스토어를 참조하는 클라이언트 포함
  const { data, client } = useQuery(IS_LOGGED_IN);

  return (
    <HeaderBar>
      <img src={logo} alt="Notedly Logo" height="40" />
      <LogoText>Notedly</LogoText>
      {/* 로그인 중이면 로그아웃 링크, 로그아웃 상태면 로그인 링크로 */}
      <UserState>
        {data.isLoggedIn ? (
          <ButtonAsLink>
            Logout
          </ButtonAsLink>
        ) : (
          <p>
            <Link to={'/signin'}>Sign In</Link> or{' '}
            <Link to={'/signup'}>Sign Up</Link>
          </p>
        )}
      </UserState>
    </HeaderBar>
  );
};

// we wrap our component in the withRouter higher-order component
export default withRouter(Header);
```

NOTE_ withRouter
직접 라우팅할 수 없는 컴포넌트에 라우팅을 포함시키려면, 리액트 라우터의 상위 컴포넌트인 withRouter
를 사용해야 한다.

사용자가 애플리케이션에서 로그아웃한 뒤에는 원치 않는 데이터가 세션 외부에 나타나지 않도록 캐시 저장소를 재설정해야 한다. 아폴로의 resetStore 함수를 통해 캐시를 완전히 지울 수 있다. 컴포넌트의 버튼에 onClick 핸들러를 추가하여 사용자의 토큰을 제거하고, 아폴로 저장소를 재설정하고, 로컬 상태를 업데이트하고, 사용자를 홈페이지로 리디렉션하자. 이를 위해 useQuery 훅을 업데이트하여 클라이언트에 대한 참조를 포함하고, export 문에서 상위 컴포넌트 withRouter로 컴포넌트를 랩핑해야 한다.

```jsx
const Header = props => {
  // 로그인 상태 사용자를 훅 쿼리
  const { data, client } = useQuery(IS_LOGGED_IN);

  return (
    <HeaderBar>
      <img src={logo} alt="Notedly Logo" height="40" />
      <LogoText>Notedly</LogoText>
      {/* 로그인 중이면 로그아웃 링크, 로그아웃 상태면 로그인 링크로 */}
      <UserState>
        {data.isLoggedIn ? (
          <ButtonAsLink
            onClick={() => {
              // 토큰 제거
              localStorage.removeItem('token');
              // 애플리케이션 캐시 삭제
              client.resetStore();
              // 로컬 상태 업데이트
              client.writeData({ data: { isLoggedIn: false } });
              // 사용자를 홈페이지로 리디렉션
              props.history.push('/');
            }}
          >
            Logout
          </ButtonAsLink>
        ) : (
          <p>
            <Link to={'/signin'}>Sign In</Link> or{' '}
            <Link to={'/signup'}>Sign Up</Link>
          </p>
        )}
      </UserState>
    </HeaderBar>
  );
```

```
  };

  export default withRouter(Header);
```

마지막으로, 저장소가 재설정될 때 사용자 상태를 다시 캐시된 상태로 추가하려면 아폴로가 필요하다. **src/App.js**에서 **onResetStore**를 포함하도록 캐시 설정을 업데이트하자.

```
// 로컬 토큰 확인
const data = {
  isLoggedIn: !!localStorage.getItem('token')
};

// 초기 로딩 시 캐시 데이터 쓰기
cache.writeData({ data });
// 캐시 초기화 후 캐시 데이터 쓰기
client.onResetStore(() => cache.writeData({ data }));
```

이제 로그인한 사용자가 애플리케이션에서 쉽게 로그아웃할 수 있다. 지금은 이 기능을 헤더 컴포넌트에 직접 통합했지만, 나중에 독립형 컴포넌트로 리팩터링할 수도 있다.

15.6 로그인 양식 만들기

현재 사용자는 애플리케이션에 가입하고 로그아웃할 수 있지만, 다시 로그인할 수 있는 방법이 없다. 로그인 양식을 만들고 그 과정에서 약간의 리팩터링을 수행하면, 가입 컴포넌트에서 쓴 많은 코드를 재사용할 수 있다.

첫 단계는 **/signin**에 새 페이지 컴포넌트를 생성하는 것이다. 새 파일 **src/pages/signin.js**를 다음과 같이 편집하자.

```
import React, { useEffect } from 'react';

const SignIn = props => {
  useEffect(() => {
    // 문서 제목 업데이트
    document.title = 'Sign In - Notedly';
```

```
    });

    return (
      <div>
        <p>Sign up page</p>
      </div>
    );
  };


export default SignIn;
```

이제 사용자가 페이지를 탐색할 수 있도록 라우팅 가능하게 페이지를 만들어야 한다. `src/pages/index.js`에서 경로 페이지를 임포트하고 새 경로를 추가하자.

```
// 로그인 페이지 컴포넌트 임포트
import SignIn from './signin';

const Pages = () => {
  return (
    <Router>
      <Layout>
        // ... 기타 경로
        // 경로 목록에 로그인 경로 추가
        <Route path="/signin" component={SignIn} />
      </Layout>
    </Router>
  );
};
```

로그인 양식을 구현하기 전에 여기서 잠시 멈추고 어떤 방법이 있을지 생각해보자. 가입 페이지를 만들 때처럼 양식을 다시 구현할 수도 있지만, 이는 지루한 작업이고 유사한 양식 두 개를 유지해야 하는 번거로움도 있다. 즉, 하나가 변경되면 다른 하나를 업데이트해야 한다. 다른 방법은 양식을 자체 컴포넌트로 분리하여 공통 코드를 재사용하고, 하나의 위치에서 업데이트할 수 있도록 하는 방법이다. 즉, 공유 양식 컴포넌트 접근 방식으로 진행해보자.

먼저 `src/components/UserForm.js`에서 `<form>` 마크업과 스타일을 가져와서 새 컴포넌트를 만들자. 부모 컴포넌트에서 받는 속성을 사용하기 위해 이 양식을 약간 변경한다. 먼저 `onSubmit` 뮤테이션의 이름을 `props.action`으로 변경하여, 컴포넌트의 속성을 통해 뮤테이션을 양식에 전달할 수 있다. 둘째, 두 양식이 다를 것이라는 조건문을 추가할 것이다. 문자열을 전달할 formType이라는 두 번째 속성을 사용한다. 문자열 값을 기준으로 템플릿의 렌더링을 변경할 수 있다.

이러한 내용을 구현하기 위해 논리 연산자 &&가 포함된 인라인 if 문 또는 조건부 삼항 연산자를 사용한다.

```
import React, { useState } from 'react';
import styled from 'styled-components';

import Button from './Button';

const Wrapper = styled.div'
  border: 1px solid #f5f4f0;
  max-width: 500px;
  padding: 1em;
  margin: 0 auto;
';

const Form = styled.form'
  label,
  input {
    display: block;
    line-height: 2em;
  }

  input {
    width: 100%;
    margin-bottom: 1em;
  }
';

const UserForm = props => {
  // 기본 상태 양식 설정
  const [values, setValues] = useState();

  // 사용자가 양식을 입력하면 상태 업데이트
  const onChange = event => {
    setValues({
      ...values,
      [event.target.name]: event.target.value
    });
```

```
};

return (
  <Wrapper>
    {/* 적절한 양식 헤더 표시 */}
    {props.formType === 'signup' ? <h2>Sign Up</h2> : <h2>Sign In</h2>}
    {/* 사용자가 양식을 제출하면 뮤테이션 수행 */}
    <Form
      onSubmit={e => {
        e.preventDefault();
        props.action({
          variables: {
            ...values
          }
        });
      }}
    >
      {props.formType === 'signup' && (
        <React.Fragment>
          <label htmlFor="username">Username:</label>
          <input
            required
            type="text"
            id="username"
            name="username"
            placeholder="username"
            onChange={onChange}
          />
        </React.Fragment>
      )}
      <label htmlFor="email">Email:</label>
      <input
        required
        type="email"
        id="email"
        name="email"
        placeholder="Email"
        onChange={onChange}
      />
      <label htmlFor="password">Password:</label>
      <input
        required
        type="password"
        id="password"
```

```
          name="password"
          placeholder="Password"
          onChange={onChange}
        />
        <Button type="submit">Submit</Button>
      </Form>
    </Wrapper>
  );
};


export default UserForm;
```

이제 **src/pages/signup.js** 컴포넌트를 단순화하여 공유 양식 컴포넌트를 사용할 수 있다.

```
import React, { useEffect } from 'react';
import { useMutation, useApolloClient, gql } from '@apollo/client';

import UserForm from '../components/UserForm';

const SIGNUP_USER = gql`
  mutation signUp($email: String!, $username: String!, $password: String!) {
    signUp(email: $email, username: $username, password: $password)
  }
`;

const SignUp = props => {
  useEffect(() => {
    // 문서 제목 업데이트
    document.title = 'Sign Up - Notedly';
  });

  const client = useApolloClient();
  const [signUp, { loading, error }] = useMutation(SIGNUP_USER, {
    onCompleted: data => {
      // 토큰 저장
      localStorage.setItem('token', data.signUp);
      // 로컬 캐시 업데이트
      client.writeData({ data: { isLoggedIn: true } });
      // 사용자를 홈페이지로 리디렉션
      props.history.push('/');
    }
  });
```

```
  return (
    <React.Fragment>
      <UserForm action={signUp} formType="signup" />
      {/* 데이터 로딩 중이면 로딩 메시지 표시 */}
      {loading && <p>Loading...</p>}
      {/* 에러가 있으면 에러 메시지 표시 */}
      {error && <p>Error creating an account!</p>}
    </React.Fragment>
  );
};


export default SignUp;
```

마지막으로 signIn 뮤테이션과 UserForm 컴포넌트를 응용하여 SignIn 컴포넌트를 작성할 수 있다. src/pages/signin.js를 다음과 같이 편집하자.

```
import React, { useEffect } from 'react';
import { useMutation, useApolloClient, gql } from '@apollo/client';

import UserForm from '../components/UserForm';

const SIGNIN_USER = gql'
  mutation signIn($email: String, $password: String!) {
    signIn(email: $email, password: $password)
  }
';

const SignIn = props => {
  useEffect(() => {
    // 문서 제목 업데이트
    document.title = 'Sign In – Notedly';
  });

  const client = useApolloClient();
  const [signIn, { loading, error }] = useMutation(SIGNIN_USER, {
    onCompleted: data => {
      // 토큰 저장
      localStorage.setItem('token', data.signIn);
      // 로컬 캐시 업데이트
      client.writeData({ data: { isLoggedIn: true } });
      // 사용자를 홈페이지로 리디렉션
      props.history.push('/');
```

```
    }
  });

  return (
    <React.Fragment>
      <UserForm action={signIn} formType="signIn" />
      {/* 데이터 로딩 중이면 로딩 메시지 표시 */}
      {loading && <p>Loading...</p>}
      {/* 에러가 있으면 에러 메시지 표시 */}
      {error && <p>Error signing in!</p>}
    </React.Fragment>
  );
};

export default SignIn;
```

이를 통해 관리하기 용이한 양식 컴포넌트를 만들었고, 사용자가 애플리케이션에 가입하고 로그인할 수 있게 되었다.

15.7 경로 보호하기

일반적인 애플리케이션의 패턴은 사이트의 특정 페이지나 부분에 대한 접근을 인증된 사용자로 제한하는 것이다. 우리의 애플리케이션의 경우 인증되지 않은 사용자는 My Notes(내 메모) 또는 Favorites(즐겨찾기) 페이지를 사용하지 못한다. 이번에는 라우터에서 이 패턴을 구현해서 인증되지 않은 사용자가 해당 경로를 방문하려고 할 때 애플리케이션의 로그인 페이지로 자동 라우팅되게 해보자.

먼저 src/pages/index.js에서 필요한 의존성을 임포트하고 isLoggedIn 쿼리를 추가한다.

```
import { useQuery, gql } from '@apollo/client';

const IS_LOGGED_IN = gql'
  {
    isLoggedIn @client
  }
';
```

이제 리액트 라우터의 **Redirect** 라이브러리를 가져오고 **PrivateRoute** 컴포넌트를 작성하여 로그인하지 않은 사용자를 리디렉션한다.

```
// 리액트 라우터 임포트를 업데이트하여 Redirect 포함
import { BrowserRouter as Router, Route, Redirect } from 'react-router-dom';

// 'Pages' 컴포넌트 하에 PrivateRoute 컴포넌트 추가
const PrivateRoute = ({ component: Component, ...rest }) => {
  const { loading, error, data } = useQuery(IS_LOGGED_IN);
  // 데이터 로딩 중이면 로딩 메시지 표시
  if (loading) return <p>Loading...</p>;
  // 데이터 로딩 중 에러가 발생하면 에러 메시지 표시
  if (error) return <p>Error!</p>;
  // 사용자가 로그인해 있으면 요청한 컴포넌트로 라우팅
  // 사용자가 로그인 상태가 아니면 로그인 페이지로 리디렉션
  return (
    <Route
      {...rest}
      render={props =>
        data.isLoggedIn === true ? (
          <Component {...props} />
        ) : (
          <Redirect
            to={{
              pathname: '/signin',
              state: { from: props.location }
            }}
          />
        )
      }
    />
  );
};

export default Pages;
```

마지막으로, 로그인한 사용자가 **PrivateRoute** 컴포넌트를 사용하도록 경로를 업데이트할 수 있다.

```
const Pages = () => {
  return (
```

```
<Router>
  <Layout>
    <Route exact path="/" component={Home} />
    <PrivateRoute path="/mynotes" component={MyNotes} />
    <PrivateRoute path="/favorites" component={Favorites} />
    <Route path="/note/:id" component={Note} />
    <Route path="/signup" component={SignUp} />
    <Route path="/signin" component={SignIn} />
  </Layout>
</Router>
  );
};
```

NOTE_ 리디렉트 상태
프라이빗 경로를 리디렉션하면 참조 URL도 상태로 저장된다. 이를 통해 원래 탐색하려는 페이지로 사용자를 다시 리디렉션할 수 있다. `props.state.location.from`을 사용하면 이 기능을 사용하도록 로그인 페이지에서 리디렉션을 업데이트할 수 있다.

이제 사용자가 로그인한 사용자를 위한 페이지로 이동하려고 하면 로그인 페이지로 리디렉션된다.

15.8 결론

이 장에서는 클라이언트 측 자바스크립트 애플리케이션을 만들기 위한 두 가지 중요한 개념, 인증과 상태를 설명했다. 인증의 흐름을 완전히 한 번 구현하고 나면, 사용자 계정이 클라이언트 애플리케이션과 어떻게 작동하는지에 대한 통찰력을 얻을 수 있다. 여기에서 더 깊은 부분에 관심이 있다면, OAuth와 같은 대체 옵션이나 Auth0, Okta, Firebase와 같은 인증 서비스를 살펴보기 바란다. 인증과 상태의 개념 외에도 컴포넌트 수준에서 리액트 훅 API를 사용하거나 애플리케이션 전체에서 아폴로의 로컬 상태를 사용하여 애플리케이션에서 상태를 관리하는 방법도 알아보았다. 이러한 핵심 개념을 잘 숙지하면 훌륭한 사용자 인터페이스를 가진 애플리케이션을 만들 수 있다.

## CHAPTER 16

생성, 읽기, 업데이트, 삭제 작업

필자는 종이 메모장을 좋아해서 늘 지니고 다닌다. 메모장은 저렴하고, 짤막한 생각을 빠르게 채워 넣기에 좋다. 얼마 전에 필자는 예쁜 표지와 고급스러운 재질을 가진 비싼 양장 공책을 구입했다. 구매할 때는 그 공책에 무엇을 스케치할지, 계획을 어떻게 써넣을지 기대로 가득 차 있었지만⋯ 결국 그 양장 공책에는 몇 달 동안 아무것도 쓰지 않은 채 책상 위에서 방치되었고, 결국 필자는 양장 공책을 선반에 놓고 원래 쓰던 메모장으로 돌아갔다.

멋진 양장 공책과 마찬가지로, 앱은 사용자가 상호작용할 수 있을 때만 쓸모를 가진다. Notedly 애플리케이션은 'CRUD(생성, 읽기, 업데이트, 삭제) 애플리케이션'이라는 점을 기억해야 한다. 인증된 사용자는 새 노트를 작성하고, 노트를 읽고, 노트 내용을 업데이트하고, 노트 상태를 즐겨찾기로 업데이트하고, 노트를 삭제할 수 있다. 이 장에서는 웹 사용자 인터페이스 내에서 이러한 기능을 모두 구현할 것이다. 이러한 작업을 수행하기 위한 그래프QL 뮤테이션과 쿼리를 작성해보자.

16.1 새 노트 생성

지금은 노트를 볼 수는 있지만, 노트를 만들 수 있는 방법이 없다. 이것은 펜이 없는 공책과 비슷하다. 그러므로 이제부터 사용자가 새 노트를 작성하는 기능을 추가해보자. 먼저 사용자가 노트를 작성할 수 있는 영역에 해당하는 textarea 폼을 만들어야 한다. 사용자가 폼을 제출하면 그래프QL 뮤테이션을 수행하여 데이터베이스에 노트를 만든다.

다음과 같이 src/pages/new.js에서 NewNote 컴포넌트를 만들어보자.

```javascript
import React, { useEffect } from 'react';
import { useMutation, gql } from '@apollo/client';

const NewNote = props => {
  useEffect(() => {
    // 문서 제목 업데이트
    document.title = 'New Note - Notedly';
  });

  return <div>New note</div>;
};

export default NewNote;
```

다음으로 src/pages/index.js 파일에서 새로운 경로를 설정해보자.

```javascript
// NewNote 경로 컴포넌트 임포트
import NewNote from './new';

// 경로 목록에 프라이빗 경로 추가
<PrivateRoute path="/new" component={NewNote} />
```

새 노트 작성과 기존 노트의 업데이트는 유사한 작업이기 때문에 같은 컴포넌트를 공유할 수 있다. 이제 NoteForm이라는 새 컴포넌트를 만들어 노트 폼 편집을 위한 마크업 및 리액트 상태로 사용할 것이다.

src/components/NoteForm.js라는 새 파일을 만들자. 이 컴포넌트는 최소한의 스타일을 가지고 있으며, 텍스트 영역을 포함하는 폼 요소로 구성된다. 기능은 UserForm 컴포넌트와 매우 유사하다.

```javascript
import React, { useState } from 'react';
import styled from 'styled-components';

import Button from './Button';
```

```
const Wrapper = styled.div'
  height: 100%;
';

const Form = styled.form'
  height: 100%;
';

const TextArea = styled.textarea'
  width: 100%;
  height: 90%;
';

const NoteForm = props => {
  // 기본 양식 상태 설정
  const [value, setValue] = useState({ content: props.content || '' });

  // 사용자가 양식을 입력하면 상태 업데이트
  const onChange = event => {
    setValue({
      ...value,
      [event.target.name]: event.target.value
    });
  };

  return (
    <Wrapper>
      <Form
        onSubmit={e => {
          e.preventDefault();
          props.action({
            variables: {
              ...values
            }
          });
        }}
      >
        <TextArea
          required
          type="text"
          name="content"
          placeholder="Note content"
          value={value.content}
          onChange={onChange}
```

```
            />
            <Button type="submit">Save</Button>
        </Form>
      </Wrapper>
    );
};

export default NoteForm;
```

다음으로, NewNote 페이지 컴포넌트에서 NoteForm 컴포넌트를 참조해야 한다. src/pages/
new.js를 다음과 같이 편집하자.

```
import React, { useEffect } from 'react';
import { useMutation, gql } from '@apollo/client';
// NoteForm 컴포넌트 임포트
import NoteForm from '../components/NoteForm';

const NewNote = props => {
  useEffect(() => {
    // 문서 제목 업데이트
    document.title = 'New Note - Notedly';
  });

  return <NoteForm />;
};
export default NewNote;
```

이렇게 코드 업데이트를 마치고 *http://localhost:1234/new*로 이동하면 텍스트 편집 폼이
표시된다(그림 16-1).

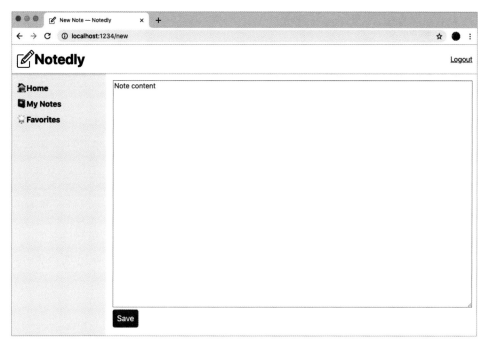

그림 16-1 텍스트 편집 폼과 [Save] 버튼을 갖춘 NewNote 컴포넌트

폼이 완성되었으니 새로운 노트를 만들기 위한 뮤테이션을 작성하자. `src/pages/new.js`를 다음과 같이 편집하자.

```
import React, { useEffect } from 'react';
import { useMutation, gql } from '@apollo/client';

import NoteForm from '../components/NoteForm';

// 새 노트 쿼리
const NEW_NOTE = gql'
  mutation newNote($content: String!) {
    newNote(content: $content) {
      id
      content
      createdAt
      favoriteCount
      favoritedBy {
        id
        username
```

```
      }
      author {
        username
        id
      }
    }
  }
';

const NewNote = props => {
  useEffect(() => {
    // 문서 제목 업데이트
    document.title = 'New Note - Notedly';
  });

  const [data, { loading, error }] = useMutation(NEW_NOTE, {
    onCompleted: data => {
      // 완료되면 사용자를 노트 페이지로 리디렉션
      props.history.push('note/${data.newNote.id}');
    }
  });

  return (
    <React.Fragment>
      {/* 뮤테이션 로딩 중이면 로딩 메시지 표시 */}
      {loading && <p>Loading...</p>}
      {/* 에러가 있으면 에러 메시지 표시 */}
      {error && <p>Error saving the note</p>}
      {/* 폼 컴포넌트는 뮤테이션 데이터를 prop으로 전달 */}
      <NoteForm action={data} />
    </React.Fragment>
  );
};

export default NewNote;
```

이 코드에서는 폼을 제출할 때 newNote 뮤테이션을 수행한다. 뮤테이션이 성공하면 사용자는 개별 노트 페이지로 리디렉션된다. 보다시피 newNote 뮤테이션은 많은 양의 데이터를 요구하는데, 이는 note 뮤테이션이 요청하는 데이터와 일치하며 개별 노트 컴포넌트를 빠르게 탐색할 수 있도록 아폴로의 캐시를 업데이트한다.

앞에서 언급했듯이 아폴로는 적극적으로 쿼리를 캐시하는 방식으로 애플리케이션 탐색 속도를

높인다. 그런데 이는 사용자가 페이지를 방문하여 방금 업데이트한 내용을 볼 수 없음을 의미한다. 아폴로의 캐시를 수동으로 업데이트할 수도 있지만, 방금 업데이트한 내용을 보기 위한 더 쉬운 방법은 아폴로의 refetchQueries 기능을 사용하여 뮤테이션을 수행할 때 의도적으로 캐시를 업데이트하는 것이다. 이렇게 하려면 미리 작성된 쿼리에 접근해야 한다. 지금까지는 미리 작성된 쿼리를 컴포넌트 파일의 맨 위에 포함시켰지만, 이제 이들을 자체 query.js 파일로 옮기자. 새 파일 /src/gql/query.js를 만들고 IS_LOGGED_IN 쿼리를 비롯한 각 노트 쿼리를 추가하자.

```javascript
import { gql } from '@apollo/client';

const GET_NOTES = gql`
  query noteFeed($cursor: String) {
    noteFeed(cursor: $cursor) {
      cursor
      hasNextPage
      notes {
        id
        createdAt
        content
        favoriteCount
        author {
          username
          id
          avatar
        }
      }
    }
  }
`;

const GET_NOTE = gql`
  query note($id: ID!) {
    note(id: $id) {
      id
      createdAt
      content
      favoriteCount
      author {
        username
        id
```

```
        avatar
      }
    }
  }
';

const IS_LOGGED_IN = gql'
  {
    isLoggedIn @client
  }
';

export { GET_NOTES, GET_NOTE, IS_LOGGED_IN };
```

> **TIP_ 재사용 가능한 쿼리와 뮤테이션**
> 앞으로는 모든 쿼리와 뮤테이션을 컴포넌트와 분리하여 유지할 것이다. 이렇게 하면 애플리케이션에서 쉽게
> 재사용할 수 있으며 테스트 중에 더미를 만드는 데 유용하다(*https://oreil.ly/qo9uE*).

이제 src/pages/new.js에서 쿼리를 가져오고 refetchQueries 옵션을 추가하여 뮤테이션이
GET_NOTES 쿼리를 다시 가져오도록 요청할 수 있다.

```
// 쿼리 임포트
import { GET_NOTES } from '../gql/query';

// NewNote 컴포넌트 내에서 뮤테이션 업데이트
// 다른 건 그대로 유지

const NewNote = props => {
  useEffect(() => {
    // 문서 제목 업데이트
    document.title = 'New Note - Notedly';
  });

  const [data, { loading, error }] = useMutation(NEW_NOTE, {
    // GET_NOTES 쿼리를 다시 가져와서 캐시 업데이트
    refetchQueries: [{ query: GET_NOTES }],
    onCompleted: data => {
      // 완료되면 사용자를 노트 페이지로 리디렉션
      props.history.push('note/${data.newNote.id}');
    }
```

```
    });

    return (
      <React.Fragment>
        {/* 뮤테이션 로딩 중이면 로딩 메시지 표시 */}
        {loading && <p>Loading...</p>}
        {/* 에러가 있으면 에러 메시지 표시 */}
        {error && <p>Error saving the note</p>}
        {/* 폼 컴포넌트는 뮤테이션 데이터를 prop으로 전달 */}
        <NoteForm action={data} />
      </React.Fragment>
    );
  };
```

마지막 단계로, 사용자가 쉽게 이동할 수 있도록 /new 페이지에 대한 링크를 추가하자. src/components/Navigation.js 파일에서 다음과 같이 새 링크 항목을 추가하자.

```
<li>
  <Link to="/new">New</Link>
</li>
```

이러한 작업을 통해 사용자는 새 노트 페이지로 이동하고, 노트를 입력하고, 노트를 데이터베이스에 저장할 수 있게 되었다.

16.2 노트 읽기

이 시점의 애플리케이션은 개별 노트뿐만 아니라 노트 피드를 읽을 수도 있지만, 아직 인증된 사용자의 노트를 쿼리할 수는 없다. 이제부터 두 개의 그래프QL 쿼리를 작성하여 사용자가 작성한 노트 피드와 해당 사용자의 즐겨찾기 노트 피드를 만들자.

src/gql/query.js에 GET_MY_NOTES 쿼리를 추가하고 다음과 같이 export를 업데이트하자.

```
// GET_MY_NOTES 쿼리 추가
const GET_MY_NOTES = gql'
  query me {
    me {
```

```
      id
      username
      notes {
        id
        createdAt
        content
        favoriteCount
        author {
          username
          id
          avatar
        }
      }
    }
  }
';

// GET_NOTES를 포함하도록 업데이트
export { GET_NOTES, GET_NOTE, IS_LOGGED_IN, GET_MY_NOTES };
```

이제 src/pages/mynotes.js에서 쿼리를 임포트하고, NoteFeed 컴포넌트를 사용하여 노트를 표시하자.

```
import React, { useEffect } from 'react';
import { useQuery, gql } from '@apollo/client';

import NoteFeed from '../components/NoteFeed';
import { GET_MY_NOTES } from '../gql/query';

const MyNotes = () => {
  useEffect(() => {
    // 문서 제목 업데이트
    document.title = 'My Notes — Notedly';
  });

  const { loading, error, data } = useQuery(GET_MY_NOTES);

  // 데이터 로딩 중이면 앱에서 로딩 메시지 표시
  if (loading) return 'Loading...';
  // 데이터 로딩 중 에러가 발생하면 에러 메시지 표시
  if (error) return 'Error! ${error.message}';
  // 쿼리에 성공하고 노트가 있으면, 노트 피드 반환
```

```
    // 쿼리가 성공했으나 노트가 없으면 메시지 표시
    if (data.me.notes.length !== 0) {
      return <NoteFeed notes={data.me.notes} />;
    } else {
      return <p>No notes yet</p>;
    }
  };

  export default MyNotes;
```

이 과정을 반복하면 'favorites(즐겨찾기)' 페이지도 만들 수 있다. 먼저 src/gql/query.js를 다음과 같이 편집하자.

```
  // GET_MY_FAVORITES 쿼리 추가
  const GET_MY_FAVORITES = gql'
    query me {
      me {
        id
        username
        favorites {
          id
          createdAt
          content
          favoriteCount
          author {
            username
            id
            avatar
          }
        }
      }
    }
  ';

  // GET_MY_FAVORITES 포함하도록 업데이트
  export { GET_NOTES, GET_NOTE, IS_LOGGED_IN, GET_MY_NOTES, GET_MY_FAVORITES };
```

다음으로 src/pages/favorites.js를 다음과 같이 편집하자.

```
  import React, { useEffect } from 'react';
  import { useQuery, gql } from '@apollo/client';
```

```
import NoteFeed from '../components/NoteFeed';
// 쿼리 임포트
import { GET_MY_FAVORITES } from '../gql/query';

const Favorites = () => {
  useEffect(() => {
    // 문서 제목 업데이트
    document.title = 'Favorites - Notedly';
  });

  const { loading, error, data } = useQuery(GET_MY_FAVORITES);

  // 데이터 로딩 중이면 앱에서 로딩 메시지 표시
  if (loading) return 'Loading...';
  // 데이터 로딩 중 에러가 발생하면 에러 메시지 표시
  if (error) return 'Error! ${error.message}';
  // 쿼리에 성공하고 노트가 있으면, 노트 피드 반환
  // 쿼리가 성공했으나 노트가 없으면 메시지 표시
  if (data.me.favorites.length !== 0) {
    return <NoteFeed notes={data.me.favorites} />;
  } else {
    return <p>No favorites yet</p>;
  }
};

export default Favorites;
```

마지막으로, 노트가 생성될 때 캐시된 GET_MY_NOTES 쿼리를 다시 가져와서 사용자 노트 목록이 업데이트되도록 src/pages/new.js 파일을 업데이트하자. src/pages/new.js에서 먼저 그래프QL 쿼리 임포트 부분을 업데이트하자.

```
import { GET_MY_NOTES, GET_NOTES } from '../gql/query';
```

그런 다음 뮤테이션을 업데이트하자.

```
const [data, { loading, error }] = useMutation(NEW_NOTE, {
  // GET_NOTES, GET_MY
  refetchQueries: [{ query: GET_MY_NOTES }, { query: GET_NOTES }],
  onCompleted: data => {
    // 완료되면 사용자를 노트 페이지로 리디렉션
    props.history.push('note/${data.newNote.id}');
```

```
    }
  });
```

이러한 변경을 통해 애플리케이션 내에서 모든 종류의 읽기 작업을 수행할 수 있게 되었다.

16.3 노트 업데이트

지금은 사용자가 작성한 노트를 업데이트할 방법이 없다. 이를 해결하기 위해 애플리케이션에서 노트 편집을 활성화하자. 그래프QL API에는 노트 ID와 내용을 파라미터로 받는 updateNotemutation이 있다. 노트가 데이터베이스에 존재하는 경우, 뮤테이션은 파라미터로 받은 내용으로 저장된 콘텐츠를 업데이트한다.

애플리케이션에서 /edit/NOTE_ID에 기존 노트 내용을 textarea 영역에 배치하도록 경로를 만들 수 있다. 사용자가 [Save(저장)]를 클릭하면 폼을 제출하고 updateNote 뮤테이션을 수행하게 할 것이다.

그럼, 노트를 편집할 새 경로를 만들어보자. 먼저 src/pages/note.js 페이지를 복제하고 이름을 edit.js로 지정하자. 지금은 이 페이지에 노트가 표시되기만 할 것이다.

src/pages/edit.js를 다음과 같이 편집하자.

```
import React from 'react';
import { useQuery, useMutation, gql } from '@apollo/client';

// Note 컴포넌트 임포트
import Note from '../components/Note';
// GET_NOTE 쿼리 임포트
import { GET_NOTE } from '../gql/query';

const EditNote = props => {
  // URL에서 찾은 ID를 변수로 저장
  const id = props.match.params.id;
  // 노트 쿼리 정의
  const { loading, error, data } = useQuery(GET_NOTE, { variables: { id } });

  // 데이터 로딩 중이면 로딩 메시지 표시
```

```
    if (loading) return 'Loading...';
    // 데이터 로딩 중 에러가 발생하면 에러 메시지 표시
    if (error) return <p>Error! Note not found</p>;
    // 성공하면 데이터를 note 컴포넌트에 전달
    return <Note note={data.note} />;
};

export default EditNote;
```

다음으로 src/pages/index.js에 경로를 추가해서 페이지를 탐색할 수 있게 하자.

```
// edit 페이지 컴포넌트 임포트
import EditNote from './edit';

// :id 파라미터를 받는 새 프라이빗 경로 추가
<PrivateRoute path="/edit/:id" component={EditNote} />
```

이를 통해 /note/ID의 노트 페이지로 이동하여 /edit/ID로 바꾸면 노트 자체가 렌더링된다. 그 대신 폼의 **textarea**에 노트 내용을 표시하도록 변경해보자.

src/pages/edit.js에서 Note 컴포넌트의 import 문을 제거하고 NoteForm 컴포넌트로 바꾸자.

```
// NoteForm 컴포넌트 임포트
import NoteForm from '../components/NoteForm';
```

이제 편집 폼을 사용하도록 EditNote 컴포넌트를 업데이트할 수 있다. content 속성을 사용하여 노트의 내용을 폼 컴포넌트에 전달할 수 있다. 우리가 만든 그래프QL 뮤테이션은 원래 작성자의 업데이트만 허용하는데, 다른 사용자에게 혼동을 주지 않도록 폼을 노트 작성자에게 만 표시할 수도 있다.

먼저 src/gql/query.js 파일에 새 쿼리를 추가하여 현재 사용자, 사용자 ID, 즐겨찾기 노트 ID 목록을 가져오자.

```
// 쿼리에 GET_ME 추가
const GET_ME = gql'
  query me {
```

```
      me {
        id
        favorites {
          id
        }
      }
    }
  ';


  // GET_ME 포함하도록 업데이트
  export {
    GET_NOTES,
    GET_NOTE,
    GET_MY_NOTES,
    GET_MY_FAVORITES,
    GET_ME,
    IS_LOGGED_IN
  };
```

src/pages/edit.js에서 GET_ME 쿼리를 임포트하고 사용자 확인을 포함하자.

```
  import React from 'react';
  import { useMutation, useQuery } from '@apollo/client';

  // NoteForm 컴포넌트 임포트
  import NoteForm from '../components/NoteForm';
  import { GET_NOTE, GET_ME } from '../gql/query';
  import { EDIT_NOTE } from '../gql/mutation';

  const EditNote = props => {
    // URL에서 찾은 ID를 변수로 저장
    const id = props.match.params.id;
    // 노트 쿼리 정의
    const { loading, error, data } = useQuery(GET_NOTE, { variables: { id } });
    // 현재 사용자 데이터 불러오기
    const { data: userdata } = useQuery(GET_ME);
    // 데이터 로딩 중이면 로딩 메시지 표시
    if (loading) return 'Loading...';
    // 데이터 로딩 중 에러가 발생하면 에러 메시지 표시
    if (error) return <p>Error! Note not found</p>;
    // 현재 사용자와 노트 작성자가 불일치할 경우
    if (userdata.me.id !== data.note.author.id) {
      return <p>You do not have access to edit this note</p>;
```

```
  }
  // 데이터를 양식 컴포넌트에 전달
  return <NoteForm content={data.note.content} />;
};
```

폼에서 노트를 편집할 수 있지만, 아직은 버튼을 클릭해도 변경 사항이 저장되지는 않는다. 그래프QL updateNote 뮤테이션을 여기에도 쓰자. 쿼리 파일과 비슷하게 뮤테이션을 담을 파일을 만드는 것이다. src/gql/mutation을 다음과 같이 편집하자.

```
import { gql } from '@apollo/client';

const EDIT_NOTE = gql'
  mutation updateNote($id: ID!, $content: String!) {
    updateNote(id: $id, content: $content) {
      id
      content
      createdAt
      favoriteCount
      favoritedBy {
        id
        username
      }
      author {
        username
        id
      }
    }
  }
';

export { EDIT_NOTE };
```

뮤테이션을 작성했으니, 이를 임포트하고 컴포넌트 코드를 업데이트하면 버튼을 클릭했을 때 뮤테이션을 호출할 수 있다. 이를 위해 useMutation 훅을 추가하자. 뮤테이션이 완료되면 사용자를 노트 페이지로 리디렉션하게 된다.

```
// 뮤테이션 임포트
import { EDIT_NOTE } from '../gql/mutation';

const EditNote = props => {
```

```
// URL에서 찾은 ID를 변수로 저장
const id = props.match.params.id;
// 노트 쿼리 정의
const { loading, error, data } = useQuery(GET_NOTE, { variables: { id } });
// 현재 사용자 데이터 불러오기
const { data: userdata } = useQuery(GET_ME);
// 뮤테이션 정의
const [editNote] = useMutation(EDIT_NOTE, {
  variables: {
    id
  },
  onCompleted: () => {
    props.history.push('/note/${id}');
  }
});

// 데이터 로딩 중이면 로딩 메시지 표시
if (loading) return 'Loading...';
// 데이터 로딩 중 에러가 발생하면 에러 메시지 표시
if (error) return <p>Error!</p>;
// 현재 사용자와 노트 작성자가 불일치할 경우
if (userdata.me.id !== data.note.author.id) {
  return <p>You do not have access to edit this note</p>;
}

// 데이터를 양식 컴포넌트에 전달
return <NoteForm content={data.note.content} action={editNote} />;
};

export default EditNote;
```

마지막으로 사용자가 노트 작성자인 경우에만 'Edit(편집)' 링크를 표시하게 해보자. 먼저 애플리케이션에서 현재 사용자의 ID가 노트 작성자의 ID와 일치하는지 확인해야 한다. 지금부터 이 동작을 구현하기 위한 몇 가지 컴포넌트를 다룰 것이다.

이 시점에서는 Note 컴포넌트 내에서 직접 기능을 구현할 수도 있지만, 대신 src/components/NoteUser.js에서 로그인한 사용자의 상호작용만을 위한 컴포넌트를 만들어보겠다. 이 리액트 컴포넌트에서 현재 사용자 ID에 대한 그래프QL 쿼리를 수행하고 편집 페이지에 라우팅 가능한 링크를 제공할 것이다. 이 정보를 가지고 필요한 라이브러리를 포함시키고, 새로운 리액트 컴포넌트를 셋업하게 할 수 있다. 새 리액트 컴포넌트에는 편집 링크가 포함되어 있으며, 이

링크는 사용자를 노트의 편집 페이지로 라우팅한다. 사용자는 노트를 소유한 사람과 관계없이 이 링크를 볼 수 있다.

다음과 같이 src/components/NoteUser.js를 업데이트하자.

```
import React from 'react';
import { useQuery, gql } from '@apollo/client';
import { Link } from 'react-router-dom';

const NoteUser = props => {
  return <Link to={'/edit/${props.note.id}'}>Edit</Link>;
};

export default NoteUser;
```

다음으로 로컬 isLoggedIn 상태 쿼리를 수행하도록 Note 컴포넌트를 업데이트할 것이다. 그러면 사용자의 로그인 상태에 따라 NoteUser 컴포넌트를 조건부로 렌더링할 수 있다.

NoteUser 컴포넌트와 함께 쿼리를 수행하기 위해 먼저 그래프QL 라이브러리를 임포트해야 한다. src/components/Note.js 파일 맨 위에 다음을 추가하자.

```
import { useQuery } from '@apollo/client';

// 로그인한 사용자 UI 컴포넌트 임포트
import NoteUser from './NoteUser';
// IS_LOGGED_IN 로컬 쿼리 임포트
import { IS_LOGGED_IN } from '../gql/query';
```

이제 JSX 컴포넌트를 업데이트하여 로그인 상태를 확인할 수 있다. 사용자가 로그인하면 NoteUser 컴포넌트가 표시된다. 사용자가 로그인한 상태가 아니라면 즐겨찾기 수를 표시한다.

```
const Note = ({ note }) => {
  const { loading, error, data } = useQuery(IS_LOGGED_IN);
  // 데이터 로딩 중이면 로딩 메시지 표시
  if (loading) return <p>Loading...</p>;
  // 데이터 로딩 중 에러가 발생하면 에러 메시지 표시
  if (error) return <p>Error!</p>;
```

```
    return (
      <StyledNote>
        <MetaData>
          <MetaInfo>
            <img
              src={note.author.avatar}
              alt={'${note.author.username} avatar'}
              height="50px"
            />
          </MetaInfo>
          <MetaInfo>
            <em>by</em> {note.author.username} <br />
            {format(note.createdAt, 'MMM Do YYYY')}
          </MetaInfo>
          {data.isLoggedIn ? (
            <UserActions>
              <NoteUser note={note} />
            </UserActions>
          ) : (
            <UserActions>
              <em>Favorites:</em> {note.favoriteCount}
            </UserActions>
          )}
        </MetaData>
        <ReactMarkdown source={note.content} />
      </StyledNote>
    );
};
```

NOTE_ 인증되지 않은 편집

UI에서 편집 링크를 숨기더라도 사용자는 자신이 소유하지 않은 노트의 편집 화면으로 이동할 수 있다. 다행히도 그래프QL API는 노트 소유자 이외의 사람이 노트 내용을 편집하지 못하도록 설계되었다. 이 책에서는 그렇게 하지 않겠지만, `src/pages/edit.js` 컴포넌트를 업데이트해서 노트 소유자가 아닌 경우 사용자를 리디렉션하면 인증되지 않은 사용자의 편집을 막을 수 있다.

이 변경 덕에, 로그인한 사용자는 각 노트의 맨 위의 편집 링크를 볼 수 있다. 링크를 클릭하면 누가 노트의 소유자인지에 관계없이 편집 폼으로 이동하게 된다. 이 문제를 해결하려면 어떻게 해야 할까? NoteUser 컴포넌트를 업데이트하여 현재 사용자의 ID를 쿼리하고, 노트 작성자의

ID와 일치하는 경우에만 편집 링크를 표시하게 하면 된다.

먼저 src/components/NoteUser.js에 다음을 추가하자.

```
import React from 'react';
import { useQuery } from '@apollo/client';
import { Link } from 'react-router-dom';

// GET_ME 쿼리 임포트
import { GET_ME } from '../gql/query';

const NoteUser = props => {
  const { loading, error, data } = useQuery(GET_ME);
  // 데이터 로딩 중이면 로딩 메시지 표시
  if (loading) return <p>Loading...</p>;
  // 데이터 로딩 중 에러가 발생하면 에러 메시지 표시
  if (error) return <p>Error!</p>;
  return (
    <React.Fragment>
      Favorites: {props.note.favoriteCount}
      <br />
      {data.me.id === props.note.author.id && (
        <React.Fragment>
          <Link to={`/edit/${props.note.id}`}>Edit</Link>
        </React.Fragment>
      )}
    </React.Fragment>
  );
};

export default NoteUser;
```

이 변경 덕에 노트의 원래 작성자만 UI에서 편집 링크를 볼 수 있게 되었다(그림 16-2).

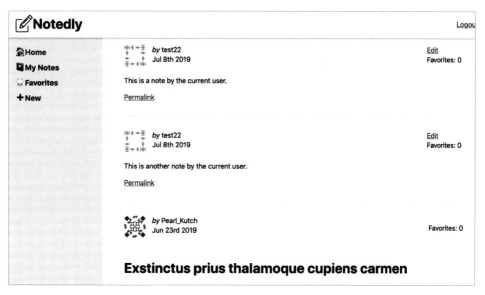

그림 16-2 노트의 소유자만 편집 링크를 볼 수 있다.

16.4 노트 삭제

아직 CRUD 애플리케이션에 노트를 삭제하는 기능이 없다. 그러므로 버튼을 클릭하면 그래프QL 뮤테이션을 수행하여 노트를 삭제하는 버튼 UI 컴포넌트를 src/components/DeleteNote.js에 만들어보자. 라우팅할 수 없는 컴포넌트 내에서 리디렉션을 수행하므로, 리액트 라우터 중 우선순위가 높은 컴포넌트인 withRouter를 사용할 것이다.

```
import React from 'react';
import { useMutation } from '@apollo/client';
import { withRouter } from 'react-router-dom';

import ButtonAsLink from './ButtonAsLink';

const DeleteNote = props => {
  return <ButtonAsLink>Delete Note</ButtonAsLink>;
};

export default withRouter(DeleteNote);
```

이제 뮤테이션을 작성하자. 우리의 그래프QL API에는 deleteNote 뮤테이션이 있으며, 노트가 삭제되면 true를 반환한다. 뮤테이션이 완료되면 사용자를 애플리케이션의 /mynotes 페이지로 리디렉션한다.

먼저 src/gql/mutation.js에서 다음과 같은 뮤테이션을 작성하자.

```
const DELETE_NOTE = gql'
  mutation deleteNote($id: ID!) {
    deleteNote(id: $id)
  }
';

// DELETE_NOTE를 포함하도록 업데이트
export { EDIT_NOTE, DELETE_NOTE };
```

이제 src/components/DeleteNote에 다음을 추가하자.

```
import React from 'react';
import { useMutation } from '@apollo/client';
import { withRouter } from 'react-router-dom';

import ButtonAsLink from './ButtonAsLink';
// DELETE_NOTE 뮤테이션 임포트
import { DELETE_NOTE } from '../gql/mutation';
// 노트 삭제 이후 다시 가져오도록 쿼리 임포트
import { GET_MY_NOTES, GET_NOTES } from '../gql/query';

const DeleteNote = props => {
  const [deleteNote] = useMutation(DELETE_NOTE, {
    variables: {
      id: props.noteId
    },
    // 캐시를 업데이트하도록 노트 리스트 쿼리 다시 불러오기
    refetchQueries: [{ query: GET_MY_NOTES, GET_NOTES }],
    onCompleted: data => {
      // 사용자를 "my notes" 페이지로 리디렉션
      props.history.push('/mynotes');
    }
  });

  return <ButtonAsLink onClick={deleteNote}>Delete Note</ButtonAsLink>;
```

```
  };

  export default withRouter(DeleteNote);
```

이제 src/components/NoteUser.js 파일 내에 새로운 DeleteNote 컴포넌트를 임포트해서 노트 작성자에게만 표시할 수 있다.

```
import React from 'react';
import { useQuery } from '@apollo/client';
import { Link } from 'react-router-dom';

import { GET_ME } from '../gql/query';
// DeleteNote 컴포넌트 임포트
import DeleteNote from './DeleteNote';

const NoteUser = props => {
  const { loading, error, data } = useQuery(GET_ME);
  // 데이터 로딩 중이면 로딩 메시지 표시
  if (loading) return <p>Loading...</p>;
  // 데이터 로딩 중 에러가 발생하면 에러 메시지 표시
  if (error) return <p>Error!</p>;

  return (
    <React.Fragment>
      Favorites: {props.note.favoriteCount} <br />
      {data.me.id === props.note.author.id && (
        <React.Fragment>
          <Link to={`/edit/${props.note.id}`}>Edit</Link> <br />
          <DeleteNote noteId={props.note.id} />
        </React.Fragment>
      )}
    </React.Fragment>
  );
};

export default NoteUser;
```

이제 로그인한 사용자가 버튼을 클릭하여 노트를 삭제할 수 있게 되었다.

16.5 즐겨찾기 추가/제거

애플리케이션에 구현되지 않은 마지막 사용자 기능은 'favorite(즐겨찾기)' 노트를 추가하고 제거하는 기능이다. 앞에서 따른 패턴을 그대로 써서 기능에 대한 컴포넌트를 작성하고 이를 애플리케이션에 통합해보자. 먼저 src/components/FavoriteNote.js에 새로운 컴포넌트를 생성하자.

```javascript
import React, { useState } from 'react';
import { useMutation } from '@apollo/client';

import ButtonAsLink from './ButtonAsLink';

const FavoriteNote = props => {
  return <ButtonAsLink>Add to favorites</ButtonAsLink>;
};

export default FavoriteNote;
```

기능을 추가하기 전에 이 컴포넌트를 src/components/NoteUser.js 컴포넌트에 통합하자. 먼저 컴포넌트를 임포트하자.

```javascript
import FavoriteNote from './FavoriteNote';
```

이제 JSX 내에 컴포넌트에 대한 참조를 포함하자. GET_ME 쿼리를 작성할 때 포함했던 즐겨찾기 노트 ID 목록이 여기에서도 쓰인다.

```javascript
return (
  <React.Fragment>
    <FavoriteNote
      me={data.me}
      noteId={props.note.id}
      favoriteCount={props.note.favoriteCount}
    />
    <br />
    {data.me.id === props.note.author.id && (
      <React.Fragment>
        <Link to={`/edit/${props.note.id}`}>Edit</Link> <br />
        <DeleteNote noteId={props.note.id} />
```

```
      </React.Fragment>
    )}
  </React.Fragment>
);
```

FavoriteNote 컴포넌트에 세 가지 속성을 전달하고 있음을 알 수 있다. 첫째는 me 데이터로, 현재 사용자의 ID와 즐겨찾기 노트 목록이 포함된다. 둘째는 noteID로, 현재 노트의 ID를 담고 있다. 셋째는 favoriteCount로, 현재 사용자 즐겨찾기한 노트의 총 수이다.

이제 src/components/FavoriteNote.js 파일로 돌아가자. 이 파일은 현재 즐겨찾기 수를 상태로 저장하고, 현재 노트 ID가 기존의 사용자 즐겨찾기 목록에 있는지 확인하는 역할을 해야한다. 그리고 사용자의 즐겨찾기 상태에 따라 사용자에게 표시되는 텍스트를 변경해야 한다. 사용자가 버튼을 클릭하면 toggleFavorite 뮤테이션을 호출하여 사용자 목록에서 즐겨찾기를 추가하거나 제거할 것이다. 먼저, 상태를 통해 클릭 기능을 제어하도록 컴포넌트를 업데이트하자.

```
const FavoriteNote = props => {
  // 노트의 즐겨찾기 카운트를 상태로 저장
  const [count, setCount] = useState(props.favoriteCount);

  // 사용자가 노트를 즐겨찾기했는지를 상태로 저장
  const [favorited, setFavorited] = useState(
    // 노트가 사용자의 즐겨찾기 목록에 있는지 확인
    props.me.favorites.filter(note => note.id === props.noteId).length > 0
  );

  return (
    <React.Fragment>
      {favorited ? (
        <ButtonAsLink
          onClick={() => {
            setFavorited(false);
            setCount(count - 1);
          }}
        >
          Remove Favorite
        </ButtonAsLink>
      ) : (
        <ButtonAsLink
          onClick={() => {
```

```
              setFavorited(true);
              setCount(count + 1);
          }}
        >
          Add Favorite
        </ButtonAsLink>
      )}
      : {count}
    </React.Fragment>
  );
};
```

이제 사용자가 클릭할 때 상태를 업데이트할 수 있게 되었지만, 아직 그래프QL 뮤테이션을 호출하지는 않고 있다. 뮤테이션을 작성하고 컴포넌트에 추가하여 이 컴포넌트를 완성해보자. 결과는 그림 16-3에 표시되어 있다.

src/gql/mutation.js를 다음과 같이 편집하자.

```
// TOGGLE_FAVORITE 뮤테이션 추가
const TOGGLE_FAVORITE = gql'
  mutation toggleFavorite($id: ID!) {
    toggleFavorite(id: $id) {
      id
      favoriteCount
    }
  }
';


// TOGGLE_FAVORITE를 포함하도록 업데이트
export { EDIT_NOTE, DELETE_NOTE, TOGGLE_FAVORITE };
```

src/components/FavoriteNote.js를 다음과 같이 편집하자.

```
import React, { useState } from 'react';
import { useMutation } from '@apollo/client';

import ButtonAsLink from './ButtonAsLink';
// TOGGLE_FAVORITE 뮤테이션
import { TOGGLE_FAVORITE } from '../gql/mutation';
// GET_MY_FAVORITES 쿼리를 다시 불러오도록 추가
import { GET_MY_FAVORITES } from '../gql/query';
```

```
const FavoriteNote = props => {
  // 노트의 즐겨찾기 카운트를 상태로 저장
  const [count, setCount] = useState(props.favoriteCount);

  // 사용자가 노트를 즐겨찾기했는지를 상태로 저장
  const [favorited, setFavorited] = useState(
    // 노트가 사용자의 즐겨찾기 목록에 있는지 확인
    props.me.favorites.filter(note => note.id === props.noteId).length > 0
  );

  // toggleFavorite 뮤테이션 훅
  const [toggleFavorite] = useMutation(TOGGLE_FAVORITE, {
    variables: {
      id: props.noteId
    },
    // 캐시를 업데이트하도록 GET_MY_FAVORITES 쿼리 다시 불러오기
    refetchQueries: [{ query: GET_MY_FAVORITES }]
  });

  // 사용자가 이미 노트를 즐겨찾기했다면, 즐겨찾기 해제 옵션을 표시
  // 그렇지 않은 경우, 즐겨찾기 등록 옵션을 표시
  return (
    <React.Fragment>
      {favorited ? (
        <ButtonAsLink
          onClick={() => {
            toggleFavorite();
            setFavorited(false);
            setCount(count - 1);
          }}
        >
          Remove Favorite
        </ButtonAsLink>
      ) : (
        <ButtonAsLink
          onClick={() => {
            toggleFavorite();
            setFavorited(true);
            setCount(count + 1);
          }}
        >
          Add Favorite
        </ButtonAsLink>
      )}
      : {count}
```

```
        </React.Fragment>
    );
};


export default FavoriteNote;
```

그림 16-3 로그인한 사용자는 생성, 읽기, 업데이트, 삭제를 모두 할 수 있다

16.6 결론

이 장에서는 우리의 사이트를 완전히 작동하는 CRUD 애플리케이션으로 만들었다. 이제 로그인한 사용자의 상태에 따라 그래프QL 쿼리와 뮤테이션을 구현할 수 있게 되었다. CRUD 사용자 상호작용을 통합하는 사용자 인터페이스를 구축할 수 있으면, 모든 종류의 웹 애플리케이션을 구축할 수 있다. 이 기능을 통해 앱의 MVP(최소 실행 가능 제품)를 완성했으니, 다음 장에서는 웹 서버에 애플리케이션을 배포해 볼 것이다.

## CHAPTER 17

애플리케이션 배포하기

필자가 전문적으로 웹 개발을 시작할 무렵에는 '배포deployment'가 FTP 클라이언트를 통해 로컬 컴퓨터에서 웹 서버로 파일을 업로드하는 것을 의미했다. 그 시절에는 빌드 절차나 파이프라인이 없었다. 즉, 내 컴퓨터의 원시 파일이 웹 서버의 원시 파일과 동일했다. 문제가 발생하면 미친 듯이 디버깅에 몰두하거나 변경 사항을 롤백하고는 했다. 이러한 개척 시대 방식으로 당시에는 어떻게든 문제에 대응했지만, 사이트 중단 시간이 길고 예기치 않은 문제가 자주 발생했다.

오늘날의 웹 개발에서 로컬 개발 환경과 웹 서버는 상당히 다른 속성을 가지고 있다. 로컬 컴퓨터에서 작업하는 개발자는 파일을 업데이트할 때의 변경 사항을 즉시 확인하고 싶어하며, 디버깅을 위해 압축되지 않은 파일을 사용한다. 반면 웹 서버에서는 배포할 때만 변경 사항을 확인해도 되고, 파일 크기는 작을수록 좋다. 이러한 특징을 감안하여, 이번 장에서는 정적 애플리케이션을 웹에 배포할 수 있는 방법을 살펴보자.

17.1 정적 웹 사이트

웹 브라우저는 HTML, CSS, 자바스크립트를 파싱하여 상호작용이 가능한 웹 페이지를 생성한다. 요청 시 페이지 서버 측에 마크업을 생성하는 익스프레스, 레일즈Rails, 장고Django 등의 프레임워크와 달리, 정적 웹 사이트는 그저 서버에 저장된 HTML, CSS, 자바스크립트의 모음이다. 그렇다고 그 범위가 단순하지는 않아서, 정적 웹 사이트에는 마크업을 포함하는 단일 HTML

파일로부터 템플릿 언어, 다중 자바스크립트 파일, CSS 전처리기를 컴파일하는 복잡한 프론트
엔드 빌드 프로세스까지 포함된다. 어쨌든 정적 웹 사이트를 정의하면 세 가지 파일 형식의 모
음이라고 할 수 있다.

우리의 애플리케이션 Notedly는 정적 웹 애플리케이션이다. 즉 마크업, CSS, 자바스크립트가
일부 포함되어 있다. 빌드 도구인 파셀Parcel (*https://parceljs.org*)은 우리가 파일에 삽입한
컴포넌트를 브라우저에서 사용할 수 있도록 컴파일한다. 로컬 개발에서 웹 서버를 실행하면 파
셀의 핫 모듈 교체 기능을 통해 컴포넌트가 위치한 파일이 즉시 업데이트된다. `package.json`
파일을 살펴보면 두 개의 `deploy` 스크립트가 포함된 것을 확인할 수 있다.

```
"scripts": {
  "deploy:src": "parcel build src/index.html --public-url ./",
  "deploy:final": "parcel build final/index.html --public-url ./"
}
```

애플리케이션을 빌드하려면, 터미널 애플리케이션을 열고 `cd`를 사용해서 프로젝트가 포함된
web 디렉터리의 루트에 진입한 후 `build` 명령을 실행하자.

```
# 아직 web 디렉터리에 진입하지 않았다면 cd로 진입
$ cd Projects/notedly/web
# src 디렉터리로부터 파일 빌드
$ npm run deploy:src
```

지금까지 책의 내용에 따라 `src` 디렉터리에서 웹 애플리케이션을 개발했다면, 터미널에서
`npm run deploy:src`를 실행했을 때 코드로부터 빌드된 애플리케이션이 생성될 것이다. 샘
플 코드와 함께 번들로 제공되는 애플리케이션의 최종 버전을 사용하고 싶다면, `npm run
deploy:final`을 사용하여 애플리케이션 디렉터리인 `final`에서 코드를 빌드할 수도 있다.

이 장의 나머지 부분에서는 정적으로 빌드한 애플리케이션을 배포하는 방법 중 한 가지를 설명
하는데, 이러한 파일은 웹 호스팅 제공 업체로부터 책상에 남아 뒹구는 라즈베리파이Raspberry Pi
에 이르기까지 HTML을 서빙할 수 있는 모든 곳에서 호스팅할 수 있다. 우리가 다룰 프로세스
에는 많은 이점이 있으며, 원격 API를 가리키도록 `.env` 파일을 업데이트하고, 빌드 스크립트
를 실행하고, 파일을 업로드하는 간단한 절차를 통해 배포할 수 있다.

17.2 배포 파이프라인

애플리케이션을 배포할 때 간단한 파이프라인을 사용하면 코드베이스의 변경 사항을 자동으로 배포할 수 있다. 지금부터 파이프라인으로 사용할 두 가지 서비스에 대해 알아보자. 첫 번째는 소스 코드 저장소인 깃허브GitHub(https://github.com)이다. 두 번째는 웹 호스트인 네트리파이Netlify(https://www.netlify.com)이다. 네트리파이는 정적인 서버리스serverless 애플리케이션에 초점을 맞추고 있으며, 다양하면서도 사용하기 쉬운 기능을 가지고 있다.

우리의 목표는 애플리케이션의 master 브랜치에 커밋한 코드가 웹 호스트에 자동으로 배포되게 하는 것이다. 이 프로세스를 [그림 17-1]과 같이 시각적으로 표현할 수 있다.

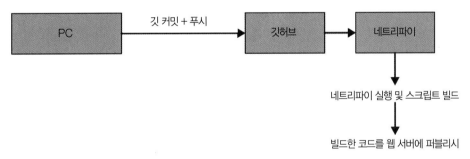

그림 17-1 배포 프로세스

17.2.1 깃으로 소스 코드 호스팅하기

배포 프로세스의 첫 번째 단계는 소스 코드 저장소를 설정하는 것이다. 이미 이 작업을 수행한 독자는 건너뛰어도 되는 단계이다. 앞에서 언급했듯이 여기에서는 깃허브를 사용하지만, 이 프로세스는 깃랩GitLab(*https://about.gitlab.com*) 또는 비트버킷Bitbucket(*https://bitbucket.org*)과 같은 다른 공용 깃 호스트로도 설정할 수 있다.

> **NOTE_ 깃허브 저장소**
>
> 여기에서는 깃허브 저장소를 만드는 과정을 보여줄 것이지만, 원하는 독자는 *https://github.com/javascript--everywhere/web*의 공식 코드 샘플을 사용하여 각자의 깃허브 계정에 포크를 만들 수도 있다.

먼저 깃허브로 이동하여 로그인하자(계정이 없다면 새 계정을 만들자). 그런 다음 [New Repository(새 저장소)] 버튼을 클릭하자. 이름을 입력하고 [Create Repository(저장소 생성)] 버튼을 클릭하자(그림 17-2).

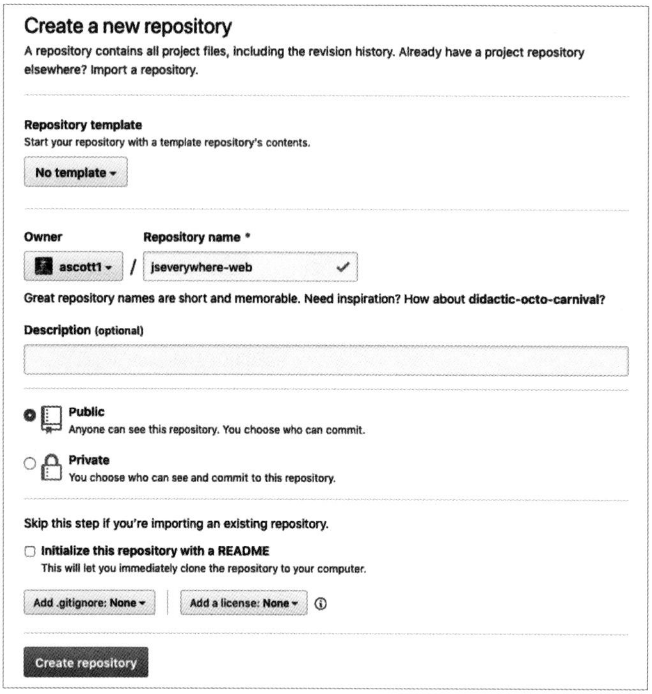

그림 17-2 깃허브의 새 저장소 생성 페이지

이제 터미널 애플리케이션에서 웹 애플리케이션의 디렉터리로 이동하여 깃 오리진을 새 깃허브 저장소로 설정한 후 코드를 푸시하자. 기존 깃 저장소를 업데이트하는 것이라 깃허브의 지침과는 약간 다르다.

```
# 우선 해당 디렉터리에 진입
cd Projects/notedly/web
# 깃허브 리모트 오리진을 업데이트해서 저장소로 설정
git remote set-url origin git://YOUR.GIT.URL
# 새 깃허브 저장소에 코드 푸시
git push -u origin master
```

이제 https://github.com/<사용자명>/<저장소명>으로 이동하면 애플리케이션의 소스 코드가 표시될 것이다.

17.2.2 네트리파이로 배포하기

원격 깃 저장소에 소스 코드가 준비되었다면, 다음으로 코드를 빌드하고 배포하도록 웹 호스트 네트리파이를 설정할 수 있다. 먼저 netlify.com으로 이동하여 계정을 만들자. 계정을 만든 후에는 [New site from Git] 버튼을 클릭하자. 사이트 배포 설정 과정은 다음과 같다.

1. 깃 제공자로 깃허브를 선택하고, 본인의 깃허브 계정을 인증하자.
2. 소스 코드가 포함된 저장소를 선택하자.
3. 마지막으로 빌드 설정을 구성하자.

빌드 설정을 위해 다음을 추가하자(그림 17-3).

1. 빌드 명령: npm run deploy:src (최종 예제 코드를 배포하는 경우 npm run deploy:final).
2. 퍼블리시 디렉터리: dist.
3. Advanced settings(고급 설정)에서 [New variable(새 변수)]를 클릭하고 변수 API_URI를 추가한 후 그 변수 값을 *https://<your_api_name>.herokuapp.com/api* 로 설정하자(이는 헤로쿠^{Heroku}에 배포한 API 애플리케이션의 URL이 된다).

애플리케이션을 설정한 후에는 [Deploy site(사이트 배포)] 버튼을 클릭하자. 몇 분 후에 네트리파이가 제공한 URL에서 애플리케이션이 실행된다. 이제부터 깃허브 저장소에 변경 사항을 푸시할 때마다 사이트가 자동으로 배포될 것이다.

Deploy settings for javascripteverywhere/web

Get more control over how Netlify builds and deploys your site with these settings.

Owner

Adam Scott's team

Branch to deploy

master

Basic build settings

If you're using a static site generator or build tool, we'll need these settings to build your site.

Learn more in the docs ↗

Build command

npm run deploy:src

Publish directory

dist

Advanced build settings

Define environment variables for more control and flexibility over your build.

Pro tip! Add a netlify.toml configuration file to your repository for even more flexibility.

Key	Value
API_URI	erver-notedly-test.herokuapp.com/api

New variable

Deploy site

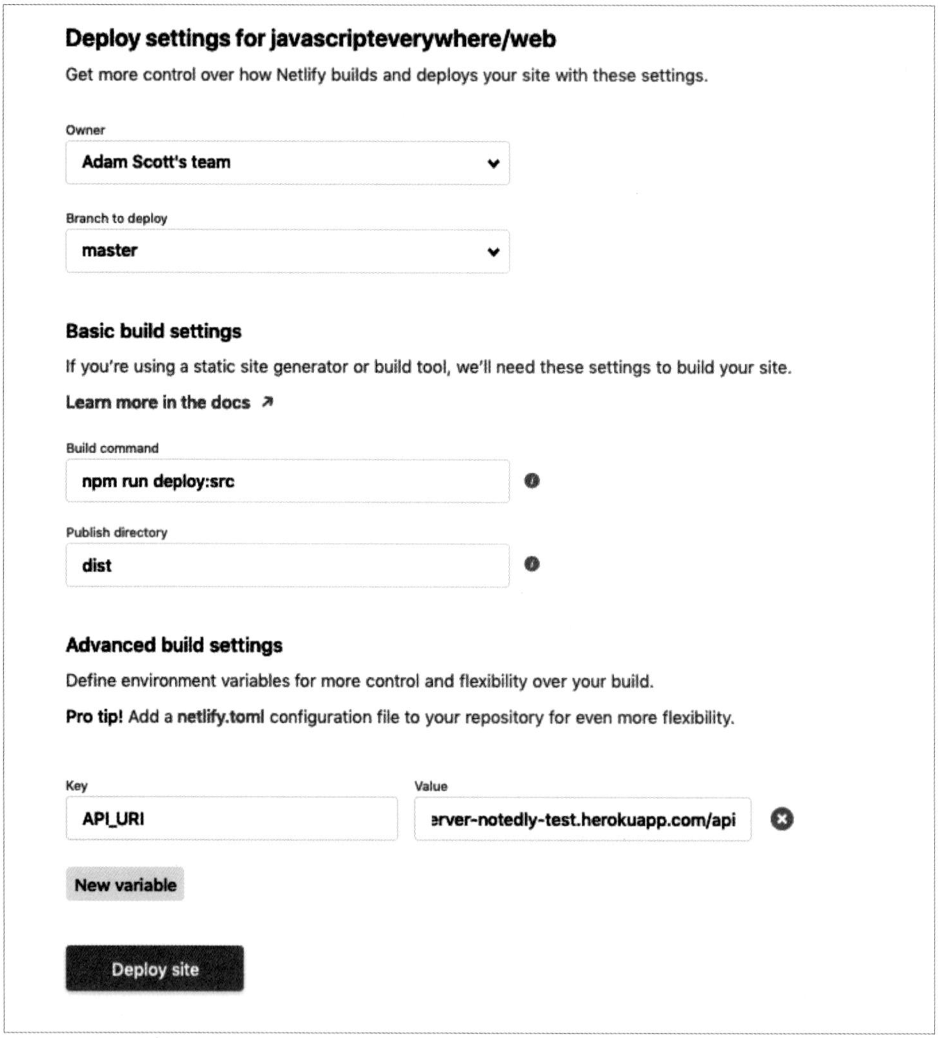

그림 17-3 네트리파이를 통해 빌드 프로세스 및 환경 변수를 설정할 수 있다

17.3 결론

이 장에서는 정적 웹 애플리케이션을 배포했다. 이를 위해 네트리파이의 배포 파이프라인 기능을 사용하여 깃 저장소의 변경 사항을 모니터링하고, 빌드 프로세스를 실행하고, 환경 변수를 저장했다. 이제 웹 애플리케이션을 공개적으로 출시하는 데 필요한 모든 것을 갖춘 것이다.

## CHAPTER 18

일렉트론으로
데스크톱 애플리케이션 개발하기

필자가 PC를 처음 접한 곳은 애플 II 기계로 가득 찬 학교 컴퓨터실이었다. 일주일에 한 번, 반 친구들과 필자는 컴퓨터실에서 플로피 디스크를 받아 애플리케이션(거의 늘 고전 게임인 〈오리건 트레일Oregon Trail〉이었다)을 로드하는 방법을 배우고는 했다. 필자는 통제할 수 있는 작은 세상에 완전히 갇혀 있다는 느낌 외에는 이 실습에서 기억하는 부분이 별로 없다. PC는 1980년대 중반에 등장한 이후로 먼 길을 왔지만, 여전히 상당수의 작업을 데스크톱 애플리케이션에 의존하고 있다.

우리는 이메일 클라이언트, 텍스트 편집기, 채팅 클라이언트, 스프레드시트 소프트웨어, 음악 스트리밍 서비스, 그 외 기타 여러 데스크톱 애플리케이션을 사용한다. 웹 애플리케이션과 기능이 같은 경우도 많은데, 데스크톱 애플리케이션만의 편리함과 통합성 덕에 사용자 경험 측면의 여러 이점을 제공한다. 그러나 이러한 데스크톱 애플리케이션을 만들기 위한 도구에 대한 접근성이 떨어지는 것이 사실이다. 고맙게도 오늘날의 우리는 웹 기술 덕택에, 조금만 공부하면 완전한 기능을 갖춘 데스크톱 애플리케이션을 구축할 수 있다.

18.1 무엇을 만들 것인가

이번 장부터 여러 장에 걸쳐 소셜 노트 애플리케이션을 위한 데스크톱 클라이언트를 구축할 것이다. 목표는 컴퓨터에 다운로드하여 설치할 수 있는 데스크톱 애플리케이션을 자바스크립트와 웹 기술을 사용하여 개발하는 것이다. 웹 애플리케이션을 데스크톱 애플리케이션 셸에 포함시키는 간단한 구현 방식을 사용할 텐데, 이러한 방식으로 앱을 개발하면 사용자에게 데스크톱 앱을 신속하게 제공할 수 있을 뿐만 아니라 나중에 데스크톱 사용자를 위한 맞춤형 애플리케이션을 유연하게 도입할 수 있다.

18.2 어떻게 만들 것인가

애플리케이션을 구축하기 위해 웹 기술로는 크로스 플랫폼 데스크톱 애플리케이션을 구축하기 위한 오픈소스 프레임워크인 일렉트론^{Electron}(*https://electronjs.org*)을 사용할 것이다. 일렉트론은 Node.js와 크롬의 기본 브라우저 엔진인 크로미움^{Chromium}을 활용하여 작동한다. 이는 개발자가 일반적으로 웹 환경에서 사용할 수 없는 브라우저, Node.js, 운영체제별 기능을 쓸 수 있음을 의미한다. 일렉트론은 원래 깃허브 팀에서 아톰 텍스트 편집기(*https://atom.io*)를 위해 개발했지만, 이후로 슬랙^{Slack}, VS Code, 디스코드^{Discord}, 워드프레스 데스크톱 ^{WordPress Desktop} 등의 크고 작은 다양한 애플리케이션을 위한 플랫폼으로 사용되고 있다.

18.3 시작하기

개발을 시작하기 전에 프로젝트 스타터 파일을 컴퓨터에 복사해야 한다. 프로젝트의 소스 코드(*https://github.com/javascripteverywhere/desktop*)에는 애플리케이션을 개발하는 데 필요한 모든 스크립트와 타사 라이브러리에 대한 참조가 포함되어 있다. 로컬 컴퓨터에 코드를 복제하려면 터미널을 열고 프로젝트를 보관할 디렉터리로 이동한 다음 `git clone` 명령을 실행하자. 앞의 실습 과정을 이미 거쳐온 독자라면 프로젝트 코드를 체계적으로 유지하기 위한 `notedly` 디렉터리를 이미 가지고 있을 수도 있다.

```
$ cd Projects
$ # 아직 notedly 디렉터리가 없다면 'mkdir notedly'를 입력해서 생성
$ cd notedly
$ git clone git@github.com:javascripteverywhere/desktop.git
$ cd desktop
$ npm install
```

코드는 다음과 같은 구성을 가지고 있다.

/src

개발을 진행할 주 디렉터리로, 이 책의 실습이 이루어지는 디렉터리이다.

/solutions

각 장에 대한 정답이 포함된 디렉터리로, 개발 중 문제가 있으면 참고하기 위한 용도이다.

/final

동작하는 최종 프로젝트의 디렉터리에 해당한다.

프로젝트 디렉터리를 생성하고 종속성을 설치했다면, 개발을 시작할 준비가 된 것이다.

18.4 첫 일렉트론 앱

저장소를 머신에 복제한 후 첫 일렉트론 앱을 개발해보자. src 디렉터리를 보면 파일이 몇 개 있다는 것을 알 수 있다. index.html 파일에는 기본 HTML 마크업이 포함되어 있다. 현재 이 파일은 일렉트론의 '렌더러 프로세스renderer process' 역할을 한다. 즉, 일렉트론 애플리케이션에 의해 창으로 표시되는 웹 페이지가 된다.

```
<!DOCTYPE html>
<html>
  <head>
    <meta charset="UTF-8">
    <title>Notedly Desktop</title>
  </head>
  <body>
    <h1>Hello World!</h1>
```

```
    </body>
  </html>
```

index.js 파일은 일렉트론 애플리케이션을 설정하는 곳이다. 우리의 애플리케이션에서 이 파일에는 일렉트론이 '메인 프로세스'라고 부르는 애플리케이션 셸이 포함된다. 기본 프로세스는 일렉트론에서 BrowserWindow 인스턴스를 만들어 애플리케이션 셸 역할을 한다.

HTML 페이지가 포함된 브라우저 창을 표시하도록 기본 프로세스를 설정하겠다. 먼저 일렉트론의 앱 및 browserWindow 기능을 src/index.js로 가져오자.

```
const { app, BrowserWindow } = require('electron');
```

이제 애플리케이션의 browserWindow를 정의하고, 애플리케이션이 로드할 파일을 정의할 수 있다. src/index.js에서 다음을 추가하자.

```
const { app, BrowserWindow } = require('electron');

// 가비지 콜렉션을 피하기 위해, 윈도우를 변수로 선언
let window;

// 브라우저 윈도우 세부 사항 설정
function createWindow() {
  window = new BrowserWindow({
    width: 800,
    height: 600,
    webPreferences: {
      nodeIntegration: true
    }
  });

  // HTML 파일 불러오기
  window.loadFile('index.html');
```

```
  // 윈도우가 닫히면 윈도우 객체 초기화
  window.on('closed', () => {
    window = null;
  });
}

// 일렉트론이 준비되면 애플리케이션 윈도우 생성
app.on('ready', createWindow);
```

이를 통해 데스크톱 애플리케이션을 로컬에서 실행할 준비가 되었다. 터미널 애플리케이션의 프로젝트 디렉터리에서 다음을 실행하자.

```
$ npm start
```

이 명령은 electron src/index.js를 실행하여 애플리케이션의 개발 환경 버전을 시작한다 (그림 18-1).

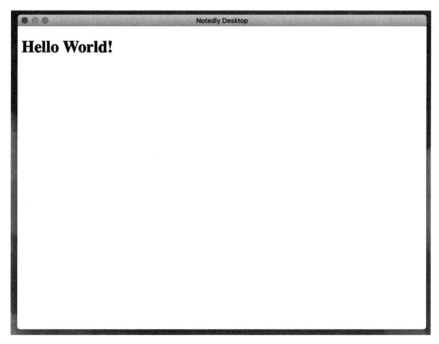

그림 18-1 start 명령을 실행하면 우리의 'Hello World' 일렉트론 애플리케이션이 열린다

18.5 맥OS 애플리케이션 창

맥OS는 애플리케이션 창을 윈도우와 다르게 처리한다. 사용자가 [close window(창 닫기)] 버튼을 클릭하면 애플리케이션 창이 닫히지만, 애플리케이션 자체는 종료되지 않는다. 맥OS 도크에서 애플리케이션 아이콘을 클릭하면 애플리케이션 윈도우가 다시 열린다. 일렉트론을 사용하면 이 기능을 구현할 수 있다. `src/index.js` 파일 맨 아래에 다음을 추가하자.

```
// 모든 윈도우가 닫혀 있으면 나가기
app.on('window-all-closed', () => {
  // 맥OS의 경우 사용자가 명시적으로 애플리케이션을 나가면 종료
  if (process.platform !== 'darwin') {
    app.quit();
  }
});

app.on('activate', () => {
  // 맥OS의 경우 독(dock)에서 아이콘을 클릭하면 윈도우 재생성
  if (window === null) {
    createWindow();
  }
});
```

위 코드를 추가하고 나면, 애플리케이션 종료 후 `npm start` 명령으로 다시 실행했을 때 변경 사항이 적용된 것을 볼 수 있다. 이제 사용자가 맥OS를 사용하여 애플리케이션을 닫을 때 예상되는 동작을 볼 수 있다.

18.6 개발자 도구

일렉트론은 크로미움 브라우저 엔진(크롬, MS 엣지, 오페라 등 기타 여러 브라우저의 엔진. *https://oreil.ly/iz_GY* 참조)을 기반으로 하기 때문에 크로미움의 개발자 도구에도 접근할 수 있으며 이를 통해 브라우저 환경에서와 동일한 자바스크립트 디버깅을 모두 수행할 수 있다. 애플리케이션이 개발자 모드인지 확인하자. 개발자 모드라면 애플리케이션이 시작될 때 자동으로 개발 도구를 연다.

이 검사를 수행하기 위해 electron-util 라이브러리(*https://oreil.ly/JAf2Q*)를 쓸 수 있다. 이것은 시스템 상태를 쉽게 확인하고 일반적인 일렉트론 패턴에 대한 상용구 코드를 단순화할 수 있는 작은 유틸리티의 모음이다. 지금은 is 모듈을 사용하여 애플리케이션이 개발 모드인지 확인할 수 있다.

src/index.js 파일 맨 위에 모듈을 임포트하자.

```
const { is } = require('electron-util');
```

애플리케이션 코드에서 window.loadFile(index.html) 아래의 HTML 파일을 로드하는 행에 다음을 추가하면, 애플리케이션이 개발 환경에 있을 때 개발자 도구가 열린다(그림 18-2).

```
// 개발자 모드라면 브라우저 개발자 도구 열기
if (is.development) {
  window.webContents.openDevTools();
}
```

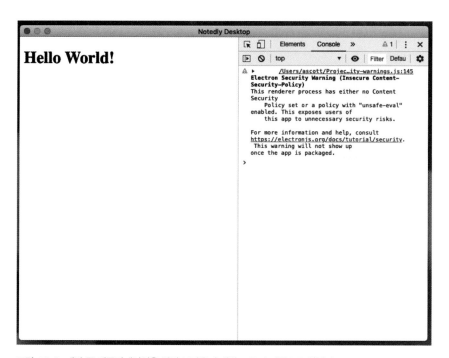

그림 18-2 개발 중 애플리케이션을 열면 브라우저 개발 도구가 자동으로 열린다

이로써 브라우저 개발 도구에 쉽게 접근할 수 있게 되었다. 이제 클라이언트 애플리케이션을 개발할 준비가 된 것이다.

18.7 일렉트론 API

데스크톱 개발의 장점 중 하나는 일렉트론 API를 통해 웹 브라우저 환경에서 사용할 수 없는 다음과 같은 운영체제 수준의 기능을 쓸 수 있다는 점이다.

- 알림
- 기본 파일 드래그 앤 드롭
- 맥OS 다크 모드
- 맞춤형 메뉴
- 강력한 키보드 단축 키
- 시스템 대화 상자
- 애플리케이션 트레이
- 시스템 정보

짐작했겠지만, 이러한 옵션을 사용하면 데스크톱 클라이언트에 고유한 기능과 향상된 사용자 경험을 추가할 수 있다. 간단한 샘플 애플리케이션에서는 이러한 기능을 사용하지 않지만 익숙해져야 한다. 일렉트론의 문서는 일렉트론 API 각각에 대한 자세한 예를 제공한다. 또한 일렉트론 팀은 일렉트론 API의 많은 고유한 기능을 보여주는 완전한 기능을 갖춘 일렉트론 애플리케이션인 electron-api-demos를 만들었다.

18.8 결론

이 장에서는 일렉트론을 사용하여 웹 기술로 데스크톱 애플리케이션을 구축하는 기본적인 방법을 살펴보았다. 일렉트론 환경은 개발자로서 복잡한 프로그래밍 언어나 운영체제를 배우지 않고도 사용자에게 크로스 플랫폼 데스크톱 환경을 제공할 수 있는 기회를 제공한다. 이 장에서 살펴본 간단한 설정과 웹 개발에 대한 지식을 활용하면 강력한 데스크톱 애플리케이션을 구축할 수 있을 것이다. 다음 장에서는 기존 웹 앱을 일렉트론 셸에 통합하는 방법을 살펴볼 것이다.

## CHAPTER 19

기존의 웹 애플리케이션과
일렉트론 통합하기

필자는 해변에서 아이가 조개를 수집하듯 웹 브라우저에 탭을 쌓아두는 습관이 있다. 꼭 필요한 페이지가 아닌데도 불구하고 열다 보면 몇 개의 브라우저 창에 수십 개의 탭이 열려 있다. 그다지 자랑스러운 습관은 아니지만, 이런 습관을 가진 사람이 필자 한 명은 아닐 것이다. 그러다 보니, 필자는 정말 빈번하게 사용하는 웹 애플리케이션 중 일부는 아예 데스크톱 버전을 사용한다. 이러한 데스크톱 애플리케이션은 웹 버전보다 불편한 점도 있기는 하지만 독립적인 애플리케이션이 가지는 편리함을 누릴 수 있는 것도 사실이다.

이 장에서는 기존 웹 애플리케이션을 가져와서 일렉트론 셸로 랩핑하는 방법을 살펴볼 것이다. 계속하기 전에 예제 API 및 웹 애플리케이션의 로컬 사본이 필요하다. 앞부분의 실습을 전부 따라 해보지 않았다면, 부록 A 및 부록 B를 참고해서 준비하자.

19.1 웹 애플리케이션 통합

이전 장에서는 `index.html` 파일을 로드하도록 일렉트론 애플리케이션을 설정했다. 비슷한 방법으로 특정 URL을 로드할 수도 있다. 이번 예제에서는 로컬에서 실행 중인 웹 애플리케이션의 URL을 로드하는 것으로 시작하자. 먼저 웹 애플리케이션과 API가 로컬로 실행 중인지 확인해야 한다. 그런 다음 `BrowserWindow`의 `nodeIntegration` 설정을 `false`로 업데이트해서 `src/index.js` 파일을 업데이트할 수 있다. 이렇게 하면 로컬로 실행 중인 노드 애플리케이션이 외부 사이트에 접근할 때 발생하는 보안 위험을 피할 수 있다.

```
webPreferences: {
  nodeIntegration: false
},
```

이제 window.loadFile('index.html');를 다음과 같이 수정하자.

```
window.loadURL('http://localhost:1234');
```

> **NOTE_ 웹 애플리케이션 실행**
> 웹 애플리케이션의 로컬 인스턴스는 포트 **1234**에서 실행 중이어야 한다. 이 책을 따라왔다면 웹 애플리케이
> 션 디렉터리의 루트에서 **npm start**를 실행하여 개발 서버를 시작하자.

이렇게 하면 일렉트론이 파일이 아닌 URL을 로드하게 된다. 이제 npm start로 앱을 실행하면 몇 가지 경고와 함께 앱이 일렉트론 창에 로드되는 것을 볼 수 있다.

19.1.1 경고와 에러

지금 일렉트론 브라우저 개발자 도구와 터미널에 많은 경고와 에러가 표시되었을 것이다. 이들 각각을 살펴보자(그림 19-1).

먼저 터미널에 많은 SyntaxError: Unexpected Token 오류가 표시된 것을 볼 수 있다. 또한 개발자 도구에는 DevTools failed to parse SourceMap, 즉 DevTools가 SourceMap을 파싱하지 못했다는 경고가 여러 건 표시된다. 이 두 가지 오류는 파셀이 소스 맵을 생성하고 일렉트론이 읽는 방법과 관련된 것이다. 불행히도 이 문제는 우리가 사용하는 기술의 조합으로 인해 발생하는 것으로, 해결책이 따로 없다. 그나마 가장 좋은 방법은 자바스크립트 소스 맵을 비활성화하는 것이다. 애플리케이션 창의 개발자 도구에서 [Settings(설정)]을 클릭한 다음, [Enable JavaScript source maps(자바스크립트 소스 맵 활성화)]를 해제하자(그림 19-2).

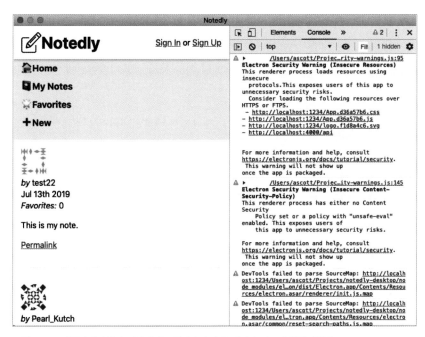

그림 19-1 애플리케이션이 구동되기는 하지만 수많은 에러와 경고가 출력되었다

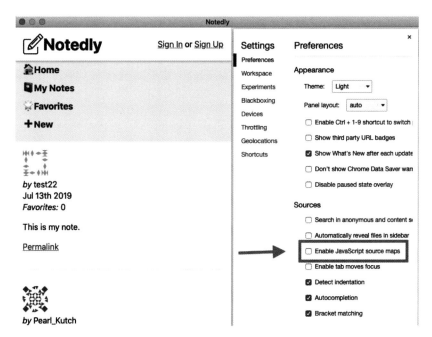

그림 19-2 소스 맵을 비활성화하면 에러와 경고의 수가 줄어들 것이다

이제 애플리케이션을 종료했다가 다시 시작하면 더 이상 소스 맵 관련 문제가 표시되지 않을 것이다. 그 대신 일렉트론 내에서 클라이언트 측 자바스크립트를 디버깅하는 것이 더 어려울 수 있다는 문제가 있긴 해도 여전히 웹 브라우저에서 이 기능과 애플리케이션에 접근할 수 있다.

마지막 두 경고는 일렉트론의 보안과 관련된 것이다. 프로덕션 애플리케이션을 번들로 제공하기 전에 이 문제를 다시 짚어보겠지만, 이러한 경고가 무엇인지 지금 간단히 알아보자.

Electron Security Warning (Insecure Resources)

이 경고는 http 연결을 통해 웹 리소스를 로드하고 있음을 알려준다. 프로덕션 환경에서는 개인 정보 보호 및 보안을 위해 항상 https를 통해 리소스를 로드해야 한다. 개발 과정에서 http를 통해 로컬 호스트를 로드하는 것은 문제가 되지 않는다. 최종 출시 애플리케이션에서는 https를 사용하는 호스팅된 웹 사이트를 참조할 것이기 때문이다.

Electron Security Warning (Insecure Content-Security-Policy)

이 경고는 아직 CSP(콘텐츠 보안 정책Content Security Policy)를 설정하지 않았음을 의미한다. CSP를 사용하면 애플리케이션이 리소스를 로드할 수 있는 도메인을 지정할 수 있으므로 XSS(크로스 사이트 스크립팅Cross-Site Scripting) 공격의 위험을 크게 줄여준다. 이는 로컬 개발 과정에서는 문제가 되지 않지만 프로덕션 과정에서는 매우 중요하다. 이 장의 뒷부분에서 CSP를 실제로 구현할 것이다.

오류를 잡고 나면 다음은 애플리케이션 설정 파일을 다룰 차례이다.

19.2 설정

로컬로 개발할 때는 로컬 버전의 웹 애플리케이션을 실행하면 되지만, 다른 사람이 사용하기 위해 앱을 번들링한 뒤에는 앱이 공개적으로 사용 가능한 URL을 참조해야 한다. 이를 처리하기 위해 간단한 설정 파일을 이용할 수 있다.

./src 디렉터리에 애플리케이션별 속성을 저장할 수 있는 config.js 파일을 추가한다. 터미

널에서 쉽게 복사할 수 있는 `config.example.js` 파일이 포함되어 있으니 이를 활용하자.

```
cp src/config.example.js src/config.js
```

이제 애플리케이션의 속성을 채울 수 있다.

```
const config = {
  LOCAL_WEB_URL: 'http://localhost:1234/',
  PRODUCTION_WEB_URL: 'https://YOUR_DEPLOYED_WEB_APP_URL',
  PRODUCTION_API_URL: 'https://YOUR_DEPLOYED_API_URL'
};

module.exports = config;
```

> **TIP_ .env를 쓰면 안 될까?**
> 이전 환경에서는 .env 파일을 사용하여 환경별 설정을 관리했다. 이번 예제의 경우 일렉트론 앱이 종속성을
> 번들하는 방식 때문에 자바스크립트 설정 파일을 사용한다.

이제 일렉트론 애플리케이션의 주요 프로세스에서 설정 파일을 사용하여 개발 및 프로덕션에 로드할 URL을 지정할 수 있다. 먼저 `src/index.js`에서 `config.js` 파일을 가져오자.

```
const config = require('./config');
```

이제 `loadURL` 기능을 업데이트하여 각 환경에 대해 다른 URL을 로드할 수 있다.

```
// URL 불러오기
 if (is.development) {
   window.loadURL(config.LOCAL_WEB_URL);
 } else {
   window.loadURL(config.PRODUCTION_WEB_URL);
 }
```

설정 파일을 사용하면 일렉트론에서 환경별 설정을 쉽게 사용할 수 있다.

19.3 콘텐츠 보안 정책

이 장의 앞부분에서 설명한 것처럼 CSP를 사용하면 애플리케이션이 권한을 가지고 리소스를 로드할 수 있는 도메인을 제한할 수 있다. 이는 XSS 및 데이터 주입 공격의 가능성을 차단하는 데 큰 도움이 된다. 일렉트론에서는 애플리케이션의 보안을 향상시키기 위해 CSP 설정을 지정할 수 있다. 일렉트론 및 웹 애플리케이션에 대한 CSP에 대해 전반적으로 자세히 알아보고 싶다면, 해당 주제에 대한 MDN 기사(*https://oreil.ly/VZS1H*)를 읽어보기를 권한다.

일렉트론은 CSP를 위한 내장 API를 제공하지만 electron-util 라이브러리는 더 간단하고 깔끔한 문법을 제공한다. src/index.js 파일의 맨 위에서 setContentSecurityPolicy를 포함하도록 electron-util 임포트 문을 업데이트하자.

```
const { is, setContentSecurityPolicy } = require('electron-util');
```

이제 애플리케이션의 프로덕션 버전에 대한 CSP를 설정할 수 있다.

```
// 프로덕션 모드에서 CSP 설정
if (!is.development) {
  setContentSecurityPolicy('
  default-src 'none';
  script-src 'self';
  img-src 'self' https://www.gravatar.com;
  style-src 'self' 'unsafe-inline';
  font-src 'self';
  connect-src 'self' ${config.PRODUCTION_API_URL};
  base-uri 'none';
  form-action 'none';
  frame-ancestors 'none';
  ');
}
```

CSP를 작성하고 CSP 평가 도구(*https://oreil.ly/1xNK1*)를 사용하면 오류를 확인할 수 있다. 추가 URL에서 의도적으로 리소스에 접근한다면 마찬가지로 CSP 규칙 세트에 추가할 수 있다.

최종적으로 src/index.js 파일은 다음과 같은 형태를 가지게 된다.

```javascript
const { app, BrowserWindow } = require('electron');
const { is, setContentSecurityPolicy } = require('electron-util');
const config = require('./config');

// 가비지 콜렉션을 피하기 위해, 윈도우를 변수로 설정
let window;

// 브라우저 윈도우 세부 사항 설정
function createWindow() {
  window = new BrowserWindow({
    width: 800,
    height: 600,
    webPreferences: {
      nodeIntegration: false
    }
  });

  // URL 불러오기
  if (is.development) {
    window.loadURL(config.LOCAL_WEB_URL);
  } else {
    window.loadURL(config.PRODUCTION_WEB_URL);
  }

  // 개발자 모드라면, 브라우저 개발자 도구 열기
  if (is.development) {
    window.webContents.openDevTools();
  }

  // 프로덕션 모드에서 CSP 설정
  if (!is.development) {
    setContentSecurityPolicy('
    default-src 'none';
    script-src 'self';
    img-src 'self' https://www.gravatar.com;
    style-src 'self' 'unsafe-inline';
    font-src 'self';
    connect-src 'self' ${config.PRODUCTION_API_URL};
    base-uri 'none';
    form-action 'none';
    frame-ancestors 'none';
    ');
  }
```

```javascript
  // 윈도우가 닫히면 윈도우 객체 참조 해제
  window.on('closed', () => {
    window = null;
  });
}

// 일렉트론이 준비되면 애플리케이션 윈도우 생성
app.on('ready', createWindow);

// 모든 윈도우가 닫히면 종료
app.on('window-all-closed', () => {
  // 맥OS의 경우 사용자가 명시적으로 애플리케이션을 종료해야 종료
  if (process.platform !== 'darwin') {
    app.quit();
  }
});

app.on('activate', () => {
  // 맥OS의 경우 독(dock)의 아이콘을 클릭하면 윈도우 재생성
  if (window === null) {
    createWindow();
  }
});
```

이를 통해 일렉트론 셸 내에서 실행 중인 웹 애플리케이션을 구현할 수 있다(그림 19-3).

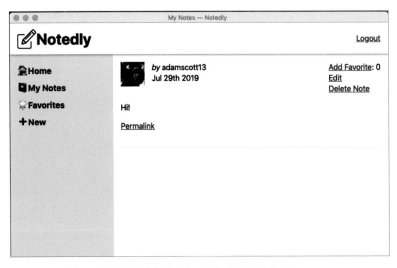

그림 19-3 일렉트론 애플리케이션 셸 내에서 구동되는 웹 애플리케이션

19.4 결론

이 장에서는 기존 웹 애플리케이션을 일렉트론 데스크톱 애플리케이션에 통합하는 방법을 알아보았다. 이를 활용하면 데스크톱 애플리케이션을 빠르게 시장에 출시할 수 있다. 그러나 데스크톱 방식의 이점은 제한적이며, 애플리케이션의 모든 기능에 접근하려면 인터넷 연결이 필요하기 때문에 이 방법에는 장단점이 있다. 데스크톱 애플리케이션을 곧 출시하고자 한다면 이러한 단점도 감수할 것이다. 다음 장에서는 일렉트론 앱을 구축하고 배포하는 방법을 살펴보자.

## CHAPTER 20

일렉트론 배포

필자는 프로그래밍 과정을 처음 가르치게 되었을 때, 텍스트 어드벤처 게임을 통해 수업 주제를 소개하는 아이디어를 생각해냈다. 학생들은 실험실에 와서 책상에 앉은 후 터미널 프롬프트 상에서 명령어를 통해 수업 과제를 수행했다. 학생들은 굉장히 낯선 방식이라는 반응을 보였는데, 아마도 이전에 이런 방식으로 '프로그램'과 상호작용하지 않았기 때문이었던 것 같다. 학생들은 GUI(그래픽 사용자 인터페이스)에 익숙해져 있으며, 텍스트 프롬프트를 통해 프로그램과 상호작용하는 것은 이제 대중에게 낯선 일이 된 것이다.

지금은 애플리케이션을 실행하려면 터미널 애플리케이션에 프롬프트를 입력하여 일렉트론 프로세스를 시작해야 한다. 이 장에서는 배포를 위해 애플리케이션을 번들로 묶을 수 있는 방법을 살펴볼 것이다. 바로, 일렉트론 빌더Electron Builder 라이브러리(*https://www.electron.build*)를 사용해서 애플리케이션을 사용자에게 패키지하고 배포하는 방법이다.

20.1 일렉트론 빌더

일렉트론 빌더는 일렉트론과 프로톤 네이티브Proton Native 애플리케이션(*https://proton-native.js.org*)의 패키징과 배포를 단순화하도록 설계된 라이브러리이다. 다른 패키징 솔루션도 있지만, 일렉트론 빌더는 애플리케이션 배포와 관련된 여러 가지 어려움을 단순화해주며 다음과 같은 특징을 가지고 있다.

- 코드 서명
- 멀티 플랫폼 배포
- 자동 업데이트
- 배포

일렉트론 빌더는 기능성과 유연성을 균형 있게 고루 갖추고 있다. 또한 이 책에서 사용하지는 않지만 일렉트론 빌더는 웹팩(*https://oreil.ly/faYta*), 리액트(*https://oreil.ly/qli_e*), 뷰(*https://oreil.ly/9QY2W*), 바닐라 자바스크립트^{Vanilla JavaScript}(*https://oreil.ly/uJo7e*)를 위한 템플릿도 갖추고 있다.

> **NOTE_ 일렉트론 빌더 vs. 일렉트론 포지**
>
> 일렉트론 포지^{Electron Forge}(*https://www.electronforge.io*)는 일렉트론 빌더와 유사한 기능을 가진 또 다른 유명 라이브러리이다. 일렉트론 빌더가 독립적인 빌드 도구인 반면, 일렉트론 포지는 공식 일렉트론 라이브러리를 기반으로 한다는 장점을 가지고 있다. 이것은 사용자가 일렉트론 에코시스템의 성장을 통해 혜택을 받는다는 것을 의미한다. 단점도 있는데, 일렉트론 포지는 훨씬 엄격한 애플리케이션 설정을 기반으로 한다는 점이다. 일렉트론 빌더가 이 책의 목표에 부합하는 기능성과 학습 기회 사이의 적절한 균형을 가지고 있지만, 여유가 있다면 일렉트론 포지도 자세히 살펴보기를 권장한다.

20.1.1 일렉트론 빌더 설정

일렉트론 빌더의 모든 설정은 애플리케이션의 `package.json` 파일에서 이루어진다. 이 파일에서 `electron-builder`가 이미 개발 종속성으로 포함되어 있음을 알 수 있다. `package.json` 파일 내에 `'build'`라는 키를 포함할 수 있다. 여기에는 앱 패키징을 위한 일렉트론 빌더에 대한 모든 지침이 들어 있다. 시작하려면 먼저 두 가지 필드를 포함해야 한다.

appId

애플리케이션의 고유 식별자이다. 맥OS는 `CFBundle Identifier`(*https://oreil.ly/OOg10*)라는 개념을 호출하며, 이를 윈도우에서는 `AppUser ModelID`(*https://oreil.ly/mr9si*)라고 한다. 표준은 역방향 DNS 형식을 사용하는 것이다. 예를 들어, 도메인이 `jseverywhere.io`인 회사에서 `Notedly`라는 애플리케이션을 만드는 경우 ID는 `io.jseverywhere.notedly`이다.

productName

package.json 이름 필드에는 하이픈이나 단일 단어 이름이 필요하므로 사람이 읽을 수 있는 제품 이름 버전으로 되어 있다.

두 필드를 모두 넣은 시작 빌드 설정은 다음과 같은 형태를 가진다.

```
"build": {
  "appId": "io.jseverywhere.notedly",
  "productName": "Notedly"
},
```

일렉트론 빌더는 여러 가지 설정 옵션을 제공하며 이 중 일부는 이 장에서 살펴볼 것이다. 전체 목록을 보려면 일렉트론 빌더 문서(*https://oreil.ly/ESAx-*)를 확인해보자.

20.2 현재 플랫폼 빌드하기

최소한의 구성만으로 첫 번째 애플리케이션 빌드를 만들 수 있다. 기본적으로 일렉트론 빌더는 개발 중인 시스템을 위한 빌드를 생성한다. 예를 들어, 이것을 맥북에서 작성하고 있으면 빌드는 기본적으로 맥OS로 설정된다.

먼저 package.json 파일에 두 개의 스크립트를 추가하여 애플리케이션 빌드를 담당한다. 먼저, 팩 스크립트는 앱을 완전히 패키징하지 않고 패키지 디렉터리를 생성한다. 테스트 목적으로 유용할 수 있다. 둘째, dist 스크립트는 맥OS의 DMG, 윈도우의 설치 프로그램 또는 DEB 패키지와 같이 배포 가능한 형식으로 애플리케이션을 패키지한다.

```
"scripts": {
  // 기존의 npm 스크립트 목록에 pack, dist 추가
  "pack": "electron-builder --dir",
  "dist": "electron-builder"
}
```

이 변경으로 터미널 애플리케이션에서 npm run dist를 실행할 수 있다. 그러면 애플리케이션이 프로젝트의 dist/ 디렉터리에 패키지된다. dist/ 디렉터리로 이동하면 일렉트론 빌더가

운영체제의 배포를 위해 애플리케이션을 패키지화했음을 알 수 있다.

20.3 앱 아이콘

주목할 만한 것은 애플리케이션이 기본 일렉트론 앱 아이콘을 사용하고 있다는 것이다. 로컬 개발에는 적합하지만 프로덕션 애플리케이션에는 자체 브랜딩을 사용하려고 한다. 프로젝트의 /resources 폴더에는 맥OS와 윈도우용 애플리케이션 아이콘이 포함되어 있다. PNG 파일에서 이러한 아이콘을 생성하기 위해 iConvert Icons 애플리케이션(*https://iconverticons.com*)을 사용했다. 이 애플리케이션은 맥OS와 윈도우에서 사용할 수 있다.

/resources 폴더의 내용은 다음과 같다.

- icon.icns: 맥OS 애플리케이션 아이콘
- icon.ico: 윈도우 애플리케이션 아이콘
- 서로 다른 여러 .png 파일이 있는 icons 디렉터리: 리눅스용

레티나 화면용으로 background.png 및 background@2x.png라는 이름의 아이콘을 추가해서 맥OS DMG의 배경 이미지를 포함할 수도 있다.

이제 package.json 파일 내에서 빌드 리소스 디렉터리의 이름을 지정하도록 build 오브젝트를 업데이트하자.

```
"build": {
  "appId": "io.jseverywhere.notedly",
  "productName": "Notedly",
  "directories": {
    "buildResources": "resources"
  }
},
```

이제부터 일렉트론 빌더는 애플리케이션을 빌드할 때 커스텀 애플리케이션 아이콘과 함께 애플리케이션을 패키징한다(그림 20-1).

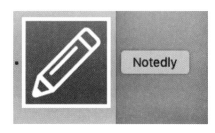

그림 20-1 맥OS 도크에 생성된 커스텀 애플리케이션 아이콘

20.4 다중 플랫폼용 빌드

지금까지는 개발 플랫폼과 일치하는 운영체제용 애플리케이션만 빌드했다. 일렉트론을 플랫폼으로 사용하는 가장 큰 장점 중 하나는 dist 스크립트를 업데이트하여 동일한 코드를 사용해 여러 플랫폼을 대상으로 삼을 수 있다는 점이다. 일렉트론 빌더에서는 이를 위해 무료로 오픈소스 서비스인 electron-build-service(*https://oreil.ly/IEIfW*)를 쓸 수 있다. 지금 다룰 예제에서는 이 서비스의 공개 인스턴스를 사용하지만, 보안성과 개인 정보 보호를 필요로 하는 조직이라면 자체 호스팅도 가능하다.

package.json에서 dist 스크립트를 다음과 같이 업데이트하자.

```
"dist": "electron-builder -mwl"
```

그러면 맥OS, 윈도우, 리눅스를 대상으로 하는 빌드가 생성된다. 여기에서 애플리케이션을 깃허브에 릴리스로 업로드하거나 아마존 S3 또는 웹 서버와 같은 파일을 배포할 수 있는 모든 위치에 업로드하여 배포할 수 있다.

20.5 코드 서명

맥OS와 윈도우 모두 코드 서명 개념을 포함한다. 코드 서명은 앱의 신뢰성을 나타내는 데 도움이 되므로 사용자의 보안과 신뢰를 향상시킨다. 코드 서명 프로세스는 운영체제별로 다르며

비용이 들기 때문에 이 책에서는 다루지 않을 것이다. 일렉트론 빌더 문서는 다양한 플랫폼의 코드 서명에 대한 포괄적인 기사(*https://oreil.ly/g6wEz*)를 제공한다. 또한 일렉트론 문서(*https://oreil.ly/Yb4JF*)는 여러 리소스와 링크를 제공한다. 프로덕션 애플리케이션을 구축하는 경우 맥OS 및 윈도우용 코드 서명 옵션을 자세히 조사하는 것이 좋다.

20.6 결론

지금까지 일렉트론 애플리케이션을 배포하기 위한 방법을 다뤘는데 이는 빙산의 일각이다. 이 장에서는 일렉트론 빌더를 사용하여 애플리케이션을 작성했다. 그런 다음 웹 호스트를 통해 쉽게 업로드하고 배포할 수 있다. 이러한 요구를 극복하고 나면 일렉트론 빌더를 사용하여 빌드를 지속적인 전달 파이프라인에 통합할 수 있다. 깃허브, S3 또는 기타 배포 플랫폼에 자동으로 릴리스를 푸시하고, 자동 업데이트를 애플리케이션에 통합한다. 일렉트론 개발 및 앱 배포 주제를 더 자세히 살펴보려면 다음 단계를 수행해야 한다.

## CHAPTER 21

리액트 네이티브로 모바일 앱 만들기

1980년대 후반의 어느 날, 필자는 부모님과 쇼핑하던 중 작은 휴대용 텔레비전을 발견했다. 배터리로 작동되는 작은 사각형 상자에 달린 안테나, 작은 스피커, 작은 흑백 화면을 보며, 어린 시절의 필자는 뒷마당에서 토요일 아침 만화를 볼 수도 있다는 가능성에 날아갈 것 같은 기분이 들었다. 그날 그 텔레비전을 살 수는 없지만, 그러한 장치가 존재한다는 사실만으로도 공상 과학 미래 세계에 살고 있다는 기분을 느낄 수 있었다. 당시에는 필자가 어른이 되면 주머니에 장치를 가지고 다니면서 〈마스터 돌프Masters of the Universe〉를 보고, 무한한 정보를 검색하고, 음악을 듣고, 게임을 하고, 메모를 쓰고, 사진을 찍고, 자동차를 부르고, 물건을 구입하고, 날씨를 확인하는 등의 수많은 일을 하게 되리라고 상상도 할 수 없었다.

스티브 잡스는 2007년 아이폰을 소개하면서 "하나의 혁신적인 제품이 모든 것을 바꿔놓는다"라고 말했다. 물론, 스마트폰은 2007년 이전에도 존재했지만 아이폰이 등장하기까지(그리고 그 이후 안드로이드가 등장하기까지)는 실제로 스마트하지 못했다. 아이폰 이후 스마트폰 애플리케이션은 '뭐든지 앱으로' 만들려는 골드 러시 단계를 지나, 사용자가 높은 품질을 요구하고 기대하는 수준으로 진화했다. 오늘날의 스마트폰 앱은 수준 높은 기능, 상호작용, 디자인을 담아야 하며, 앱 개발자는 이러한 과제를 해결하기 위해 애플 iOS 및 안드로이드 플랫폼에 분산된 각각 다른 프로그래밍 언어와 툴체인을 사용하고 있다.

이번 장에서 다룰 내용에 대해 이미 짐작이 갈 것이다(책 제목에도 있으니까). 자바스크립트를 사용해서 여러 플랫폼에서 쓸 수 있는 모바일 애플리케이션을 개발할 수 있다. 이 장에서는 이를 가능하게 하는 라이브러리, 리액트 네이티브React Native와 툴체인 엑스포Expo를 소개하고 이

어지는 몇몇 장에서 만들 샘플 프로젝트의 코드를 살펴볼 것이다.

21.1 무엇을 만들 것인가

이제부터 몇 장에 걸쳐 소셜 노트 애플리케이션 Notedly의 모바일 클라이언트를 만들 것이다. 학습의 목표는 자바스크립트와 웹 기술을 사용하여 사용자가 모바일 장치에 설치할 수 있는 앱을 개발하는 것이다. 여기에서는 기능의 하위 세트만 구현하고, 이후에 웹 앱을 다루는 장에서 다룰 내용은 남겨둘 것이다. 우리가 만들 앱의 요구 사항은 다음과 같다.

- iOS, 안드로이드 운영체제 모두에서 사용 가능
- 그래프QL API를 통해 노트 피드 및 개별 사용자 노트를 로드
- CSS 및 스타일드 컴포넌트를 통해 스타일링 적용
- 표준 및 동적 라우팅 수행

이상은 리액트 네이티브를 사용하여 모바일 애플리케이션을 개발하는 핵심 개념에 대한 개요라고 할 수 있다. 시작하기 전에 앞으로 사용할 기술을 자세히 살펴보자.

21.2 어떻게 만들 것인가

리액트 네이티브는 이 책에서 앱 개발에 사용할 핵심 기술이다. 리액트 네이티브를 사용하면 리액트를 사용하여 자바스크립트로 앱 코드를 작성하고 네이티브 모바일 플랫폼용으로 렌더링할 수 있다. 즉, 사용자 입장에서는 리액트 네이티브 앱과 플랫폼의 프로그래밍 언어로 작성된 앱 사이에 뚜렷한 차이가 없다는 뜻이다. 이것은 전통적으로 애플리케이션 셸 내에서 웹 뷰를 래핑하는 다른 웹 기반 모바일 프레임워크에 비해 리액트 네이티브가 가지는 장점으로 볼 수 있다. 페이스북, 인스타그램, 블룸버그, 테슬라, 스카이프, 월마트, 핀터레스트 등의 앱을 개발하는 데에도 리액트 네이티브가 쓰였다.

애플리케이션 개발 워크플로우의 두 번째 핵심 요소는 엑스포이다. 엑스포는 장치에서 미리 보기, 애플리케이션 빌드, 핵심 리액트 네이티브 라이브러리 확장과 같은 매우 유용한 기능을 통

해 리액트 네이티브 개발을 단순화하는 도구 및 서비스의 모음이다. 엑스포로 개발을 시작하기 전에 다음과 같은 준비 과정이 필요하다.

1. expo.io에 접속하여 엑스포 계정을 만들자.
2. 터미널 애플리케이션에 `npm install expo-cli --global`을 입력하여 엑스포 커맨드 라인 도구를 설치하자.
3. 터미널 애플리케이션에 `expo login`을 입력하여 엑스포 계정에 로컬로 로그인하자.
4. 모바일 장치용 엑스포 클라이언트^{Expo Client} 애플리케이션을 설치하자. iOS 및 안드로이드용 엑스포 클라이언트 앱의 링크는 expo.io/tools에서 찾을 수 있다.
5. 엑스포 클라이언트 애플리케이션에서 계정에 로그인하자.

이번에도 아폴로 클라이언트(*https://oreil.ly/xR62T*)를 사용하여 그래프QL API의 데이터와 상호작용할 것이다. 아폴로 클라이언트는 그래프QL 작업을 위한 오픈소스 도구로 이루어져 있다.

21.3 시작하기

개발을 시작하기 전에 프로젝트 시작 파일을 컴퓨터에 복사해야 한다. 프로젝트의 소스 코드(*https://github.com/javascripteverywhere/mobile*)에는 애플리케이션을 개발하는 데 필요한 모든 스크립트와 타사 라이브러리에 대한 참조가 포함되어 있다. 로컬 컴퓨터에 코드를 복제하려면 터미널을 열고 프로젝트를 보관할 디렉터리로 이동한 다음 `git clone`으로 프로젝트 저장소를 복제하자. 이 책의 앞부분에서 API, 웹, 데스크톱 관련 실습을 진행했다면 프로젝트 코드를 체계적으로 유지하기 위한 디렉터리를 이미 가지고 있을 수도 있다.

```
$ cd Projects
$ # 아직 notedly 디렉터리가 없으면 'mkdir notedly'를 입력하여 생성
$ cd notedly
$ git clone git@github.com:javascripteverywhere/mobile.git
$ cd mobile
$ npm install
```

코드는 다음과 같이 구성된다.

/src

개발을 진행할 주 디렉터리로, 이 책의 실습이 이루어지는 디렉터리다.

/solutions

각 장에 대한 정답이 포함된 디렉터리로, 개발 중 문제가 있으면 참고하기 위한 용도이다.

/final

동작하는 최종 프로젝트의 디렉터리에 해당한다.

나머지 파일 및 프로젝트 설정은 `expo-cli` 리액트 네이티브 생성기의 표준 출력과 일치하며
터미널에 `expo init`를 입력하여 실행할 수 있다.

이제 로컬 컴퓨터에 코드를 준비하고 종속성을 설치했으니, 앱을 실행해보자. 앱을 시작하려면
터미널에서 다음을 입력하자.

```
$ npm start
```

그러면 브라우저의 로컬 포트에서 엑스포의 'Metro Bundler' 웹 앱이 열린다. 여기에서 'Run
on···' 링크 중 하나를 클릭하면 로컬 장치 시뮬레이터를 시작할 수 있다. 엑스포 클라이언트를
통해 실제 장치에서 QR 코드를 스캔하여 앱을 시작할 수도 있다(그림 21-1).

그림 21-1 엑스포의 메트로 빌더가 애플리케이션을 실행한 모습

TIP_ 장치 시뮬레이터 설치하기

iOS 장치 시뮬레이터를 실행하려면 Xcode(*https://oreil.ly/bgde4*)를 다운로드하여 설치해야 한다(맥 OS에만 해당). 안드로이드라면 안드로이드 스튜디오(*https://oreil.ly/bjqkn*)를 다운로드하고 장치 시뮬레이터 설정에 대한 엑스포 가이드 문서(*https://oreil.ly/cUGsr*)를 따르자(그림 21–2의 비교 참고). 하지만 모바일 앱 개발을 처음 시작하는 독자라면, 시뮬레이터보다는 실제 물리적 장치로 시작하는 것을 권장한다.

그림 21-2 예제 애플리케이션을 iOS와 안드로이드 장치 시뮬레이터에서 실행하는 모습

컴퓨터의 터미널 애플리케이션과 모바일 장치의 엑스포 클라이언트 앱 양쪽에서 엑스포에 로그인했다면, 엑스포 클라이언트 애플리케이션을 열고 프로젝트 탭을 클릭해서 앱을 열 수 있다 (그림 21-3).

그림 21-3 엑스포 클라이언트를 사용하면 실제 장치로 앱을 미리 돌려볼 수 있다

이로써, 로컬 컴퓨터에 코드를 복제하고 엑스포 클라이언트로 앱을 미리 볼 수 있는 기능을 통해 모바일 앱을 개발할 수 있는 모든 환경을 갖추었다.

21.4 결론

이 장에서는 리액트 네이티브와 엑스포를 소개했다. 샘플 프로젝트 코드를 복제하여 로컬에서 실행한 후 실제 장치 또는 시뮬레이터에서 미리보기할 수 있었다. 리액트 네이티브는 웹, 자바스크립트 개발자가 익숙한 기술과 도구를 사용하여 완전한 기능을 갖춘 기본 모바일 앱을 만들 수 있게 해준다. 엑스포는 툴체인을 단순화하고 기본 모바일 개발을 위한 진입 장벽을 낮춰준다. 이 두 가지 도구를 사용하면 초보자도 쉽게 모바일 개발을 시작할 수 있으며 웹에 정통한 팀은 모바일 앱 개발 기술을 빠르게 도입할 수 있다. 다음 장에서는 리액트 네이티브의 기능을 자세히 살펴보고 앱에 경로와 스타일을 입히는 법을 소개한다.

## CHAPTER 22

모바일 앱 셸

필자의 아내는 사진 작가이다. 그녀는 직사각형 프레임 안에 이미지를 구성하는 데 삶의 많은 부분을 할애한다. 사진에는 피사체, 조명, 각도와 같은 많은 변수가 있지만 이미지의 비율만은 일정하게 유지된다. 그 제약이 놀라운 일을 만들어낸다. 사진을 관람하는 사람이 세상을 보고 기억하는 방식을 형성하는 것이다. 모바일 앱 개발도 비슷한 일을 만들어낸다. 작은 직사각형 화면의 제약 내에서도, 몰입할 수 있는 사용자 경험을 가진 매우 강력한 앱을 만들 수 있다.

이 장에서는 앱을 위한 셸을 만들기 시작할 것이다. 이를 위해서는 먼저 리액트 네이티브 컴포넌트의 주요 컴포넌트를 자세히 살펴보아야 한다. 그리고 나서 리액트 네이티브의 내장 스타일 지원과 CSS에서 선택한 CSS 스타일 라이브러리인 스타일드 컴포넌트를 사용하여 앱에 스타일을 적용하는 방법을 살펴볼 것이다. 스타일을 적용하는 방법을 살펴본 후에는 라우팅을 앱에 통합하는 방법을 살펴보고자 한다. 마지막으로, 아이콘을 사용하여 앱 인터페이스를 쉽게 개선하는 방법을 알아볼 것이다.

22.1 리액트 네이티브의 빌딩 블록

먼저 리액트 네이티브 앱의 기본 빌딩 블록을 살펴보자. 여러분은 아마도 리액트 네이티브 앱이 JSX로 작성된 리액트 컴포넌트로 이루어져 있다고 추측했을 것이다. 그러나 HTML 페이지의 DOM(문서 객체 모델)이 없으면 해당 컴포넌트 내에 뭐가 들어갈까? src/Main.js

에서 'Hello World' 컴포넌트를 살펴보면 알 수 있을 것이다. 일단은 스타일을 제거한 버전이다.

```jsx
import React from 'react';
import { Text, View } from 'react-native';

const Main = () => {
  return (
    <View>
      <Text>Hello world!</Text>
    </View>
  );
};

export default Main;
```

이 마크업에는 주목할 만한 JSX 태그인 `<View>`와 `<Text>`가 있다. 웹 개발에 익숙한 독자라면 `<View>` 태그가 `<div>` 태그와 거의 동일한 용도로 사용된다는 것을 눈치챘을 것이다. 이는 앱 내용을 담는 컨테이너이다. 그 자체로 많은 작업을 수행하지는 않지만, 앱의 모든 콘텐츠를 포함하고 서로 중첩시킬 수 있으며 스타일을 적용하는 데도 사용된다. 각 컴포넌트는 `<View>` 내에 포함된다. 웹에서 `<div>`나 `<span>` 태그를 사용할 수 있는 대상이라면, 리액트 네이티브에서는 `<View>`를 사용할 수 있다. 당연히 `<Text>` 태그는 앱에 텍스트를 포함하는 데 사용된다. 그러나 웹에서와 달리 이 태그는 모든 텍스트에 사용된다.

짐작했겠지만, JSX 요소 `<Image>`를 사용하여 앱에 이미지를 추가할 수도 있다. 이미지를 포함하도록 `src/Main.js` 파일을 업데이트해보자. 이를 위해서는 리액트 네이티브에서 `Imagecomponent`를 가져오고 `src` 속성과 함께 `<Image>` 태그를 사용해야 한다(그림 22-1).

```jsx
import React from 'react';
import { Text, View, Image } from 'react-native';

const Main = () => {
  return (
    <View style={{ flex: 1, justifyContent: 'center', alignItems: 'center' }}>
      <Text>Hello world!</Text>
      <Image source={require('../assets/images/hello-world.jpg')} />
    </View>
  );
```

```
  };

  export default Main;
```

위 코드는 뷰 내에서 텍스트와 이미지를 렌더링한다. JSX 태그 <View>와 <Image>는 특정 동작(이 경우 뷰 스타일 및 이미지 소스)을 제어할 수 있는 속성을 전달받는다. 속성을 요소에 전달하면 요소에 갖가지 기능을 추가할 수 있다. 각 요소에 사용할 수 있는 속성을 한눈에 확인하고 싶다면 리액트 네이티브의 API 문서(*https://oreil.ly/3fACI*)를 살펴보자.

그림 22-1 〈Image〉 태그를 사용하면 앱에 이미지를 추가할 수 있다(사진 제공: Windell Oskey, https://oreil.ly/lkW3F)

아직 앱에 별 내용이 없는 것 같다. 그러므로 다음 절에서는 리액트 네이티브의 내장 스타일 지원 및 스타일드 컴포넌트를 사용하여 모양과 느낌을 개선하는 방법을 살펴보자.

22.2 스타일과 스타일드 컴포넌트

앱 개발자나 앱 디자이너로서 우리는 정확한 모양, 느낌, 사용자 경험을 줄 수 있도록 앱을 스타일링하고 싶어 한다. 이를 위해 네이티브베이스^{NativeBase}(*https://nativebase.io*), 리액트 네이티브 엘레먼츠^{React Native Elements}(*https://oreil.ly/-M8EE*)와 같은 다양한 UI 컴포넌트 라이브러리가 다양한 프리셋 및 커스텀 컴포넌트를 제공한다. 이러한 라이브러리를 관찰하는 것도 의미가 있지만, 여기에서는 학습을 위해 자신만의 스타일과 앱 레이아웃을 구성하는 방법을 살펴볼 것이다.

앞에서 본 것처럼 리액트 네이티브는 애플리케이션의 모든 JSX 요소에 커스텀 스타일을 적용할 수 있는 style 속성을 제공한다. 스타일의 이름과 값은 lineHeight, backgroundColor와 같이 캐멀 케이스로 작성된다는 점만 제외하면 CSS의 이름, 값과 일치한다. <Text> 요소의 일부 스타일을 포함하도록 /src/Main.js 파일을 업데이트해보자(그림 22-2).

```
const Main = () => {
  return (
    <View style={{ flex: 1, justifyContent: 'center', alignItems: 'center' }}>
      <Text style={{ color: '#0077cc', fontSize: 48, fontWeight: 'bold' }}>
        Hello world!
      </Text>
      <Image source={require('../assets/images/hello-world.jpg')} />
    </View>
  );
};
```

그림 22-2 스타일을 사용해서 〈Text〉 요소의 외관을 조정할 수 있다

'요소 수준에서 스타일을 적용하면 유지보수가 불가능할 정도의 스파게티가 되지 않을까?'라고 생각할 수도 있다. 하지만! 리액트 네이티브의 **StyleSheet** 라이브러리를 사용하면 스타일을 구성하고 재사용할 수 있다.

먼저 임포트 목록에 **StyleSheet**를 추가한다(그림 22-3).

```
import { Text, View, Image, StyleSheet } from 'react-native';
```

이제 다음과 같이 스타일을 추상화할 수 있다.

```
const Main = () => {
  return (
    <View style={styles.container}>
      <Text style={styles.h1}>Hello world!</Text>
      <Text style={styles.paragraph}>This is my app</Text>
      <Image source={require('../assets/images/hello-world.jpg')} />
    </View>
  );
};

const styles = StyleSheet.create({
  container: {
    flex: 1,
    justifyContent: 'center'
  },
  h1: {
    fontSize: 48,
    fontWeight: 'bold'
  },
  paragraph: {
    marginTop: 24,
    marginBottom: 24,
    fontSize: 18
  }
});
```

NOTE_ 플렉스박스

리액트 네이티브는 CSS 플렉스박스flexbox 알고리즘을 사용하여 레이아웃 스타일을 정의한다. 이 책에서는 플렉스박스에 대해 자세히 다루지는 않지만, 관심이 있다면 리액트 네이티브가 제공하는 플렉스박스 사용 가이드 문서(*https://oreil.ly/owhZK*)를 통해 레이아웃에 플렉스박스를 사용하는 방법과 그 사용 사례를 확인할 수 있다.

그림 22-3 Stylesheet를 사용해서 앱의 스타일을 조절할 수 있다

22.2.1 스타일드 컴포넌트

리액트 네이티브에 내장된 style 속성과 StyleSheet는 필요한 모든 것을 기본적으로 제공하지만, 애플리케이션을 스타일링하기 위한 방법이 이들뿐인 것은 아니다. 스타일드 컴포넌트 (*https://www.styled-components.com*), 이모션Emotion (*https://emotion.sh*)과 같이 널리 사용되는 웹 CSS-in-JS 솔루션을 사용할 수도 있다. 필자는 개인적으로 이러한 솔루션이 더 깔끔한 문법을 가지고 있고, CSS와 더 밀접하게 연계되어 있고, 웹과 모바일 앱 코드베이스 사

이의 괴리도 더 적다고 생각한다. 이러한 웹 지원 CSS-in-JS 라이브러리를 사용하면 플랫폼 간에 스타일이나 컴포넌트를 공유할 수 있다.

학습을 위해, 이전의 예제에서 스타일드 컴포넌트 라이브러리를 어떻게 사용할 수 있는지 살펴보자. 먼저 src/Main.js에서 native 버전의 라이브러리를 임포트한다.

```
import styled from 'styled-components/native'
```

여기에서 스타일을 스타일드 컴포넌트 문법으로 마이그레이션할 수 있다. 13장을 잘 읽고 왔다면 매우 친숙한 문법일 것이다. src/Main.js 파일의 최종 코드는 다음과 같다.

```
import React from 'react';
import { Text, View, Image } from 'react-native';
import styled from 'styled-components/native';

const StyledView = styled.View'
  flex: 1;
  justify-content: center;
';

const H1 = styled.Text'
  font-size: 48px;
  font-weight: bold;
';

const P = styled.Text'
  margin: 24px 0;
  font-size: 18px;
';

const Main = () => {
  return (
    <StyledView>
      <H1>Hello world!</H1>
      <P>This is my app.</P>
      <Image source={require('../assets/images/hello-world.jpg')} />
    </StyledView>
  );
};

export default Main;
```

이렇게 해서 리액트 네이티브의 내장 스타일 시스템이나 스타일 컴포넌트 라이브러리를 사용하여 애플리케이션에 커스텀 스타일을 적용할 수 있게 되었다.

22.3 라우팅

웹에서는 HTML 앵커 링크를 사용하여 하나의 HTML 문서에서 다른 HTML 문서로 링크할 수 있다. 자바스크립트 기반 애플리케이션에서는 라우팅을 사용하여 자바스크립트로 렌더링한 템플릿을 서로 연결할 수 있다. 그럼 네이티브 모바일 앱에서는 어떻게 할까? 사용자를 각 스크린으로 라우팅할 수 있어야 한다. 이번 절에서는 두 가지 일반적인 라우팅 유형, 즉 탭 기반 내비게이션과 스택 내비게이션을 살펴보자.

22.3.1 리액트 내비게이션으로 탭 라우팅 만들기

이제부터 라우팅을 구현하기 위해 리액트 네이티브와 엑스포 팀 모두가 권장하는 라우팅 솔루션, 리액트 내비게이션^{React Navigation} 라이브러리(*https://reactnavigation.org*)를 사용할 것이다. 이를 사용하면 플랫폼에 맞춘 모양과 느낌을 가진 일반적인 라우팅 패턴을 매우 간단하게 구현할 수 있다.

시작하려면 먼저 `src` 디렉터리 내에 `screens`라는 새 디렉터리를 만들자. `screens` 디렉터리 내에서 3개의 새로운 파일을 만들어보자. 각 파일은 매우 기본적인 리액트 컴포넌트를 포함하게 된다.

먼저 다음과 같은 코드를 담은 `src/screens/favorites.js`를 만들자.

```
import React from 'react';
import { Text, View } from 'react-native';

const Favorites = () => {
```

```
    return (
      <View style={{ flex: 1, justifyContent: 'center', alignItems: 'center' }}>
        <Text>Favorites</Text>
      </View>
    );
};

export default Favorites;
```

다음으로 다음과 같은 코드를 담은 src/screens/feed.js를 만들자.

```
import React from 'react';
import { Text, View } from 'react-native';

const Feed = () => {
  return (
    <View style={{ flex: 1, justifyContent: 'center', alignItems: 'center' }}>
      <Text>Feed</Text>
    </View>
  );
};

export default Feed;
```

마지막으로 다음과 같은 코드를 가진 src/screens/mynotes.js를 만들자.

```
import React from 'react';
import { Text, View } from 'react-native';

const MyNotes = () => {
  return (
    <View style={{ flex: 1, justifyContent: 'center', alignItems: 'center' }}>
      <Text>My Notes</Text>
    </View>
  );
};

export default MyNotes;
```

그런 다음 새 파일 src/screens/index.js를 만들고 앱 라우팅의 루트로 사용할 수 있다. 먼저 react와 react-navigation 의존성을 임포트하자.

```
import React from 'react';
import { createAppContainer } from 'react-navigation';
import { createBottomTabNavigator } from 'react-navigation-tabs';

// 화면 컴포넌트 임포트
import Feed from './feed';
import Favorites from './favorites';
import MyNotes from './mynotes';
```

의존성을 임포트한 후 리액트 내비게이션의 createBottomTabNavigator를 사용하여 탐색에 표시할 리액트 컴포넌트 화면을 정의하면 이 세 화면 사이를 오가는 탭 내비게이터를 만들 수 있다.

```
const TabNavigator = createBottomTabNavigator({
  FeedScreen: {
    screen: Feed,
    navigationOptions: {
      tabBarLabel: 'Feed',
    }
  },
  MyNoteScreen: {
    screen: MyNotes,
    navigationOptions: {
      tabBarLabel: 'My Notes',
    }
  },
  FavoriteScreen: {
    screen: Favorites,
    navigationOptions: {
      tabBarLabel: 'Favorites',
    }
  }
});

// 앱 컨테이너 생성
export default createAppContainer(TabNavigator);
```

마지막으로 다음 코드와 같이 src/Main.js 파일을 업데이트하여 라우터를 가져오기만 하면 된다.

```
import React from 'react';
import Screens from './screens';

const Main = () => {
  return <Screens />;
};

export default Main;
```

터미널에서 npm start 명령을 입력하여 앱이 실행 중인지 확인하자. 이제 화면 하단에 탭 내비게이터가 표시되고, 탭을 누르면 해당 화면으로 연결된다(그림 22-4).

그림 22-4 이제 탭 내비게이션을 통해 화면 사이를 이동할 수 있다

22.3.2 스택 내비게이션

두 번째 종류의 라우팅 유형은 스택 내비게이션으로, 화면이 개념적으로 서로 쌓여서('스택'되어) 사용자가 스택을 통해 더 깊게 들어가거나 뒤로 돌아 나올 수 있다. 예를 들어, 사용자가 기사 피드를 보는 뉴스 앱이 있다고 하자. 사용자는 뉴스 기사 제목을 눌러 스택의 기사 내용을 더 깊게 탐색할 수 있다. 그런 다음 뒤로 버튼을 클릭하면 기사 피드로 돌아갈 수 있고, 그러지 않고 다른 기사 제목을 클릭하면 더 깊은 스택으로 탐색을 진행할 수 있다.

우리는 예제 앱의 사용자가 앱에서 노트의 피드로부터 개별 노트로, 또는 개별 노트에서 뒤로 (피드로) 이동할 수 있게 구현하고 싶다. 이제부터 각 화면에 대해 스택 탐색을 구현하는 방법을 살펴보자.

먼저 스택에 두 번째 화면을 포함할 새로운 NoteScreen 컴포넌트를 만들어보자. 최소한의 리액트 네이티브 컴포넌트를 사용하여 새 파일 src/screens/note.js를 작성하자.

```
import React from 'react';
import { Text, View } from 'react-native';

const NoteScreen = () => {
  return (
    <View style={{ padding: 10 }}>
      <Text>This is a note!</Text>
    </View>
  );
};


export default NoteScreen;
```

다음으로, 라우터를 변경하여 NoteScreen 컴포넌트에 대한 스택 내비게이션을 활성화하자. 이를 위해 react-navigation-stack에서 createStackNavigator와 스택을 임포트하고 새로운 note.js 컴포넌트도 임포트한다. src/screens/index.js의 임포트 문을 다음과 같이 업데이트하자.

```
import React from 'react';
import { Text, View, ScrollView, Button } from 'react-native';
import { createAppContainer } from 'react-navigation';
import { createBottomTabNavigator } from 'react-navigation-tabs';
```

```
// createStackNavigator 임포트 추가
import { createStackNavigator } from 'react-navigation-stack';

// note.js를 포함하여 화면 컴포넌트 임포트
import Feed from './feed';
import Favorites from './favorites';
import MyNotes from './mynotes';
import NoteScreen from './note';
```

라이브러리와 파일을 임포트했으면 이제 스택 내비게이션 기능을 구현할 수 있다. 우선 라우터 파일 안에서 리액트 내비게이션에 어떤 화면이 '스택 가능stackable'한지 알려야 한다. 사용자는 각 탭 경로에서 Note 화면으로 이동할 수 있어야 한다. 다음과 같이 해당 스택을 정의하자.

```
const FeedStack = createStackNavigator({
  Feed: Feed,
  Note: NoteScreen
});

const MyStack = createStackNavigator({
  MyNotes: MyNotes,
  Note: NoteScreen
});

const FavStack = createStackNavigator({
  Favorites: Favorites,
  Note: NoteScreen
});
```

이제 개별 화면이 아닌 스택을 참조하도록 TabNavigator를 업데이트할 수 있다. 이렇게 하려면 각 TabNavigator 객체의 screen 속성을 업데이트하자.

```
const TabNavigator = createBottomTabNavigator({
  FeedScreen: {
    screen: FeedStack,
    navigationOptions: {
      tabBarLabel: 'Feed'
    }
  },
  MyNoteScreen: {
    screen: MyStack,
```

```
        navigationOptions: {
          tabBarLabel: 'My Notes'
        }
      },
      FavoriteScreen: {
        screen: FavStack,
        navigationOptions: {
          tabBarLabel: 'Favorites'
        }
      }
    });
```

이를 모두 반영한 src/screens/index.js 파일은 다음과 같다.

```
import React from 'react';
import { Text, View, ScrollView, Button } from 'react-native';
import { createAppContainer } from 'react-navigation';
import { createBottomTabNavigator } from 'react-navigation-tabs';
import { createStackNavigator } from 'react-navigation-stack';

// 화면 컴포넌트 임포트
import Feed from './feed';
import Favorites from './favorites';
import MyNotes from './mynotes';
import NoteScreen from './note';

// 내비게이션 스택
const FeedStack = createStackNavigator({
  Feed: Feed,
  Note: NoteScreen
});

const MyStack = createStackNavigator({
  MyNotes: MyNotes,
  Note: NoteScreen
});

const FavStack = createStackNavigator({
  Favorites: Favorites,
  Note: NoteScreen
});

// 내비게이션 탭
```

```
const TabNavigator = createBottomTabNavigator({
  FeedScreen: {
    screen: FeedStack,
    navigationOptions: {
      tabBarLabel: 'Feed'
    }
  },
  MyNoteScreen: {
    screen: MyStack,
    navigationOptions: {
      tabBarLabel: 'My Notes'
    }
  },
  FavoriteScreen: {
    screen: FavStack,
    navigationOptions: {
      tabBarLabel: 'Favorites'
    }
  }
});

// 앱 컨테이너 생성
export default createAppContainer(TabNavigator);
```

장치의 시뮬레이터 또는 엑스포 앱에서 앱을 열어보자. 아직 눈에 띄는 차이가 없다. 스택 내비게이션에 아직 링크를 추가하지 않았기 때문이다. 스택 내비게이션 링크를 포함하도록 `src/screens/feed.js` 컴포넌트를 업데이트해보자.

이를 위해 먼저 리액트 네이티브의 `Button` 종속성을 임포트하자.

```
import { Text, View, Button } from 'react-native';
```

이제 `note.js` 컴포넌트의 내용으로 진입하기 위한 버튼을 추가할 수 있다. 내비게이션 정보가 포함된 `props` 컴포넌트를 전달하고, `title` 및 `onPress` 속성을 포함하는 `<Button>`을 추가하자.

```
const Feed = props => {
  return (
    <View style={{ flex: 1, justifyContent: 'center', alignItems: 'center' }}>
      <Text>Note Feed</Text>
```

```
      <Button
        title="Keep reading"
        onPress={() => props.navigation.navigate('Note')}
      />
    </View>
  );
};
```

이제 화면을 탐색할 수 있게 되었다. Feed 화면에서 버튼을 클릭하면 Note 화면으로 이동하며, 화살표를 클릭하면 뒤로 돌아간다(그림 22-5).

그림 22-5 버튼 링크를 클릭하면 새로운 스크린으로 이동하고, 화살표를 클릭하면 이전 화면으로 복귀한다

22.3.3 스크린 타이틀 추가

스택 내비게이터를 추가하면 타이틀 바가 자동으로 앱 상단에 추가된다. 타이틀 바의 스타일을 지정할 수도 있고, 제거할 수도 있다. 이제 스택 맨 위에 있는 각 화면에 제목을 추가할 차례다. 이를 위해 컴포넌트 밖에 또 다른 컴포넌트 navigationOptions를 설정한다. src/screens/feed.js를 다음과 같이 편집하자.

```
import React from 'react';
import { Text, View, Button } from 'react-native';

const Feed = props => {
// 컴포넌트 코드
};

Feed.navigationOptions = {
  title: 'Feed'
};

export default Feed;
```

다른 화면 컴포넌트에 대해서도 이 과정을 반복하면 된다.

src/screens/favorites.js를 다음과 같이 편집하자.

```
Favorites.navigationOptions = {
  title: 'Favorites'
};
```

src/screens/mynotes.js를 다음과 같이 편집하자.

```
MyNotes.navigationOptions = {
  title: 'My Notes'
};
```

이제 각 화면 상단의 내비게이션 바에 제목이 포함된다(그림 22-6).

그림 22-6 navigationOptions의 타이틀을 설정하면 최상단 내비게이션 바에 추가된다

22.4 아이콘

이제 완전한 내비게이션 기능을 갖추었다. 하지만 사용자가 쉽게 사용할 수 있는 시각적 컴포넌트가 없다. 다행히도 엑스포를 사용하면 앱에 아이콘을 쉽게 포함할 수 있다. `expo.github.io/vector-icons`에 접속하면 엑스포가 제공하는 모든 아이콘을 검색할 수 있다. Ant Design, Ionicons, Font Awesome, Entypo, Foundation, Material Icons, Material

Community Icons와 같은 수많은 아이콘 세트를 쓸 수 있어 선택의 폭이 방대하다.

탭 네비게이션에 아이콘을 추가해보자. 먼저 사용하려는 아이콘 세트를 가져와야 한다. 연습을 위해 `src/screens/index.js`에 다음 코드를 추가하여 머티리얼 커뮤니티 아이콘^{Material} Community Icons을 사용해보자.

```
import { MaterialCommunityIcons } from '@expo/vector-icons';
```

컴포넌트에서 아이콘을 사용하려는 곳이라면 어디에서나 아이콘을 JSX로 포함할 수 있다. `size`, `color`와 같은 속성 설정을 포함하기만 하면 된다.

```
<MaterialCommunityIcons name="star" size={24} color={'blue'} />
```

이번에는 탭 내비게이션에 아이콘을 추가해보자. 리액트 내비게이션에는 아이콘을 설정하기 위한 `tabBarIcon`이라는 속성이 포함되어 있다. 이를 함수로 전달해서 `tintColor`를 설정하면 활성화된 탭 아이콘이 비활성화된 것과 다른 색상을 갖게 할 수 있다.

```
const TabNavigator = createBottomTabNavigator({
  FeedScreen: {
    screen: FeedStack,
    navigationOptions: {
      tabBarLabel: 'Feed',
      tabBarIcon: ({ tintColor }) => (
        <MaterialCommunityIcons name="home" size={24} color={tintColor} />
      )
    }
  },
  MyNoteScreen: {
    screen: MyStack,
    navigationOptions: {
      tabBarLabel: 'My Notes',
      tabBarIcon: ({ tintColor }) => (
        <MaterialCommunityIcons name="notebook" size={24} color={tintColor} />
      )
    }
  },
  FavoriteScreen: {
    screen: FavStack,
    navigationOptions: {
```

```
          tabBarLabel: 'Favorites',
          tabBarIcon: ({ tintColor }) => (
            <MaterialCommunityIcons name="star" size={24} color={tintColor} />
          )
      }
    }
});
```

이제 탭 내비게이션에 아이콘이 달렸다(그림 22-7).

그림 22-7 앱의 내비게이션에 아이콘이 달렸다

22.5 결론

이 장에서는 리액트 네이티브 애플리케이션의 기본 컴포넌트를 만드는 방법을 설명했다. 이제 컴포넌트를 작성하고 스타일을 추가하고 컴포넌트 사이를 탐색할 수 있게 되었다. 지금쯤이면 여러분도 리액트 네이티브의 놀라운 잠재력을 느꼈기를 바란다. 리액트 네이티브를 쓰면 최소한의 새로운 기술만 쓰면서도 전문적인 모바일 앱 개발을 시작할 수 있다. 다음 장에서는 그래프QL을 사용하여 앱 내에 API의 데이터를 포함해보자.

## CHAPTER 23

그래프QL과 리액트 네이티브

펜실베이니아주 피츠버그에 있는 앤디 워홀 박물관에는 '실버 클라우드Sliver Clouds'라는 설치 예술품이 전시되어 있다. 이 작품은 12개의 은박 풍선이 있는 넓은 방인데, 각각의 풍선 안에는 헬륨과 공기가 섞여 있다. 그 결과 풍선은 공기만 채운 풍선보다는 오래 떠 있지만 헬륨 풍선처럼 아예 천장에 붙어서 떠다니지는 않는다. 박물관의 관람객들은 풍선을 공중으로 띄우며 즐겁게 전시를 관람한다.

지금 우리의 앱은 '실버 클라우드'의 방과 매우 유사하다. 아이콘을 클릭하며 앱 셸을 돌아다닐 수 있지만, 결국에는 빈 공간일 뿐이다(앤디 워홀 씨에게 악의는 없다). 이 장에서는 먼저 리액트 네이티브의 리스트 뷰를 사용하여 콘텐츠를 표시하는 방법을 알아보고 이를 통해 앱을 채워 볼 것이다. 그런 다음 아폴로 클라이언트(*https://www.apollographql.com/docs/react*)를 사용하여 데이터 API를 연결하고, API가 연결되면 그래프QL 쿼리를 작성하여 앱 화면에 데이터를 표시할 것이다.

> **NOTE_ 로컬에서 API 실행하기**
> 모바일 앱을 개발하려면 로컬 API 인스턴스에 접근해야 한다. 이 책의 실습을 따라왔다면 이미 Notedly API와 그 데이터베이스가 컴퓨터에 설치되어 있고 실행 중일 것이다. 그렇지 않다면, 이 책의 부록 A에서 API 사본을 가져오는 방법과 샘플 데이터를 참고하자. 이미 API를 실행하고 있지만 추가 데이터를 사용하려면, API 프로젝트 디렉터리의 루트에서 `npm run seed`를 실행하자.

23.1 리스트와 스크롤 콘텐츠 뷰 만들기

리스트, 즉 목록은 어디에나 있다. 우리는 언제나 할 일 목록, 장보기 목록, 손님 목록 등을 관리한다. 앱에서 리스트는 가장 일반적인 UI 패턴 중 하나이다. 소셜 미디어 게시물 리스트, 기사 리스트, 노래 리스트, 영화 리스트 등을 어디서나 볼 수 있다. 리스트의 내용은 끝없이 이어질 수 있고, 이러한 리스트는 스크롤 없이는 보기 힘들다. 그래서 리액트 네이티브는 스크롤 가능한 콘텐츠 리스트를 작성하는 과정을 간단하게 만들었다!

리액트 네이티브에는 FlatList, SectionList 두 가지 리스트 유형이 있다. FlatList는 단일 스크롤 리스트 내에 항목의 수가 굉장히 많을 때 유용하다. 리액트 네이티브는 성능을 향상시키기 위해 초기에 화면에 보이는 항목만 렌더링하는 등의 다양한 기능을 수행한다. SectionList는 리스트 내의 항목 그룹이 헤더를 가질 수 있다는 점을 제외하면 FlatList와 유사하다. 이를테면 연락처 리스트 내의 항목을 알파벳 헤더를 통해 알파벳별로 그룹화할 수 있다.

이번 예제에서는 FlatList를 사용하여 노트 리스트를 표시할 것이다. 이를 통해 사용자는 리스트를 스크롤하고 특정 노트의 미리보기를 눌러 전체 노트를 읽을 수 있다. 이를 위해 노트 리스트를 표시하는 데 사용할 수 있는 새 컴포넌트, NoteFeed를 만들어보자. 지금은 임시 데이터를 사용하지만, 이후에 곧 API에 연결할 것이다.

먼저 src/components/NoteFeed.js에서 새 컴포넌트를 만들어보자. 의존성을 임포트하고 일련의 임시 데이터 배열을 추가한다.

```
import React from 'react';
import { FlatList, View, Text } from 'react-native';
import styled from 'styled-components/native';

// 임시 데이터
const notes = [
  { id: 0, content: 'Giant Steps' },
  { id: 1, content: 'Tomorrow Is The Question' },
  { id: 2, content: 'Tonight At Noon' },
  { id: 3, content: 'Out To Lunch' },
  { id: 4, content: 'Green Street' },
  { id: 5, content: 'In A Silent Way' },
  { id: 6, content: 'Lanquidity' },
  { id: 7, content: 'Nuff Said' },
```

```
    { id: 8, content: 'Nova' },
    { id: 9, content: 'The Awakening' }
];

const NoteFeed = () => {
  // 컴포넌트 코드의 위치
};

export default NoteFeed;
```

이제 FlatList를 포함하는 컴포넌트 코드를 작성하자.

```
const NoteFeed = props => {
  return (
    <View>
      <FlatList
        data={notes}
        keyExtractor={({ id }) => id.toString()}
        renderItem={({ item }) => <Text>{item.content}</Text>}
      />
    </View>
  );
};
```

위 코드에서 FlatList는 데이터 반복 프로세스를 단순화하는 세 가지 속성을 받는다.

data

이 속성은 리스트에 포함될 데이터의 배열을 가리킨다.

keyExtractor

리스트의 각 항목에는 고유한 key 값이 있어야 한다. 고유 id 값을 key로 사용하기 위해 keyExtractor를 사용한다.

renderItem

이 속성은 리스트 내에서 렌더링할 대상을 정의한다. 지금은 notes 배열에서 개별 item을 전달하여 Text로 표시한다.

피드를 표시하기 위해 src/screens/feed.js 컴포넌트를 다음과 같이 업데이트하면 리스트를 볼 수 있다.

```javascript
import React from 'react';

// NoteFeed 임포트
import NoteFeed from '../components/NoteFeed';

const Feed = props => {
  return <NoteFeed />;
};

Feed.navigationOptions = {
  title: 'Feed'
};

export default Feed;
```

src/components/NoteFeed.js 파일로 돌아가서 스타일드 컴포넌트를 사용하여 리스트의 항목 사이에 간격을 추가하도록 renderItem을 업데이트해보자.

```javascript
// FeedView 스타일드 컴포넌트 정의
const FeedView = styled.View`
  height: 100;
  overflow: hidden;
  margin-bottom: 10px;
`;

const NoteFeed = props => {
  return (
    <View>
      <FlatList
        data={notes}
        keyExtractor={({ id }) => id.toString()}
        renderItem={({ item }) => (
          <FeedView>
            <Text>{item.content}</Text>
          </FeedView>
        )}
      />
    </View>
```

```
  );
};
```

앱을 미리보기 하면 스크롤 가능한 데이터 리스트가 표시된다. 마지막으로, 리스트 항목 사이에 구분 기호를 추가할 수 있다. CSS를 통해 아래쪽 테두리를 추가하는 대신, 리액트 네이티브를 사용하면 ItemSeparatorComponent 속성을 FlatList에 전달할 수 있다. 이를 통해 모든 유형의 컴포넌트를 리스트 요소 사이의 구분자로 배치할 수 있다. 또한 리스트의 마지막 항목 이후처럼 원하지 않는 위치에는 구분 기호를 배치하지 않을 수 있다. 이를 구현하기 위해 스타일드 컴포넌트 View로 작성된 간단한 테두리를 추가한다.

```
// FeedView 스타일드 컴포넌트 정의
const FeedView = styled.View'
  height: 100;
  overflow: hidden;
  margin-bottom: 10px;
';

// Separator 스타일드 컴포넌트 추가
const Separator = styled.View'
  height: 1;
  width: 100%;
  background-color: #ced0ce;
';

const NoteFeed = props => {
  return (
    <View>
      <FlatList
        data={notes}
        keyExtractor={({ id }) => id.toString()}
        ItemSeparatorComponent={() => <Separator />}
        renderItem={({ item }) => (
          <FeedView>
            <Text>{item.content}</Text>
          </FeedView>
        )}
      />
    </View>
  );
};
```

노트의 콘텐츠를 FlatList에서 직접 렌더링하고 스타일을 지정하는 대신, 자체 컴포넌트 내에서 분리할 수도 있다. 이를 위해 ScrollView라는 새로운 유형의 보기를 소개한다. ScrollView는 말 그대로, 화면의 크기를 따르지 않고 ScrollView가 내용을 오버플로하여 사용자가 스크롤할 수 있게 한다.

src/components/Note.js에서 새로운 컴포넌트를 만들어보자.

```
import React from 'react';
import { Text, ScrollView } from 'react-native';
import styled from 'styled-components/native';

const NoteView = styled.ScrollView`
  padding: 10px;
`;

const Note = props => {
  return (
    <NoteView>
      <Text>{props.note.content}</Text>
    </NoteView>
  );
};

export default Note;
```

마지막으로, src/components/NoteFeed.js 컴포넌트를 업데이트하여 새 Note 컴포넌트를 FeedView 내에서 임포트하고 사용하게 하자. 이를 반영한 최종 컴포넌트 코드는 다음과 같다 (그림 23-1).

```
import React from 'react';
import { FlatList, View, Text } from 'react-native';
import styled from 'styled-components/native';

import Note from './Note';

// 임시 데이터
const notes = [
  { id: 0, content: 'Giant Steps' },
  { id: 1, content: 'Tomorrow Is The Question' },
  { id: 2, content: 'Tonight At Noon' },
```

```
    { id: 3, content: 'Out To Lunch' },
    { id: 4, content: 'Green Street' },
    { id: 5, content: 'In A Silent Way' },
    { id: 6, content: 'Lanquidity' },
    { id: 7, content: 'Nuff Said' },
    { id: 8, content: 'Nova' },
    { id: 9, content: 'The Awakening' }
];

// FeedView 스타일드 컴포넌트 정의
const FeedView = styled.View`
  height: 100;
  overflow: hidden;
  margin-bottom: 10px;
`;

const Separator = styled.View`
  height: 1;
  width: 100%;
  background-color: #ced0ce;
`;

const NoteFeed = props => {
  return (
    <View>
      <FlatList
        data={notes}
        keyExtractor={({ id }) => id.toString()}
        ItemSeparatorComponent={() => <Separator />}
        renderItem={({ item }) => (
          <FeedView>
            <Note note={item} />
          </FeedView>
        )}
      />
    </View>
  );
};

export default NoteFeed;
```

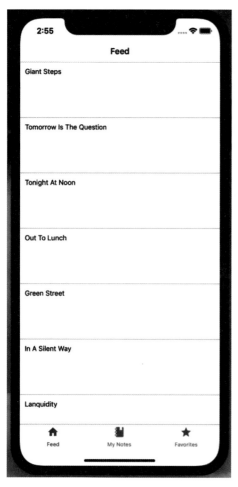

그림 23-1 FlatList를 사용하여 데이터 리스트 출력하기

이렇게 간단한 FlatList를 화면에 배치하는 법을 알아보았다. 다음은 리스트 항목에서 개별 경로로 라우팅할 수 있게 할 차례이다.

23.1.1 리스트를 라우팅 가능하게 만들기

모바일 앱에서 가장 일반적인 패턴은 리스트에 있는 항목을 탭해서 자세한 정보나 확장된 기능을 보는 것이다. 앞 장에서 살펴본 것처럼 내비게이션 스택 내에서 피드 화면은 노트 화면 위에 있다. 리액트 네이티브에서는 TouchableOpacity를 래퍼로 사용하여 사용자 터치에 대한 뷰 응답을 만들 수 있다. 즉, FeedView의 내용을 TouchableOpacity로 감싸고 이전에 버튼으로 했던 것과 같은 방식으로 사용자를 라우팅할 수 있다. 계속해서 src/components/NoteFeed. js 컴포넌트를 업데이트해보자.

먼저 src/components/NoteFeed.js에 TouchableOpacity를 포함하도록 react-native로 부터 임포트하는 구문을 추가해야 한다.

```
import { FlatList, View, TouchableOpacity } from 'react-native';
```

다음으로 TouchableOpacity를 사용하도록 컴포넌트를 업데이트하자.

```
const NoteFeed = props => {
  return (
    <View>
      <FlatList
        data={notes}
        keyExtractor={({ id }) => id.toString()}
        ItemSeparatorComponent={() => <Separator />}
        renderItem={({ item }) => (
          <TouchableOpacity
            onPress={() =>
              props.navigation.navigate('Note', {
                id: item.id
              })
            }
          >
            <FeedView>
              <Note note={item} />
            </FeedView>
          </TouchableOpacity>
        )}
      />
    </View>
  );
};
```

내비게이션 속성을 피드에 전달하려면 feed.js 화면 컴포넌트도 업데이트해야 한다. src/ screens/feed.js를 다음과 같이 편집하자.

```
const Feed = props => {
  return <NoteFeed navigation={props.navigation} />;
};
```

이를 통해 일반 노트 화면으로 쉽게 이동할 수 있다. 노트의 ID를 표시하도록 해당 화면을 커스텀화하자. 앞의 NoteFeed 컴포넌트 내비게이션에서 id 속성을 전달했기 때문에 screens/note.js에서 해당 속성의 값을 읽을 수 있다.

```
import React from 'react';
import { Text, View } from 'react-native';

const NoteScreen = props => {
  const id = props.navigation.getParam('id');
  return (
    <View style={{ padding: 10 }}>
      <Text>This is note {id}</Text>
    </View>
  );
};

export default NoteScreen;
```

이제 리스트 뷰에서 개별 항목의 페이지로 이동할 수 있게 되었다. 다음으로 API의 데이터를 앱에 통합하는 방법을 살펴보자.

23.2 아폴로 클라이언트와 그래프QL

이제 앱 내에서 데이터를 읽고 표시할 준비가 되었다. 이 책의 첫 부분에서 만든 그래프QL API에 접근할 차례이다. 앞에서 사용했던 그래프QL 클라이언트 라이브러리인 아폴로 클라이언트도 이번에 사용할 것이다. 아폴로 클라이언트는 자바스크립트 UI 앱 내에서 그래프QL 작업을 단순화하는 여러 가지 유용한 기능을 제공한다. 아폴로의 대표적인 클라이언트 기능으로는 원격 API에서 데이터 가져오기, 로컬 캐싱, 그래프QL 문법 처리, 로컬 상태 관리 등이 있다.

시작하려면 먼저 설정 파일 작업이 필요하다. 환경 변수는 config.js라는 파일에 저장한다. 리액트 네이티브에는 환경, 설정 변수를 관리하는 몇 가지 방법이 있지만 필자가 보기에는 config.js 설정 파일을 활용하는 것이 가장 간단하고 효과적이다. 실습의 편의성을 위해 필자가 준비한 config-example.js 파일을 활용할 수 있는데, 터미널 애플리케이션의 프로젝트 디렉터리 루트에서 다음을 입력하자.

```
$ cp config.example.js config.js
```

여기에서 dev(개발) 또는 prod(프로덕션) 환경 변수를 업데이트할 수 있다. 이번 예제의 경우 프로덕션 API_URI 값만 업데이트하면 된다.

```
// 환경 변수 설정
const ENV = {
  dev: {
    API_URI: 'http://${localhost}:4000/api'
  },
  prod: {
    // 퍼블릭으로 배포한 API 주소와 함께 API_URI 값 업데이트
    API_URI: 'https://your-api-uri/api'
  }
};
```

이제 엑스포 환경 덕분에 getEnvVars 함수를 사용하여 이 두 값에 접근할 수 있다. 여기에서는 다른 설정 파일에 대해서는 다루지 않지만, 자세히 알아보고 싶다면 설정 파일 자체에 달린 주석을 참고하면 된다.

이제 클라이언트를 API에 연결할 수 있다. src/Main.js 파일에서 아폴로 클라이언트 라이브러리를 사용하여 아폴로를 설정하자. 앞의 웹 애플리케이션 부분에서 다룬 내용이라 익숙할 것이다.

```
import React from 'react';
import Screens from './screens';
// 아폴로 라이브러리 임포트
import { ApolloClient, ApolloProvider, InMemoryCache } from '@apollo/client';
// 환경 설정 임포트
import getEnvVars from '../config';
```

```
const { API_URI } = getEnvVars();

// API URI 및 캐시 설정
const uri = API_URI;
const cache = new InMemoryCache();

// 아폴로 클라이언트 설정
const client = new ApolloClient({
  uri,
  cache
});

const Main = () => {
  // ApolloProvider 상위 컴포넌트에 앱을 래핑
  return (
    <ApolloProvider client={client}>
      <Screens />
    </ApolloProvider>
  );
};

export default Main;
```

앱에 눈에 띄는 변화가 생긴 것은 아니지만, 이제 API에 연결할 수 있다. 다음 순서로 API에서 데이터를 쿼리할 수 있는 방법을 살펴보자.

23.2.1 그래프QL 쿼리 쓰기

이제 API에 연결되었으므로 데이터를 쿼리해보자. 우선 데이터베이스의 모든 메모를 쿼리하여 NoteFeed 목록에 표시해보고, 다음으로 Note 열어보기에 개별 노트가 표시되도록 쿼리할 것이다.

> **NOTE_ note 쿼리**
> 이번에는 반복성을 줄이고 단순화하기 위해 페이지네이션한 noteFeed 쿼리 대신 대량 note API 쿼리를 사용할 것이다.

Query 컴포넌트를 작성하는 방식은 리액트 웹 애플리케이션에서와 동일하다. 먼저 src/

screens/feed.js에서 다음과 같이 useQuery 및 그래프QL 언어(gql) 라이브러리를 임포트하자.

```javascript
// 리액트 네이티브 및 아폴로 종속성 임포트
import { Text } from 'react-native';
import { useQuery, gql } from '@apollo/client';
```

다음으로 쿼리를 작성하자.

```javascript
const GET_NOTES = gql'
  query notes {
    notes {
      id
      createdAt
      content
      favoriteCount
      author {
        username
        id
        avatar
      }
    }
  }
';
```

마지막으로 컴포넌트를 업데이트하여 쿼리를 호출한다.

```javascript
const Feed = props => {
  const { loading, error, data } = useQuery(GET_NOTES);

  // 데이터 로딩 중이면 앱에서 로딩 인디케이터 표시
  if (loading) return <Text>Loading</Text>;
  // 데이터 로딩 중 에러가 발생하면 에러 메시지 표시
  if (error) return <Text>Error loading notes</Text>;
  // 쿼리에 성공하고 노트가 있으면 노트 피드 반환
  return <NoteFeed notes={data.notes} navigation={props.navigation} />;
};
```

지금까지 작업한 결과 src/screens/feed.js 파일은 다음과 같은 형태를 가질 것이다.

```
import React from 'react';
import { Text } from 'react-native';
// 아폴로 라이브러리 임포트
import { useQuery, gql } from '@apollo/client';

import NoteFeed from '../components/NoteFeed';
import Loading from '../components/Loading';

// 쿼리 작성
const GET_NOTES = gql'
  query notes {
    notes {
      id
      createdAt
      content
      favoriteCount
      author {
        username
        id
        avatar
      }
    }
  }
';

const Feed = props => {
  const { loading, error, data } = useQuery(GET_NOTES);

  // 데이터 로딩 중이면 앱에서 로딩 인디케이터 표시
  if (loading) return <Text>Loading</Text>;
  // 데이터 로딩 중 에러가 발생하면 에러 메시지 표시
  if (error) return <Text>Error loading notes</Text>;
  // 쿼리에 성공하고 노트가 있으면 노트 피드 반환
  return <NoteFeed notes={data.notes} navigation={props.navigation} />;
};

Feed.navigationOptions = {
  title: 'Feed'
};

export default Feed;
```

쿼리를 다 작성했으면, `src/components/NoteFeed.js` 컴포넌트를 업데이트해서 props를 통

해 전달된 데이터를 사용하게 만들자.

```
const NoteFeed = props => {
  return (
    <View>
      <FlatList
        data={props.notes}
        keyExtractor={({ id }) => id.toString()}
        ItemSeparatorComponent={() => <Separator />}
        renderItem={({ item }) => (
          <TouchableOpacity
            onPress={() =>
              props.navigation.navigate('Note', {
                id: item.id
              })
            }
          >
            <FeedView>
              <Note note={item} />
            </FeedView>
          </TouchableOpacity>
        )}
      />
    </View>
  );
};
```

이렇게 변경한 후 엑스포를 실행하면, [그림 23-2]와 같이 로컬 API의 데이터가 리스트에 표시된다.

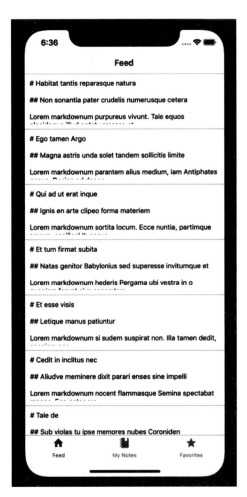

그림 23-2 피드 뷰에 출력된 API 데이터

지금은 리스트 내에서 노트 미리보기를 누르면 일반 노트 페이지가 계속 표시된다. `src/screens/note.js` 파일에 note 쿼리를 작성하여 이를 해결하자.

```
import React from 'react';
import { Text } from 'react-native';
import { useQuery, gql } from '@apollo/client';

import Note from '../components/Note';

// ID 변수를 받는 노트 쿼리
```

```
const GET_NOTE = gql'
  query note($id: ID!) {
    note(id: $id) {
      id
      createdAt
      content
      favoriteCount
      author {
        username
        id
        avatar
      }
    }
  }
';

const NoteScreen = props => {
  const id = props.navigation.getParam('id');
  const { loading, error, data } = useQuery(GET_NOTE, { variables: { id } });

  if (loading) return <Text>Loading</Text>;
  // 에러가 있으면 사용자에게 다음 메시지 표시
  if (error) return <Text>Error! Note not found</Text>;
  // 성공하면 데이터를 노트 컴포넌트로 전달
  return <Note note={data.note} />;
};

export default NoteScreen;
```

마지막으로 src/components/Note 컴포넌트 파일을 업데이트하여 노트 내용을 표시하게 만들자. 또한, API의 마크다운과 날짜를 보다 읽기 쉬운 방식으로 파싱하기 위해 두 개의 새로운 종속성, react-native-markdown-renderer와 date-fns를 추가하자.

```
import React from 'react';
import { Text, ScrollView } from 'react-native';
import styled from 'styled-components/native';
import Markdown from 'react-native-markdown-renderer';
import { format } from 'date-fns';

const NoteView = styled.ScrollView'
  padding: 10px;
';
```

```
const Note = ({ note }) => {
  return (
    <NoteView>
      <Text>
        Note by {note.author.username} / Published{' '}
        {format(new Date(note.createdAt), 'MMM do yyyy')}
      </Text>
      <Markdown>{note.content}</Markdown>
    </NoteView>
  );
};


export default Note;
```

이러한 변경 덕에, 이제 앱의 피드 뷰에 노트 리스트가 표시된다. 노트 미리보기를 누르면 스크롤 가능한 전체 노트 내용으로 이동한다(그림 23-3).

그림 23-3 그래프QL 쿼리를 작성한 후 노트 미리보기와 전체 노트 사이를 이동할 수 있게 되었다

23.3 로딩 인디케이터 추가하기

지금 앱에서는 데이터를 로드할 때 화면에 'Loading'이라는 단어가 깜박인다. 이것은 메시지를 전달하는 데에는 효과적일지 몰라도, 사용자 경험 면에서는 영 좋지 않은 방식이다. 리액트 네이티브는 운영체제에 적합한 로드 스피너loading spinner를 표시하는 `ActivityIndicator`를 내장하고 있다. 이를 사용해서 앱 전체에서 로딩 인디케이터로 사용할 수 있는 간단한 컴포넌트를 작성해보자.

먼저 새 파일 `src/components/Loading.js`를 생성하고, 화면 중앙에 활동 인디케이터를 보여주는 간단한 컴포넌트를 만들어보자.

```
import React from 'react';
import { View, ActivityIndicator } from 'react-native';
import styled from 'styled-components/native';

const LoadingWrap = styled.View`
  flex: 1;
  justify-content: center;
  align-items: center;
`;

const Loading = () => {
  return (
    <LoadingWrap>
      <ActivityIndicator size="large" />
    </LoadingWrap>
  );
};

export default Loading;
```

이제 그래프QL 쿼리 컴포넌트에서 'Loading' 텍스트를 교체할 수 있다. `src/screens/feed.js` 및 `src/screens/note.js`에서 먼저 Loading 컴포넌트를 임포트하자.

```
import Loading from '../components/Loading';
```

다음으로 두 파일 모두에서 다음과 같이 아폴로 로드 상태를 업데이트하자.

```
if (loading) return <Loading />;
```

이제 앱이 API 데이터를 로드할 때 회전하는 활동 인디케이터가 표시된다(그림 23-4).

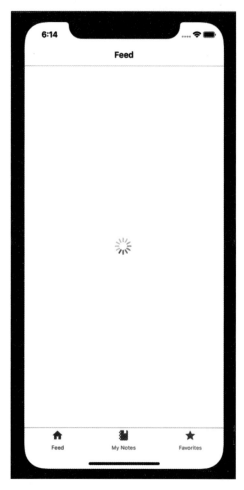

그림 23-4 ActivityIndicator를 사용하면 운영체제에 맞는 로딩 인디케이터를 붙일 수 있다

23.4 결론

이 장에서는 일반적인 앱 UI 패턴을 사용하여 리스트 뷰를 리액트 네이티브 앱에 통합하는 방법을 살펴보고, 아폴로 클라이언트를 설정하여 API의 데이터를 앱에 통합하는 방법도 알아보았다. 이를 통해 뉴스 앱이나 웹 사이트의 블로그 피드와 같은 전형적인 앱을 만드는 데 필요한 요소를 갖추었다. 다음 장에서는 앱에 인증을 추가하고 사용자별 쿼리를 표시해보자.

## CHAPTER 24

모바일 앱 인증

친척 집에서 지내거나 호텔이나 펜션에서 휴가를 보내거나 가구가 딸린 아파트를 렌트한 적이 있는 독자라면 자기 것이 아닌 것들로 둘러싸인다는 것이 무엇인지 알 것이다. 이러한 환경에서는 심리적 안정을 누리기가 어렵고, 물건 배치를 바꾸거나 어지럽히지 않게 된다. 집주인이 얼마나 친절한지와는 무관하게 소유권이 없다는 자체로 위축감을 느끼는 것이다. 컵 받침 없이 유리컵을 내려놓는 것조차 부담스러울 수 있다.

사용자별로 데이터를 커스텀화하거나 읽을 수 있는 기능이 없으면 우리가 만드는 앱의 사용자도 우리의 앱에서 비슷한 불편함을 겪게 될 것이다. 사용자의 노트가 다른 사람들의 노트와 섞여 있다면 사용자는 앱을 실제로 자신의 것으로 느낄 수 없게 된다. 그러므로 이번 장에서는 앱에 인증을 추가할 것이다. 이를 위해 인증 라우팅의 흐름을 알아보고, 엑스포의 시큐어스토어(SecureStore)를 사용하여 토큰 데이터를 저장하고, 리액트 네이티브에서 회원가입과 로그인을 위한 양식을 만들고, 인증 그래프QL 뮤테이션을 수행할 것이다.

24.1 인증의 흐름

먼저 인증의 흐름을 짜보자. 사용자가 앱에 처음 접속하면 로그인 화면이 표시된다. 사용자가 로그인하면 장치에 토큰을 저장하고, 이후에 앱을 다시 열면 로그인 화면을 스킵할 수 있다. 또한 설정 화면을 하나 추가해서, 사용자가 설정 화면 내의 버튼을 클릭하여 앱에서 로그아웃하고 장치에서 토큰을 제거할 수 있게 할 것이다.

이를 위해 새로운 화면을 몇 가지 추가해보자.

authloading.js

사용자가 직접 접할 일이 없는 중간 매개 화면이다. 사용자가 앱을 열면 먼저 이 화면에서 토큰이 있는지 확인하고, 토큰 유무에 따라 사용자를 로그인 화면 또는 앱 화면으로 이동시킨다.

signin.js

사용자가 자신의 계정에 로그인하는 화면이다. 로그인에 성공하면 장치에 토큰을 저장한다.

settings.js

사용자는 설정 화면에서 버튼을 클릭해 앱에서 로그아웃할 수 있다. 일단 로그아웃하면 로그인 화면으로 다시 라우팅된다.

> **NOTE_ 기존의 계정 사용하기**
> 이 장의 뒷부분에서는 앱을 통해 계정을 만드는 기능을 추가할 예정이다. 아직 계정을 만들지 않았다면, API 인스턴스의 그래프QL 플레이그라운드 또는 웹 앱 인터페이스를 통해 직접 계정을 만들어서 사용하자.

이번 예제에서는 토큰을 저장하고 다루기 위한 라이브러리로 엑스포의 시큐어스토어 라이브러리(*https://oreil.ly/nvqE0*)를 사용할 것이다. 시큐어스토어를 쓰면 로컬 장치에서 데이터를 간단하게 암호화하고 저장할 수 있다. iOS 장치에서는 시큐어스토어가 내장 키체인 서비스(*https://oreil.ly/iCu8R*)를 사용하는 반면, 안드로이드에서는 OS의 공유 환경 설정을 사용하여 키스토어^{Keystore}(*https://oreil.ly/gIXsp*)로 데이터를 암호화한다. 이 모든 작업이 뒤에서 이루어지므로 여러분은 간단하게 데이터를 저장하고 검색할 수 있다.

먼저 로그인 화면을 만들자. 현재 로그인 화면은 눌렀을 때 토큰을 저장하는 `Button` 컴포넌트로 이루어져 있다. `src/screens/signin.js`에서 새로운 화면 컴포넌트를 생성하고 의존성을 임포트하자.

```
import React from 'react';
import { View, Button, Text } from 'react-native';
```

```
import * as SecureStore from 'expo-secure-store';

const SignIn = props => {
  return (
    <View>
      <Button title="Sign in!" />
    </View>
  );
}

SignIn.navigationOptions = {
  title: 'Sign In'
};

export default SignIn;
```

다음으로 로딩 인디케이터를 표시하기 위해 src/screens/authloading.js에 인증 로딩 컴포넌트를 만들어보자.

```
import React, { useEffect } from 'react';
import * as SecureStore from 'expo-secure-store';

import Loading from '../components/Loading';

const AuthLoading = props => {
  return <Loading />;
};

export default AuthLoading;
```

마지막으로 설정 화면을 src/screens/settings.js에 만들자.

```
import React from 'react';
import { View, Button } from 'react-native';
import * as SecureStore from 'expo-secure-store';

const Settings = props => {
  return (
    <View>
      <Button title="Sign Out" />
    </View>
```

```
  );
};

Settings.navigationOptions = {
  title: 'Settings'
};

export default Settings;
```

컴포넌트를 모두 만들었으면 인증 및 인증되지 않은 상태를 처리하도록 라우팅을 업데이트할 차례이다. 다음과 같이 src/screens/index.js의 임포트 문에 새 화면을 추가하자.

```
import AuthLoading from './authloading';
import SignIn from './signin';
import Settings from './settings';
```

또한 한 번에 하나의 화면을 표시하고 화면 사이를 전환할 수 있는 createSwitchNavigator를 포함하도록 react-navigation 종속성을 업데이트해야 한다. 사용자가 경로를 이동하고 되돌리기를 하지 않으면 SwitchNavigator는 경로를 기본 상태로 재설정한다.

```
import { createAppContainer, createSwitchNavigator } from 'react-navigation';
```

인증 및 설정 화면을 위해 새 StackNavigator를 생성하자. 이렇게 하면 나중에 필요할 때 하위 화면을 추가할 수 있다.

```
const AuthStack = createStackNavigator({
  SignIn: SignIn
});

const SettingsStack = createStackNavigator({
  Settings: Settings
});
```

다음으로 설정 화면을 하단의 TabNavigator에 추가하자. 나머지 탭 탐색 설정은 동일하게 유지된다.

```
const TabNavigator = createBottomTabNavigator({
  FeedScreen: {
    // ...
  },
  MyNoteScreen: {
    // ...
  },
  FavoriteScreen: {
    // ...
  },
  Settings: {
    screen: Settings,
    navigationOptions: {
      tabBarLabel: 'Settings',
      tabBarIcon: ({ tintColor }) => (
        <MaterialCommunityIcons name="settings" size={24} color={tintColor} />
      )
    }
  }
});
```

이제 전환할 화면을 정의하고 기본 화면 AuthLoading을 설정하여 SwitchNavigator를 생성할 수 있다. 그런 다음 기존 익스포트 문을 SwitchNavigator로 익스포트하게 바꾼다.

```
const SwitchNavigator = createSwitchNavigator(
  {
    AuthLoading: AuthLoading,
    Auth: AuthStack,
    App: TabNavigator
  },
  {
    initialRouteName: 'AuthLoading'
  }
);

export default createAppContainer(SwitchNavigator);
```

여기까지 작업하고 나면 src/screens/index.js 파일은 다음과 같은 형태를 가진다.

```
import React from 'react';
import { Text, View, ScrollView, Button } from 'react-native';
```

```javascript
import { createAppContainer, createSwitchNavigator } from 'react-navigation';
import { createBottomTabNavigator } from 'react-navigation-tabs';
import { createStackNavigator } from 'react-navigation-stack';
import { MaterialCommunityIcons } from '@expo/vector-icons';

import Feed from './feed';
import Favorites from './favorites';
import MyNotes from './mynotes';
import Note from './note';
import SignIn from './signin';
import AuthLoading from './authloading';
import Settings from './settings';

const AuthStack = createStackNavigator({
  SignIn: SignIn,
});

const FeedStack = createStackNavigator({
  Feed: Feed,
  Note: Note
});

const MyStack = createStackNavigator({
  MyNotes: MyNotes,
  Note: Note
});

const FavStack = createStackNavigator({
  Favorites: Favorites,
  Note: Note
});

const SettingsStack = createStackNavigator({
  Settings: Settings
});

const TabNavigator = createBottomTabNavigator({
  FeedScreen: {
    screen: FeedStack,
    navigationOptions: {
      tabBarLabel: 'Feed',
      tabBarIcon: ({ tintColor }) => (
        <MaterialCommunityIcons name="home" size={24} color={tintColor} />
      )
```

```
      }
    },
    MyNoteScreen: {
      screen: MyStack,
      navigationOptions: {
        tabBarLabel: 'My Notes',
        tabBarIcon: ({ tintColor }) => (
          <MaterialCommunityIcons name="notebook" size={24} color={tintColor} />
        )
      }
    },
    FavoriteScreen: {
      screen: FavStack,
      navigationOptions: {
        tabBarLabel: 'Favorites',
        tabBarIcon: ({ tintColor }) => (
          <MaterialCommunityIcons name="star" size={24} color={tintColor} />
        )
      }
    },
    Settings: {
      screen: SettingsStack,
      navigationOptions: {
        tabBarLabel: 'Settings',
        tabBarIcon: ({ tintColor }) => (
          <MaterialCommunityIcons name="settings" size={24} color={tintColor} />
        )
      }
    }
  }
});


const SwitchNavigator = createSwitchNavigator(
  {
    AuthLoading: AuthLoading,
    Auth: AuthStack,
    App: TabNavigator
  },
  {
    initialRouteName: 'AuthLoading'
  }
);


export default createAppContainer(SwitchNavigator);
```

지금은 AuthLoadingroute가 초기 화면 역할을 하기 때문에 앱을 미리보기 하면 로딩 스피너만 표시된다. 로딩 화면에서 앱의 시큐어스토어에 토큰 값이 있는지 확인하도록 이 코드를 업데이트해보자. 토큰이 있으면 사용자를 기본 앱 화면으로 이동시키고, 토큰이 없으면 사용자를 로그인 화면으로 이동시키는 것이다. src/screens/authloading.js를 업데이트해서 이를 구현해보자.

```
import React, { useEffect } from 'react';
import * as SecureStore from 'expo-secure-store';

import Loading from '../components/Loading';

const AuthLoadingScreen = props => {
  const checkLoginState = async () => {
    // 토큰 값 받아오기
    const userToken = await SecureStore.getItemAsync('token');
    // 토큰이 있으면 앱 스크린으로 이동
    // 토큰이 없으면 로그인 화면으로 이동
    props.navigation.navigate(userToken ? 'App' : 'Auth');
  };

  // 컴포넌트가 마운팅되면 바로 checkLoginState 호출
  useEffect(() => {
    checkLoginState();
  });

  return <Loading />;
};

export default AuthLoadingScreen;
```

이 변경을 적용하고 나면 앱을 로드할 때 로그인 화면으로 이동하게 된다. 아직 토큰이 없기 때문이다. 일단은 임의의 토큰을 저장하게 로그인 화면을 업데이트해서, 사용자가 버튼을 누를 때 앱으로 이동하게 만들자(그림 24-1).

```
import React from 'react';
import { View, Button, Text } from 'react-native';
import * as SecureStore from 'expo-secure-store';

const SignIn = props => {
```

```
    // 'token'의 키 값과 함께 토큰 저장
    // 토큰이 저장되고 나면 앱의 메인 화면으로 이동
    const storeToken = () => {
      SecureStore.setItemAsync('token', 'abc').then(
        props.navigation.navigate('App')
      );
    };

    return (
      <View>
        <Button title="Sign in!" onPress={storeToken} />
      </View>
    );
  };

  SignIn.navigationOptions = {
    title: 'Sign In'
  };

  export default SignIn;
```

그림 24-1 사용자가 버튼을 클릭하면 토큰을 저장하고 사용자를 앱으로 라우팅한다

이제 사용자가 버튼을 누르면 시큐어스토어를 통해 토큰이 저장된다. 로그인 기능이 준비되었으니 다음으로 사용자가 앱에서 로그아웃할 수 있는 기능을 추가해보자. 설정 화면에 로그아웃 버튼을 추가하고, 이 버튼을 누르면 시큐어스토어에서 토큰을 제거하는 방식으로 구현하면 된다(그림 24-2). 이를 위해 src/screens/settings.js를 다음과 같이 편집하자.

```javascript
import React from 'react';
import { View, Button } from 'react-native';
import * as SecureStore from 'expo-secure-store';

const Settings = props => {
  // 토큰 삭제 후 로그인 화면으로 이동
  const signOut = () => {
    SecureStore.deleteItemAsync('token').then(
      props.navigation.navigate('Auth')
    );
  };

  return (
    <View>
      <Button title="Sign Out" onPress={signOut} />
    </View>
  );
};

Settings.navigationOptions = {
  title: 'Settings'
};

export default Settings;
```

그림 24-2 버튼을 클릭하면 장치에서 토큰을 제거하고 사용자를 로그인 화면으로 돌려보낸다

이제 앱 인증 흐름을 만드는 데 필요한 모든 것을 갖추었다.

> **TIP_ 잊지 말고 로그아웃!**
> 테스트를 마쳤다면 로컬 앱 인스턴스에서 [로그아웃] 버튼을 누르는 것을 잊지 말자. 다음 절에서 제대로 된
> 로그인 기능을 구현할 예정이다.

24.2 로그인 양식 만들기

이제 사용자가 버튼을 클릭해서 장치에 토큰을 저장할 수 있다. 하지만 아직 사용자가 자신의 정보를 입력해서 계정에 로그인할 수 없는 상태이다. 이를 해결하기 위해 사용자가 이메일 주소와 비밀번호를 입력할 수 있는 양식을 만들어보자. 리액트 네이티브의 `TextInput` 컴포넌트를 사용하여 `src/components/UserForm.js`에 새 컴포넌트를 만들어보자.

```
import React, { useState } from 'react';
import { View, Text, TextInput, Button, TouchableOpacity } from 'react-native';
import styled from 'styled-components/native';

const UserForm = props => {
  return (
    <View>
      <Text>Email</Text>
      <TextInput />
      <Text>Password</Text>
      <TextInput />
      <Button title="Log In" />
    </View>
  );
}

export default UserForm;
```

이제 인증 화면에 양식을 표시할 차례이다. `src/screens/signin.js`를 업데이트하여 다음과 같이 몇 가지 컴포넌트를 임포트하고 사용하자.

```
import React from 'react';
import { View, Button, Text } from 'react-native';
import * as SecureStore from 'expo-secure-store';

import UserForm from '../components/UserForm';

const SignIn = props => {
  const storeToken = () => {
    SecureStore.setItemAsync('token', 'abc').then(
      props.navigation.navigate('App')
    );
  };
```

```
    return (
      <View>
        <UserForm />
      </View>
    );
  }

  export default SignIn;
```

이제 인증 화면에 기본 양식을 표시할 수 있다. 하지만 아직 스타일이나 기능이 부족하다. `src/components/UserForm.js` 파일에서 양식을 계속 구현할 수 있다. 리액트의 `useState` 훅을 사용하여 양식 요소의 값을 읽고 설정해보자.

```
const UserForm = props => {
  // 양식 요소 상태
  const [email, setEmail] = useState();
  const [password, setPassword] = useState();

  return (
    <View>
      <Text>Email</Text>
      <TextInput onChangeText={text => setEmail(text)} value={email} />
      <Text>Password</Text>
      <TextInput onChangeText={text => setPassword(text)} value={password} />
      <Button title="Log In" />
    </View>
  );
}
```

이제 이메일 주소나 암호로 작업할 때 유용한 기능을 사용자에게 제공하기 위해 양식 요소에 몇 가지 속성을 추가할 수 있다. `TextInput` API에 대한 전체 문서는 리액트 네이티브 문서 (*https://oreil.ly/yvgyU*)에서 찾을 수 있다. 또한 버튼을 누를 때 함수를 호출하는데, 그 기능은 제한된다.

```
const UserForm = props => {
  // 양식 요소 상태
  const [email, setEmail] = useState();
  const [password, setPassword] = useState();
```

```
  const handleSubmit = () => {
    // 사용자가 양식 버튼을 누르면 이 함수를 호출
  };

  return (
    <View>
      <Text>Email</Text>
      <TextInput
        onChangeText={text => setEmail(text)}
        value={email}
        textContentType="emailAddress"
        autoCompleteType="email"
        autoFocus={true}
        autoCapitalize="none"
      />
      <Text>Password</Text>
      <TextInput
        onChangeText={text => setPassword(text)}
        value={password}
        textContentType="password"
        secureTextEntry={true}
      />
      <Button title="Log In" onPress={handleSubmit} />
    </View>
  );
}
```

양식에 필요한 모든 컴포넌트를 갖추었지만, 아직 스타일링이 많이 필요하다. 스타일드 컴포넌트 라이브러리를 사용하여 양식에 더 적합한 모양을 만들어보자.

```
import React, { useState } from 'react';
import { View, Text, TextInput, Button, TouchableOpacity } from 'react-native';
import styled from 'styled-components/native';

const FormView = styled.View'
  padding: 10px;
';

const StyledInput = styled.TextInput'
  border: 1px solid gray;
  font-size: 18px;
  padding: 8px;
```

```
    margin-bottom: 24px;
';

const FormLabel = styled.Text'
  font-size: 18px;
  font-weight: bold;
';

const UserForm = props => {
  const [email, setEmail] = useState();
  const [password, setPassword] = useState();

  const handleSubmit = () => {
    // 사용자가 양식 버튼을 누르면 이 함수를 호출
  };

  return (
    <FormView>
      <FormLabel>Email</FormLabel>
      <StyledInput
        onChangeText={text => setEmail(text)}
        value={email}
        textContentType="emailAddress"
        autoCompleteType="email"
        autoFocus={true}
        autoCapitalize="none"
      />
      <FormLabel>Password</FormLabel>
      <StyledInput
        onChangeText={text => setPassword(text)}
        value={password}
        textContentType="password"
        secureTextEntry={true}
      />
      <Button title="Log In" onPress={handleSubmit} />
    </FormView>
  );
};

export default UserForm;
```

마지막으로, 지금의 Button 컴포넌트는 color 속성 값을 받는 것을 제외하고 기본 스타일 옵션으로 제한된다. 커스텀 스타일의 버튼 컴포넌트를 만들려면 리액트 네이티브의 래퍼,

TouchableOpacity를 사용하면 된다(그림 24-3).

```
const FormButton = styled.TouchableOpacity'
  background: #0077cc;
  width: 100%;
  padding: 8px;
';

const ButtonText = styled.Text'
  text-align: center;
  color: #fff;
  font-weight: bold;
  font-size: 18px;
';

const UserForm = props => {
  const [email, setEmail] = useState();
  const [password, setPassword] = useState();

  const handleSubmit = () => {
    // 사용자가 양식 버튼을 누르면 이 함수를 호출
  };

  return (
    <FormView>
      <FormLabel>Email</FormLabel>
      <StyledInput
        onChangeText={text => setEmail(text)}
        value={email}
        textContentType="emailAddress"
        autoCompleteType="email"
        autoFocus={true}
        autoCapitalize="none"
      />
      <FormLabel>Password</FormLabel>
      <StyledInput
        onChangeText={text => setPassword(text)}
        value={password}
        textContentType="password"
        secureTextEntry={true}
      />
      <FormButton onPress={handleSubmit}>
        <ButtonText>Submit</ButtonText>
```

```
        </FormButton>
      </FormView>
    );
  };
```

지금까지 로그인 양식을 구현하고 커스텀 스타일을 적용했다. 이제 양식의 기능을 구현해보자.

그림 24-3 커스텀 스타일을 적용한 로그인 양식

24.3 그래프QL 뮤테이션으로 인증하기

본격적인 로그인을 구현하기 전에, 이 책 앞부분의 API와 웹 애플리케이션 장에서 다룬 인증 흐름을 빠르게 복습해보자. 먼저 사용자의 이메일 주소와 비밀번호가 포함된 그래프QL 뮤테이션을 API로 보낸다. 이메일 주소가 데이터베이스에 있고 비밀번호가 올바르면, API가 JWT로 응답한다. 응답을 받으면 사용자 장치에 토큰을 저장하고 모든 그래프QL 요청에 토큰을 실어서 보낼 수 있다. 이렇게 하면 사용자가 비밀번호를 다시 입력하지 않아도 API 요청을 통해 사용자를 식별할 수 있다.

앞 절에서 양식을 모두 준비했으면 src/screens/signin.js에 그래프QL 뮤테이션을 구현해보자. 먼저 아폴로 라이브러리와 Loading 컴포넌트를 임포트하자.

```
import React from 'react';
import { View, Button, Text } from 'react-native';
import * as SecureStore from 'expo-secure-store';
import { useMutation, gql } from '@apollo/client';

import UserForm from '../components/UserForm';
import Loading from '../components/Loading';
```

다음으로 그래프QL 쿼리를 추가하자.

```
const SIGNIN_USER = gql'
  mutation signIn($email: String, $password: String!) {
    signIn(email: $email, password: $password)
  }
';
```

그리고 storeToken 함수를 업데이트하여 파라미터로 전달된 토큰 문자열을 저장하자.

```
const storeToken = token => {
  SecureStore.setItemAsync('token', token).then(
    props.navigation.navigate('App')
  );
};
```

마지막으로 컴포넌트를 그래프QL 뮤테이션으로 업데이트하자. 또한 여러 속성 값을 UserForm 컴포넌트에 전달함으로써 뮤테이션 데이터를 공유하고, 호출하는 양식 유형을 식별하고, 라우터의 내비게이션 기능을 활용할 수 있다.

```
const SignIn = props => {
  const storeToken = token => {
    SecureStore.setItemAsync('token', token).then(
      props.navigation.navigate('App')
    );
  };

  const [signIn, { loading, error }] = useMutation(SIGNIN_USER, {
    onCompleted: data => {
      storeToken(data.signIn)
    }
  });

  // 로딩 중이면 로딩 인디케이터 표시
  if (loading) return <Loading />;
  return (
    <React.Fragment>
      {error && <Text>Error signing in!</Text>}
      <UserForm
        action={signIn}
        formType="signIn"
        navigation={props.navigation}
      />
    </React.Fragment>
  );
};
```

이제 `src/components/UserForm.js` 컴포넌트를 조금만 변경하면 사용자가 입력한 데이터를 뮤테이션에 전달할 수 있다. 컴포넌트 내의 `handleSubmit` 함수를 업데이트해서 양식 내의 값을 뮤테이션에 전달하자.

```
const handleSubmit = () => {
  props.action({
    variables: {
      email: email,
      password: password
```

```
    }
  });
};
```

뮤테이션을 모두 구현하면, 사용자는 양식을 채운 후 앱에 로그인할 수 있으며 그 과정에서 반환받은 JSON 웹 토큰을 나중에 사용할 수 있도록 저장한다.

24.4 그래프QL 쿼리

사용자가 자신의 계정에 로그인할 수 있으니 이제부터는 저장된 토큰을 사용하여 각 요청을 인증해야 한다. 이를 통해 현재 사용자의 노트 목록이나 사용자가 '즐겨찾기'로 표시한 노트 목록과 같은 사용자별 데이터를 요청할 수 있다. 이를 구현하려면 토큰의 존재 여부를 확인하고 토큰이 있으면 각 API 호출과 함께 해당 토큰의 값을 보내도록 아폴로 설정을 업데이트해야 한다.

src/Main.js에서 먼저 임포트 목록에 SecureStore를 추가하고 createHttpLink와 setContext를 포함하도록 아폴로 클라이언트의 종속성을 업데이트하자.

```
// 아폴로 라이브러리 임포트
import {
  ApolloClient,
  ApolloProvider,
  createHttpLink,
  InMemoryCache
} from '@apollo/client';
import { setContext } from 'apollo-link-context';
// 토큰 값을 받아오기 위해 SecureStore 임포트
import * as SecureStore from 'expo-secure-store';
```

다음으로 각 요청과 함께 토큰 값을 보내도록 아폴로 클라이언트 설정을 업데이트하자.

```
// API URI 및 캐시 설정
const uri = API_URI;
const cache = new InMemoryCache();
const httpLink = createHttpLink({ uri });
```

```
// 콘텍스트에 헤더 반환
const authLink = setContext(async (_, { headers }) => {
  return {
    headers: {
      ...headers,
      authorization: (await SecureStore.getItemAsync('token')) || ''
    }
  };
});

// 아폴로 클라이언트 설정
const client = new ApolloClient({
  link: authLink.concat(httpLink),
  cache
});
```

각 요청의 헤더에 토큰을 담아 전송하면, mynotes와 favorites 화면을 업데이트하여 사용자별 데이터를 요청할 수 있다. 이 책 앞 부분의 웹 내용을 숙지했다면 이러한 쿼리는 익숙할 것이다.

src/screens/mynotes.js를 다음과 같이 편집하자.

```
import React from 'react';
import { Text, View } from 'react-native';
import { useQuery, gql } from '@apollo/client';

import NoteFeed from '../components/NoteFeed';
import Loading from '../components/Loading';

// 그래프QL 쿼리
const GET_MY_NOTES = gql'
  query me {
    me {
      id
      username
      notes {
        id
        createdAt
        content
        favoriteCount
        author {
          username
```

```
                id
                avatar
            }
          }
        }
      }
    ';

    const MyNotes = props => {
      const { loading, error, data } = useQuery(GET_MY_NOTES);

      // 데이터 로딩 중이면 앱에서 로딩 메시지 표시
      if (loading) return <Loading />;
      // 데이터 로딩 중 에러가 발생하면 에러 메시지 표시
      if (error) return <Text>Error loading notes</Text>;
      // 쿼리가 성공하고 노트가 있으면 노트 피드 반환
      // 쿼리에 성공했으나 노트가 없으면 메시지 표시
      if (data.me.notes.length !== 0) {
        return <NoteFeed notes={data.me.notes} navigation={props.navigation} />;
      } else {
        return <Text>No notes yet</Text>;
      }
    };

    MyNotes.navigationOptions = {
      title: 'My Notes'
    };

    export default MyNotes;
```

src/screens/favorites.js를 다음과 같이 편집하자.

```
    import React from 'react';
    import { Text, View } from 'react-native';
    import { useQuery, gql } from '@apollo/client';

    import NoteFeed from '../components/NoteFeed';
    import Loading from '../components/Loading';

    // 그래프QL 쿼리
    const GET_MY_FAVORITES = gql'
      query me {
        me {
```

```
        id
        username
        favorites {
          id
          createdAt
          content
          favoriteCount
          author {
            username
            id
            avatar
          }
        }
      }
    }
  }
';

const Favorites = props => {
  const { loading, error, data } = useQuery(GET_MY_FAVORITES);

  // 데이터 로딩 중이면 앱에서 로딩 메시지 표시
  if (loading) return <Loading />;
  // 데이터 로딩 중 에러가 발생하면 에러 메시지 표시
  if (error) return <Text>Error loading notes</Text>;
  // 쿼리가 성공하고 노트가 있으면 노트 피드 반환
  // 쿼리에 성공했으나 노트가 없으면 메시지 표시
  if (data.me.favorites.length !== 0) {
    return <NoteFeed notes={data.me.favorites} navigation={props.navigation} />;
  } else {
    return <Text>No notes yet</Text>;
  }
};

Favorites.navigationOptions = {
  title: 'Favorites'
};

export default Favorites;
```

그림 24-4 각 요청의 헤더에 토큰을 전달하면 앱에 사용자별 쿼리를 만들 수 있다

이렇게 해서 사용자 장치에 저장된 토큰 값을 기반으로 사용자별 데이터를 검색할 수 있게 되었다(그림 24-4).

24.5 회원가입 양식 추가하기

앞 절까지 구현하고 나면 사용자가 자신의 계정에 로그인할 수는 있지만 계정이 없는 사용자가 계정을 만들 수 있는 방법은 없다. 일반적인 UI 패턴은 로그인 링크 아래(또는 위)에 회원가입 양식 링크를 배치하는 것이다. 이제부터 사용자가 앱 내에서 새 계정을 만들 수 있도록 회원가입 화면을 추가해보자.

먼저 `src/screens/signup.js`에 새로운 화면 컴포넌트를 만들어보자. 이 컴포넌트는 로그인 화면과 거의 동일하지만, signUp 그래프QL 뮤테이션을 호출하고 `formType="signUp"` 속성을 UserForm 컴포넌트에 전달한다.

```javascript
import React from 'react';
import { Text } from 'react-native';
import * as SecureStore from 'expo-secure-store';
import { useMutation, gql } from '@apollo/client';

import UserForm from '../components/UserForm';
import Loading from '../components/Loading';

// 회원가입 그래프QL 뮤테이션
const SIGNUP_USER = gql`
  mutation signUp($email: String!, $username: String!, $password: String!) {
    signUp(email: $email, username: $username, password: $password)
  }
`;

const SignUp = props => {
  // 'token'의 키 값과 함께 토큰 저장
  // 토큰 저장 후 앱의 메인 화면으로 이동
  const storeToken = token => {
    SecureStore.setItemAsync('token', token).then(
      props.navigation.navigate('App')
    );
  };

  // signUp 뮤테이션 훅
  const [signUp, { loading, error }] = useMutation(SIGNUP_USER, {
    onCompleted: data => {
      storeToken(data.signUp);
    }
  });

  // 로딩 중이면 로딩 인디케이터 표시
  if (loading) return <Loading />;

  return (
```

```
    <React.Fragment>
      {error && <Text>Error signing in!</Text>}
      <UserForm
        action={signUp}
        formType="signUp"
        navigation={props.navigation}
      />
    </React.Fragment>
  );
};

SignUp.navigationOptions = {
  title: 'Register'
};

export default SignUp;
```

화면이 생성되면 라우터에 추가할 수 있다. `src/screens/index.js` 파일에서 먼저 파일 임포트 목록에 새 컴포넌트를 추가하자.

```
import SignUp from './signup';
```

다음으로 회원가입 화면을 포함하도록 `AuthStack`을 업데이트하자.

```
const AuthStack = createStackNavigator({
  SignIn: SignIn,
  SignUp: SignUp
});
```

컴포넌트를 생성했고 이제 라우팅도 가능하다. 그러나 아직 `UserForm` 컴포넌트에 필요한 필드가 모두 포함되어 있지는 않다. 회원가입 양식 컴포넌트를 별도로 생성하는 대신, `UserForm`에 전달하는 `formType` 속성의 값에 따라 양식을 커스텀화할 수 있다.

`src/components/UserForm.js` 파일에서 `formType`이 `signUp`과 같을 때 사용자 이름 필드를 포함하도록 양식을 업데이트하자.

```
const UserForm = props => {
  const [email, setEmail] = useState();
```

```jsx
const [password, setPassword] = useState();
const [username, setUsername] = useState();

const handleSubmit = () => {
  props.action({
    variables: {
      email: email,
      password: password,
      username: username
    }
  });
};

return (
  <FormView>
    <FormLabel>Email</FormLabel>
    <StyledInput
      onChangeText={text => setEmail(text)}
      value={email}
      textContentType="emailAddress"
      autoCompleteType="email"
      autoFocus={true}
      autoCapitalize="none"
    />
    {props.formType === 'signUp' && (
      <View>
        <FormLabel>Username</FormLabel>
        <StyledInput
          onChangeText={text => setUsername(text)}
          value={username}
          textContentType="username"
          autoCapitalize="none"
        />
      </View>
    )}
    <FormLabel>Password</FormLabel>
    <StyledInput
      onChangeText={text => setPassword(text)}
      value={password}
      textContentType="password"
      secureTextEntry={true}
    />
    <FormButton onPress={handleSubmit}>
      <ButtonText>Submit</ButtonText>
```

```
        </FormButton>
      </FormView>
    );
  };
```

다음으로, 사용자가 누르면 회원가입 양식으로 이동할 수 있는 링크를 로그인 양식 하단에 추가해보자.

```
  return (
    <FormView>
        {/* existing form component code is here */}
        {props.formType !== 'signUp' && (
          <TouchableOpacity onPress={() => props.navigation.navigate('SignUp')}>
            <Text>Sign up</Text>
          </TouchableOpacity>
        )}
    </FormView>
  )
```

스타일드 컴포넌트를 사용하여 링크 모양을 업데이트할 수도 있다.

```
const SignUp = styled.TouchableOpacity`
  margin-top: 20px;
`;

const Link = styled.Text`
  color: #0077cc;
  font-weight: bold;
`;
```

그리고 컴포넌트의 JSX를 다음과 같이 편집하자.

```
{props.formType !== 'signUp' && (
  <SignUp onPress={() => props.navigation.navigate('SignUp')}>
    <Text>
      Need an account? <Link>Sign up.</Link>
    </Text>
  </SignUp>
)}
```

여기까지 작업을 마치면 `src/components/UserForm.js` 파일은 다음과 같은 형태가 된다.

```
import React, { useState } from 'react';
import { View, Text, TextInput, Button, TouchableOpacity } from 'react-native';
import styled from 'styled-components/native';

const FormView = styled.View`
  padding: 10px;
`;

const StyledInput = styled.TextInput`
  border: 1px solid gray;
  font-size: 18px;
  padding: 8px;
  margin-bottom: 24px;
`;

const FormLabel = styled.Text`
  font-size: 18px;
  font-weight: bold;
`;

const FormButton = styled.TouchableOpacity`
  background: #0077cc;
  width: 100%;
  padding: 8px;
`;

const ButtonText = styled.Text`
  text-align: center;
  color: #fff;
  font-weight: bold;
  font-size: 18px;
`;

const SignUp = styled.TouchableOpacity`
  margin-top: 20px;
`;

const Link = styled.Text`
  color: #0077cc;
  font-weight: bold;
`;
```

```
const UserForm = props => {
  const [email, setEmail] = useState();
  const [password, setPassword] = useState();
  const [username, setUsername] = useState();

  const handleSubmit = () => {
    props.action({
      variables: {
        email: email,
        password: password,
        username: username
      }
    });
  };

  return (
    <FormView>
      <FormLabel>Email</FormLabel>
      <StyledInput
        onChangeText={text => setEmail(text)}
        value={email}
        textContentType="emailAddress"
        autoCompleteType="email"
        autoFocus={true}
        autoCapitalize="none"
      />
      {props.formType === 'signUp' && (
        <View>
          <FormLabel>Username</FormLabel>
          <StyledInput
            onChangeText={text => setUsername(text)}
            value={username}
            textContentType="username"
            autoCapitalize="none"
          />
        </View>
      )}
      <FormLabel>Password</FormLabel>
      <StyledInput
        onChangeText={text => setPassword(text)}
        value={password}
        textContentType="password"
        secureTextEntry={true}
      />
```

```
    <FormButton onPress={handleSubmit}>
      <ButtonText>Submit</ButtonText>
    </FormButton>
    {props.formType !== 'signUp' && (
      <SignUp onPress={() => props.navigation.navigate('SignUp')}>
        <Text>
          Need an account? <Link>Sign up.</Link>
        </Text>
      </SignUp>
    )}
  </FormView>
  );
};


export default UserForm;
```

이제 사용자는 앱에서 로그인과 회원가입을 모두 할 수 있게 되었다(그림 24-5).

그림 24-5 이제 사용자가 회원가입과 로그인 사이를 이동할 수 있다

24.6 결론

이번 장에서는 앱에 인증을 입히는 방법을 살펴보았다. 리액트 네이티브의 텍스트 양식 요소, 리액트 내비게이션의 라우팅 기능, 엑스포의 시큐어스토어 라이브러리, 그래프QL 뮤테이션을 조합하여 사용자 친화적인 인증 흐름을 만들 수 있다. 이러한 방식의 인증에 대해 이해하고 익숙해졌다면, 엑스포의 AppAuth(*https://oreil.ly/RaxNo*) 또는 GoogleSignIn(*https://oreil.ly/Ic6BW*)과 같은 리액트 네이티브의 다른 인증 방법도 익힐 수 있을 것이다. 다음 장에서는 리액트 네이티브 앱을 퍼블리시하고 배포하는 방법을 살펴보겠다.

## CHAPTER 25

모바일 앱 배포하기

1990년대 중반, 고등학교에서 TI-81 그래픽 계산기(*https://oreil.ly/Sq0KQ*)용 게임을 다운로드하는 일은 속이 터지는 일이었다. 한 명이라도 게임을 모두 다운로드하고 나면, 케이블을 써서 계산기를 차례로 연결하는 방식으로 게임을 모두에게 배포할 수 있었다. 계산기로 게임하는 것은 교실 뒤에서 공부하는 척하며 시간을 때우는 훌륭한 방법이었다. 그러나 게임의 배포 방법이 매우 느리기 때문에 다른 학생들이 기다리는 동안 두 명의 학생은 몇 분 동안 연결을 유지해야 했다. 오늘날 우리의 디지털 포켓 컴퓨터, 즉 스마트폰은 설치 가능한 앱을 통해 기능을 쉽게 확장할 수 있기 때문에 30년 전의 그래프 계산기보다 훨씬 더 많은 기능을 제공한다.

앱의 개발을 마치고 나면, 다른 사람이 앱을 쓸 수 있도록 앱을 배포할 수 있다. 이 장에서는 배포를 위해 app.json 파일을 설정하는 방법을 살펴볼 것이다. 그런 다음 엑스포 내에서 앱을 공개적으로 퍼블리시할 것이다. 마지막으로 애플 앱 스토어나 구글 플레이에 제출할 수 있는 앱 패키지를 생성할 것이다.

25.1 설정

엑스포 애플리케이션에는 앱의 설정을 짜기 위한 파일인 app.json이 있다.

새 엑스포 애플리케이션을 생성하면 app.json 파일이 자동으로 생성된다. 생성된 app.json

파일을 살펴보자.

```json
{
  "expo": {
    "name": "Notedly",
    "slug": "notedly-mobile",
    "description": "An example React Native app",
    "privacy": "public",
    "sdkVersion": "33.0.0",
    "platforms": ["ios", "android"],
    "version": "1.0.0",
    "orientation": "portrait",
    "icon": "./assets/icon.png",
    "splash": {
      "image": "./assets/splash.png",
      "resizeMode": "contain",
      "backgroundColor": "#ffffff"
    },
    "updates": {
      "fallbackToCacheTimeout": 1500
    },
    "assetBundlePatterns": ["**/*"],
    "ios": {
      "supportsTablet": true
    },
    "android": {}
  }
}
```

코드 자체로 이해가 가능한 내용이긴 하지만, 각각의 목적에 대해 설명하겠다.

name

앱의 이름이다.

slug

expo.io/project-owner/slug에 엑스포 앱을 퍼블리시하기 위한 URL 이름이다.

description

엑스포로 앱을 퍼블리시할 때 사용되는 프로젝트에 대한 설명이다.

privacy

엑스포 프로젝트의 공개 설정이다. `public`(공개) 또는 `unlisted`(미등록)로 설정할 수 있다.

sdkVersion

엑스포 SDK의 버전 번호이다.

platforms

대상 플랫폼으로 `iOS`, `안드로이드`, `웹`이 될 수 있다.

version

앱의 버전 번호로 이 번호는 시맨틱 버전 관리 표준(*https://semver.org*)을 따른다.

orientation

앱의 기본 레이아웃 방향이다. `portrait`(세로) 또는 `landscape`(가로) 값으로 고정될 수도 있고, `defaule`로 설정하면 사용자가 기기를 놓는 방향에 따라 바뀌게 된다.

icon

앱 아이콘의 경로로, iOS 및 안드로이드에 모두 쓰인다.

splash

앱 로딩 화면의 이미지 위치 및 설정

updates

장치가 앱을 로드할 때 앱이 OTA(Over the Air) 업데이트를 확인하는 방법에 대한 설정이다. `fallbackToCacheTimeout` 파라미터를 사용해서 시간을 밀리초 단위로 지정할 수 있다.

assetBundlePatterns

앱과 함께 제공해야 할 애셋[asset]의 위치를 지정할 수 있다.

ios와 android

플랫폼별 설정을 활성화하는 항목이다.

이 기본 설정은 앱을 위한 견고한 기반이 된다. 엑스포 문서(*https://oreil.ly/XXT4k*)에서 그 밖의 추가 설정에 대한 내용을 찾을 수 있다.

25.2 아이콘과 앱 로딩 화면

스마트폰 화면에 격자형으로 배열된 작은 사각형 아이콘은 현대 사회에서 가장 잘 알려진 디자인 중 하나가 되었다. 누구든 눈을 감고도 앱 아이콘의 로고나 특정 배경색까지 수십 가지를 상상할 수 있을 것이다. 또한 사용자가 아이콘을 누르면 앱을 로드하는 동안 표시되는 초기 정적 '스플래시 화면splash screen'도 있다. 지금까지 우리는 엑스포의 기본 아이콘과 스플래시 화면을 사용했다. 퍼블리시에 앞서 앱에서 아이콘과 스플래시 화면을 커스텀 디자인으로 대체할 수 있다.

예제 소스의 assets/custom 폴더에 Notedly의 아이콘 및 스플래시 화면이 포함되어 있다. assets 디렉터리의 이미지를 다른 이미지로 교체하거나 app.json 설정을 업데이트하여 커스텀 서브 디렉터리의 파일을 가리키는 방식으로도 사용할 수 있다.

25.2.1 앱 아이콘

icon.png 파일은 1024 × 1024px 규격의 PNG 파일이다. app.json의 icon 속성으로 이 파일을 가리키면 엑스포가 다양한 플랫폼과 장치에 적합한 아이콘 크기를 생성한다. 이미지는 정사각형이어야 하고, 투명한 픽셀이 없어야 한다. 이 방식이 앱 아이콘을 포함할 수 있는 가장 간단한 방법이다.

```
"icon": "./assets/icon.png",
```

크로스 플랫폼으로 쓸 수 있는 단일 아이콘 외에도 플랫폼별 아이콘을 따로 포함할 수 있는 방법도 있다. 이 방식의 장점은 안드로이드와 iOS에 대해 다른 아이콘 스타일을 적용할 수 있다는 점이며, 특히 안드로이드의 적응형 아이콘(*https://oreil.ly/vLC3f*)을 사용하고자 한다면 유용할 것이다.

iOS에서는 계속 1024 × 1024 png를 사용한다. app.json 파일을 다음과 같이 편집하면 된다.

```
"ios": {
  "icon": IMAGE_PATH
}
```

안드로이드에서 적응형 아이콘을 사용하려면 foregroundImage, backgroundColor(또는 backgroundImage), 그리고 폴백용으로 정적 icon을 지정한다.

```
"android": {
  "adaptiveIcon": {
    "foregroundImage": IMAGE_PATH,
    "backgroundColor": HEX_CODE,
    "icon": IMAGE_PATH
  }
}
```

일단 우리의 예제에서는 하나의 정적 아이콘을 계속 사용하도록 하자.

25.2.2 스플래시 화면

스플래시 화면은 장치에서 앱이 부팅되는 동안 잠깐 표시되는 전체 화면 이미지이다. 기본 엑스포 이미지를 assets/custom에 있는 이미지로 바꿀 수 있다. 이미지 크기가 장치의 크기와 플랫폼에 따라 달라질 수 있지만, 우리는 엑스포 문서(*https://oreil.ly/7a-5J*)에서 권장하는 대로 1242 × 2436 크기를 사용하도록 하자. 한 번 설정하고 나면 엑스포가 장치 화면과 가로세로 화면에서 작동하도록 이미지 크기를 조정할 것이다.

app.json 파일에서 스플래시 화면을 다음과 같이 설정할 수 있다.

```
"splash": {
  "image": "./assets/splash.png",
```

```
    "backgroundColor": "#ffffff",
    "resizeMode": "contain"
},
```

배경색을 흰색으로 설정해서 이미지가 로드될 때 보이거나 선택한 resizeMode에 따라 스플래시 화면 이미지의 테두리로 표시될 수 있도록 한다. 이 색상도 화면 색상과 일치하도록 업데이트할 수 있다.

```
"backgroundColor": "#4A90E2",
```

resizeMode는 다양한 화면 크기에 맞게 이미지 크기를 조정하는 방법을 가리킨다. 이것을 contain으로 설정하면 원본 이미지의 가로세로 비율이 유지된다. contain을 사용하면 화면 크기나 해상도에 따라 스플래시 화면 이미지 주위에 backgroundColor가 테두리로 표시된다. resizeMode를 cover로 설정하면 전체 화면을 채우도록 이미지를 확장할 수 있다. 우리의 앱에는 자체적으로 미묘한 그라디언트가 있으므로 resizeMode를 cover로 설정하자.

```
"resizeMode": "cover"
```

그림 25-1 Notedly의 스플래시 화면

이렇게 해서 아이콘과 스플래시 화면 이미지 설정을 마쳤다(그림 25-1). 이제 다른 사람이 사용할 수 있도록 앱을 배포하는 방법을 살펴볼 차례이다.

25.3 엑스포에서 퍼블리시하기

개발 과정에서는 로컬 영역 네트워크를 통해 실제 장치의 엑스포 클라이언트에서 우리 앱에 접근할 수 있다. 즉, 개발 시스템과 스마트폰이 동일한 네트워크에 있기만 하면 앱에 접근할 수 있다. 엑스포를 사용하면 프로젝트를 퍼블리시할 수 있으며, 앱을 엑스포 CDN에 업로드하고 공개적으로 접근할 수 있는 URL을 제공하면 누구나 엑스포 클라이언트를 통해 앱을 실행할 수 있다. 이 방법은 테스트나 빠른 앱 배포에 유용하다.

프로젝트를 퍼블리시하려면 브라우저의 Expo Dev Tools(그림 25-2)에서 [Publish or republish project(프로젝트 게시 또는 재게시)] 링크를 클릭하거나 터미널에 expo publish 를 입력하자.

그림 25-2 Expo Dev Tools에서 앱을 직접 퍼블리시할 수 있다

패키징이 완료되면 누구나 *https://exp.host/@\<username\>/\<slug\>*를 방문하여 엑스포 클라이언트를 통해 앱에 접근할 수 있다.

25.4 네이티브 빌드 생성하기

엑스포를 통해 직접 배포하는 것은 테스트 또는 빠른 사용에 적합한 방법이지만, 보통 상용 앱을 만들었다면 애플 앱 스토어나 구글 플레이를 통해 앱을 출시하려고 할 것이다. 이를 위해서는 각 스토어에 업로드할 수 있는 파일을 빌드해야 한다.

> **NOTE_ 윈도우 사용자라면?**
> 엑스포 문서에 따르면 윈도우 사용자는 리눅스용 윈도우 서브시스템(WSL)을 활성화해야 한다. 마이크로소프트에서 제공하는 윈도우 10 설치 안내서(*https://oreil.ly/B8_nd*)를 따라 WSL을 활성화하자.

25.4.1 iOS

iOS 빌드를 생성하려면 1년에 99달러를 납부해야 하는 애플 개발자 프로그램Apple Developer Program 멤버십(*https://oreil.ly/E0NuU*)이 필요하다. 멤버십을 가지고 있으면 app.json 파일에 iOS용 bundleIdentifier를 추가할 수 있다. 이 식별자는 역 DNS 표기법을 따라야 한다.

```
"expo": {
"ios": {
    "bundleIdentifier": "com.yourdomain.notedly"
  }
}
```

app.json 파일을 업데이트하고 나면 빌드를 생성할 수 있다. 터미널에서 프로젝트 디렉터리 루트로 진입하고 다음을 입력하자.

```
$ expo build:ios
```

빌드를 실행하면 애플 ID로 로그인하라는 메시지가 표시된다. 로그인하면 크레덴셜 처리 방법에 대한 몇 가지 질문이 표시된다. 다행히 엑스포가 크레덴셜과 인증을 관리할 수 있으므로, 다음 각 프롬프트에서 첫 번째 옵션을 선택하면 된다.

```
? How would you like to upload your credentials? (Use arrow keys)
> Expo handles all credentials, you can still provide overrides
  I will provide all the credentials and files needed, Expo does limited validat
ion

? Will you provide your own Apple Distribution Certificate? (Use arrow keys)
> Let Expo handle the process
  I want to upload my own file

  ? Will you provide your own Apple Push Notifications service key? (Use arrow keys)
> Let Expo handle the process
  I want to upload my own file
```

이렇게 유효한 애플 개발자 프로그램 계정만 있으면 엑스포로 파일을 생성하여 애플 앱 스토어에 제출할 수 있다.

25.4.2 안드로이드

안드로이드용으로는 안드로이드 패키지 파일Android Package File (APK) 또는 안드로이드 앱 번들Android App Bundle (AAB) 파일을 생성해야 한다. 안드로이드 앱 번들이 더 최근에 쓰이는 형식이므로 AAB를 생성하는 예제를 살펴보자. 앱 번들의 이점에 대한 자세한 내용이 궁금하다면 안드로이드 개발자 문서($https://oreil.ly/mEAlR$)를 참고하자.

번들을 생성하기 전에 `app.json` 파일을 업데이트하여 안드로이드 `package` 식별자를 포함하자. iOS와 마찬가지로 역 DNS 표기법을 따라야 한다.

```
"android": {
    "package": "com.yourdomain.notedly"
  }
```

이제 터미널 애플리케이션에서 앱 번들을 생성할 수 있다. 프로젝트의 루트로 들어가서 다음을 실행하자.

```
$ build:android -t app-bundle
```

앱 번들에 서명해야 한다. 서명을 직접 생성할 수도 있지만, 엑스포에서 키스토어를 관리해주기 때문에 이를 이용하면 더 편리하다. 명령을 실행하여 번들을 생성하면 다음 프롬프트가 표시된다.

```
? Would you like to upload a keystore or have us generate one for you?
If you don't know what this means, let us handle it! :)

    1) Let Expo handle the process!
    2) I want to upload my own keystore!
```

1을 선택하면 엑스포가 앱 번들을 생성한다. 프로세스가 끝나면 파일을 다운로드하고 구글 플레이에 업로드할 수 있다.

25.5 앱 스토어에 배포하기

애플 앱 스토어와 구글 플레이의 검토 가이드라인은 늘 변경되고, 제출하는데 비용도 발생하기 때문에 실제 신청서를 제출하고 심사를 받는 구체적인 내용은 여기서 다루지 않겠다. 스토어 배포 과정에 관련된 자료와 지침이 필요하면, 엑스포 문서(*https://oreil.ly/OmGB2*)가 유용한 가이드 역할을 할 것이다.

25.6 결론

이 장에서는 리액트 네이티브 앱을 퍼블리시하고 배포하는 방법을 살펴보았다. 엑스포를 사용하면 테스트할 앱을 신속하게 퍼블리시하고, 앱 스토어에 업로드할 수 있는 프로덕션 빌드를 생성할 수 있다. 또한 엑스포는 인증서 및 종속성 관리 기능도 제공한다.

이렇게 해서 백엔드 데이터 API, 웹 애플리케이션, 데스크톱 애플리케이션, 크로스 플랫폼 모바일 앱을 성공적으로 만들고 퍼블리시했다!

마치며

미국에서는 고등학교 졸업생에게 수스 박사*Dr. Suess*의 책 『Oh the Places You'll Go!』를 선물하고는 한다.

"축하해! 오늘은 너의 날이야. 좋은 곳으로 떠나는 거야! 멀리 멀리!"

이 책을 끝까지 읽은 여러분에게는 이런 졸업 축하 문구가 필요할 것 같다. 지금까지 노드를 사용하여 그래프QL API를 구축하는 것부터 여러 유형의 UI 클라이언트까지 다루었지만 이는 빙산의 일각에 지나지 않는다. 각각의 주제를 심도 있게 다루는 책과 온라인 튜토리얼만 해도 그 자료가 방대하다. 하지만 여러분은 이런 자료 앞에서 압도당하기보다는 관심 있는 주제를 더 깊이 탐구하고 놀라운 것을 만들 수 있기를 바란다.

자바스크립트는 작은 프로그래밍 언어다. 한때 '장난감 언어'였던 자바스크립트는 이제 세계에서 가장 인기 있는 프로그래밍 언어가 되었다. 결과적으로 자바스크립트를 할 줄 안다는 것은 모든 플랫폼에 대해 거의 모든 종류의 애플리케이션을 만들 수 있다는 뜻이다. 그 강력함을 감안해서 여러분에게 진부하지만 중요한 한 마디(*https://oreil.ly/H02ca*)를 남기고 싶었다.

"큰 힘에는 큰 책임이 따른다!"

기술은 선을 위한 힘으로 쓰일 수 있으며 또 그렇게 되어야 한다. 여러분이 이 책에서 배운 내용을 세상을 더 나은 곳으로 만들기 위해 적용할 수 있으면 좋겠다. 가족을 위한 더 나은 삶을 만들거나 타인에게 새로운 기술을 가르치거나 타인에게 행복을 주거나 타인의 삶을 개선하는 제품을 만들 수 있는 새로운 사업이나 창업 등 모든 것이 여기에 포함된다. 무엇이든 간에 여러분이 선을 위해 여러분의 힘을 발휘할 때 세상은 더 좋은 곳이 된다.

이 책을 읽은 독자라면 서로 남남이 되지는 말자. 여러분이 만들고 있는 것을 보고, 듣고 싶다. *adam@jseverywhere.io*로 이메일을 보내거나 스펙트럼 커뮤니티에 가입해보자(*https://spectrum.chat/jseverywhere*).

마지막으로, 끝까지 읽어주어서 고맙다는 말을 전하고 싶다.

애덤 스콧

로컬에서 API 실행하기

이 책의 API 개발 관련 부분을 읽지 않고 UI 부분만 읽었다면 로컬에서 실행되는 API 사본이 필요하다.

첫 번째 단계는 1장에서 설명한 몽고DB가 시스템에 설치되어 실행 중인지 확인하는 것이다. 데이터베이스를 시작하고 실행하면 API 사본을 복제하고 최종 코드를 복사할 수 있다. 로컬 컴퓨터에 코드를 복제하려면 터미널을 열고 프로젝트를 보관할 디렉터리로 이동한 다음, 프로젝트 저장소를 git clone하자. 아직 그렇게 하지 않았다면, 프로젝트 코드를 체계적으로 유지한 디렉터리를 하나 만드는 것을 권장한다.

```
$ cd Projects
# 아직 notedly 디렉터리가 없을 경우에만 아래 mkdir 명령을 실행할 것
$ mkdir notedly
$ cd notedly
$ git clone git@github.com:javascripteverywhere/api.git
$ cd api
```

마지막으로 .sample.env 파일을 복사하고, 새로 만든 .env 파일에 정보를 채워 환경 변수를 업데이트한다.

터미널에서 다음을 실행하자.

```
$ cp .env.example .env
```

이제 텍스트 편집기에서 .env 파일의 값을 업데이트하자.

```
## Database
DB_HOST=mongodb://localhost:27017/notedly
TEST_DB=mongodb://localhost:27017/notedly-test

## Authentication
JWT_SECRET=YOUR_PASSWORD
```

마침내 API를 시작할 수 있게 되었다. 터미널에서 다음을 실행하자.

```
$ npm start
```

여기까지 따라 했다면 시스템에서 로컬로 실행되는 Notedly API의 사본이 준비되었을 것이다.

로컬에서 웹 앱 실행하기

이 책의 웹 개발 부분을 읽지 않고 일렉트론 부분만 읽었다면 로컬로 실행되는 웹 앱의 사본이 필요할 것이다.

첫 번째 단계는 API 사본이 로컬로 실행되도록 하는 것이다. 아직 API를 실행하지 않았다면 부록 A를 참조하자.

API를 시작하고 실행한 후에는 웹 앱을 복제할 수 있다. 로컬 컴퓨터에 코드를 복제하려면 터미널을 열고 프로젝트를 보관할 디렉터리로 이동한 다음 프로젝트 저장소를 git clone하자.

```
$ cd Projects
# 프로젝트가 notedly 폴더에 있다면 곧바로 cd notedly로 진입
$ cd notedly
$ git clone git@github.com:javascripteverywhere/web.git
$ cd web
```

다음으로 .sample.env 파일을 복사하고 새로 만든 .env 파일에 정보를 채워 환경 변수를 업데이트한다.

터미널에서 다음을 실행하자.

```
$ cp .env.example .env
```

이제 텍스트 편집기에서 .env 파일의 값을 업데이트해서 로컬로 실행 중인 API의 URL과 일치하는지 확인하자. 모든 것이 기본 값이라면 따로 변경할 필요가 없다.

```
API_URI=http://localhost:4000/api
```

마침내 최종 웹 코드 예제를 실행할 수 있게 되었다. 터미널에서 다음을 실행하자.

```
$ npm run final
```

여기까지 따라 했다면 시스템에서 로컬로 실행되는 Notedly 웹 앱이 준비되었을 것이다.

INDEX

INDEX

INDEX